汉译世界学术名著丛书

伦理学的两个基本问题

〔德〕叔本华 著

任立 孟庆时 译

2017年·北京

Arthur Schopenhauer

DIE BEIDEN GRUNDPROBLEME DER ETHIK

汉译世界学术名著丛书
（120年纪念版·珍藏本）
出 版 说 明

2017年2月11日，商务印书馆迎来120岁的生日。120年前，商务印书馆前贤怀揣文化救国的理想，抱持"昌明教育，开启民智"的使命，立足本土，放眼寰宇，以出版为津梁，沟通中西，为中国、为世界提供最富智慧的思想文化成果。无论世事白云苍狗，潮流左右激荡，甚至战火硝烟弥漫，始终践行学术报国之志，无改初心。

迻译世界各国学术名著，即其一端。早在20世纪初年便出版《原富》《天演论》等影响至今的代表性著作，1950年代后更致力于外国哲学和社会科学经典的译介，及至1980年代，辑为"汉译世界学术名著丛书"，汇涓为流，蔚为大观。丛书自1981年开始出版，历时三十余年，迄今已推出七百种，是我国现代出版史上规模最大、最为重要的学术翻译工程。

丛书所选之书，立场观点不囿于一派，学科领域不限于一门，皆为文明开启以来，各时代、各国家、各民族的思想与文化精粹，代表着人类已经到达过的精神境界。丛书系统译介世界学术经典，引领时代思想，为本土原创学术的发展提供丰富的文化滋养，为推动中国现代学术和现代化进程做出了突出的贡献。

为纪念商务印书馆成立120周年，我们整体推出“汉译世界学术名著丛书”120年纪念版的珍藏本，寄望既利于文化积累，又便于研读查考，同时向长期支持丛书出版的译者、编者和读者致以敬意。

两甲子后的今天，商务印书馆又站在了一个新的历史时间节点上。我们不仅要铭记先辈的身影和足迹，更须让我们的步伐充满新的时代精神。这是商务人代代相传的事业，更是与国家和民族的命运始终紧密相连的事业。我们责无旁贷，必须做好我们这代人的传承与创造，让我们的努力和成果不仅凝聚成民族文化的记忆，还能成为后来人可以接续的事业。唯此，才能不负前贤，无愧来者。

商务印书馆编辑部

2017年10月

目　　录

论意志自由

道德的基础

第1版序言

这两篇论文是互相独立的，是由于外界因素而形成的，然而它们又相互补充成为一个关于伦理学基本真理的体系。但愿人们能在这一体系中看到已停滞了半个世纪的这一学科的进步。当然，两篇论文中的任何一篇都没有引证另一篇论文和我以前的著作；这是因为每一篇论文都是为不同的科学院而作，严格的匿名也就是众所周知的条件。因此，两篇论文都涉及了某些相同的方面也就是不可避免的，这是由于不能事先设定一些什么和总是必须从头开始。事实上，这两篇论文是关于两种学说的真正专门的论述，这两种学说就其基本特点而言可以在《作为意志和表象的世界》(*Die Welt als Wille und Vorstellung*)的第四篇*中找到，但是在那儿，它们是从我的形而上学中推导出来的，也就是用综合的方法**先验地**推导出来的，而在这两篇论文中则相反，是用分析的方法**后验地**加以说明的，因为根据实际情况，

---

* 《作为意志和表象的世界》共分四篇，分别是：第一篇：世界作为表象初论，服从充分根据律的表象，经验和科学的客体；第二篇：世界作为意志初论，意志的客体化；第三篇：世界作为表象再论，独立于充分根据律以外的表象，柏拉图的理念，艺术的客体；第四篇：世界作为意志再论，在达成自我认识时，生命意志的肯定和否定。见商务印书馆出版的《作为意志和表象的世界》的中译本。——译者注

不允许作什么假设。因此，在《作为意志和表象的世界》中是第一位的东西，在这两篇论文中则成了后一位的东西。但正由于这两篇论文是从这种所有人都会采用的一般的立场出发的，因此尽管是经过了专门的论述，它们还是变得易于理解，说服力也增强了，其重要性也得到了更详细的说明。因此可以把这两篇论文看作是对我的主要著作第四篇的补充，就像可以把我的《自然界中的意志》(*Der Wille in der Natur*)看作是对该书第二篇的十分彻底和重要的补充一样。此外，虽然后一篇论文和前一篇论文的题目看来是迥异的，但是两篇论文之间却有着真正的联系，前一篇论文从某种程度上来说，确实是后一篇的钥匙，而看到这种联系首先有助于完整地理解这两篇论文。如果有朝一日有人阅读我的作品，那么他将发现，我的哲学就像古代埃及的首府底比斯一样，有着一百座城门，从随便哪个门他都可以进入其中并笔直地走到市中心。

此外，我还要指出，两篇论文中的第一篇已收在挪威皇家科学院在德隆海姆出版的最新一卷的纪念文集中。挪威皇家科学院考虑到德隆海姆离德国甚远，极其热情慷慨地答应了我的请求，允许为德国重印这篇论文，在此，我向该科学院公开表示我真诚的谢意。

第二篇论文没有得到丹麦皇家科学院的嘉奖，尽管并没有其他的竞争者。由于该科学院发表了它对我的论文的评语，我认为我有理由对此加以说明并作出申辩。读者可以在该文的后面看到这篇评语，并从中发现丹麦科学院对我的论文不仅不给予些许褒奖，反而是一味的指责，指责分为三个部分，现在我将逐点加以批驳。

第一个指责也是主要的指责，其他两个指责只是附带的。这个指责是说：我错误地理解了它提出的问题，而这是由于我错误地以为，它是要求我提出伦理学的原则，而实际上，它问的主要是形而上学和伦理学的关系，而我完全没有讲到这种关系（"他忽略了最主要的要求"），评语从一开始就这样说。然而在三行话以后，它又把这句话忘了个一干二净，而且说了相反的话，即我说明了这种关系（"他说明了他的伦理学的原则和他的形而上学的关系"），然而，我是把这作为文章的附录*，作为超出要求的部分提出来的。

对于评语的这一矛盾本身，我愿意完全不加考虑。我把它看作是陷入迷茫而手足无措的童稚之举。相反，我倒要请求公正而有学识的读者，现在仔细地读一读丹麦科学院提出的问题及问题之前的引言，这两项连同我的德语译文都放在了论文的前面，然后我请他们判断一下，问题到底问的是什么，是伦理学的最终根据、原则、基础、真正的、实际的起源呢，还是伦理学和形而上学的关系。为了使读者易于弄清真相，现在我想对引言和问题作一分析，并极其明确地强调一下它们的意思。引言告诉我们："也许存在着一个必不可少的德行的理念，或一个关于道德律的原初概念，这一原初概念出现在两个方面：即一方面在作为科学的道德之中，另一方面在实际生活之中；在后者又表现在两个方面，即一部分在对我们自己的行为的评判之中，一部分在对他人的行为的评判之中。

* 即第二篇论文的第 4 部分。——译者注

然后又有别的以它为基础的概念与这一德行的原初概念相关连。”* 丹麦科学院是在这一引言的基础上提出它的问题的，即：“道德的起源和基础究竟在何处？也许是在德行的原初理念之中，而这原初理念也许实际上和直接地是在意识，或者是在良心之中？这一原初理念以及由此产生的概念，也许将在以后加以分析，或者道德还有另一个认识根据？”如果去掉那些非本质的东西并使之十分清楚的话，那么用拉丁文来表达问题就是这样的：“道德哲学的起源和基础在何处可诘究？是在对寓于直接意识的德行理念的解释中，抑或是在另一个认识根据中？”这后一问十分清楚地表明：问的就是道德的认识根据。现在，我还想，也许是多余地，谈一谈问题的另一种提法。引言是从两个完全经验的观点出发的：“事实上存在着一种道德科学，同样也是事实的是，道德概念使自己在现实生活中成为可以觉察到的，即部分地是通过我们本身，在我们的良心中，从道德的角度来评价自己的行为，部分地是通过我们从道德的角度来评价别人的行为。同时，各种各样的道德概念，如义务、责任等等也是普遍适用的。这时，在这一切之中，出现了一个德行的原初理念，出现了一种关于道德律的基本思想，其必然性确实是固有的，而不是纯逻辑的，这就是说，这一原初理念不能依据产生于需要加以评价的行为的单纯矛盾律，或依据这些行为根据的准则来加以证明的。后来又从这一道德的原初概念产生了其他主要

---

* 叔本华在这篇序言中引用的丹麦皇家科学院的征文启事和评语的文字和附在本书第二篇论文《道德的基础》前后的征文启事和评语的文字不尽相同，尽管都是叔本华本人把它们从拉丁文译成德文的，因此，中译文的文字相应地也不尽相同。——译者注

的道德概念，它们依附于这一原初概念，因此也是不可分离的。"但是这一切又是以什么为基础的呢？这确实是一个重要的研究课题。因此，丹麦科学院提出了如下任务："应该探求道德的起源，就是说道德的源头，即道德的基础，应该从何处探求它呢？就是说，在什么地方能找到它呢？也许是天赋予我们的，存在于我们的意识或良心中的德行的理念之中？这一理念，连同依附于它的其他概念只需要在以后加以分析。或者可以在别的什么地方找到它？这就是说，也许道德有另一种对我们责任的认识根据作为它的起源，这一认识根据完全不同于刚才以建议和范例的方式提出来的认识根据？"这就是更详细更清楚的，但是忠实确切地重新叙述了的引言和问题的内容。

至此，对于皇家科学院问的就是道德的起源，源头，基础，最终的认识根据这一点，谁还能有一点点的怀疑呢？而且现在，道德的起源和基础，绝对的就是德行的起源和基础本身，而不能是别的什么，因为从理论上和观念上来说，道德的东西，从实践上和现实上来说，也就是德行的东西。但是，德行的起源，必须绝对地是一切道德的善行的最终根据：因此，就道德这一方面而言，也必须提出这一根据，以使自己在为人所作的一切规定方面有所依据；如果它不想使它的规定完全是捕风捉影的，或者是错误地制定的。因此，它必须证明所有德行的这一最终根据，因为作为一座科学大厦的它是以这一根据为基石的，就像作为实践的德行是以这一根据为源头的。因此，这一根据无可否认的就是道德哲学的基础，征文启事问的就是这一点；因此，明白如白昼的就是：征文启事确实要求探究和提出伦理学的原则，而且不是在纯粹的最高准则或基本规定意义上的，而是在所有德行的真正根据，因此是道德的认识根据的意义上的。但是，现在评语否定这一点，它说因为我弄错了，所以我的论文不能获奖。每一个读过征文启事的人都将会和必然这样以为的，因为这一切就写在那儿，白纸黑字，用清楚无异义的词，而且只要拉丁文的词还保持着它们的意思，这一点就是无可否认的。

关于这一点，我已讲得很详细了，但是事情是重要的，值得注意的。因为由此可以清楚肯定的是，丹麦科学院否定了它显而易见地、无可否认地问过的东西。它相反地认为问的是别的东西，即形而上学和道德的关系是有奖征文的主题(从题目本身就可以明白这一点)。现在读者可以查一查，在征文题目里，或者在引言中，是否可以找到有关的一个字；结果是既找不到这样一个字，也看不到任何暗示。谁要是问的是两门学科的关系，谁就必须提到这两门学科，但是无论是在征文题目里，或在引言里都没有提到形而上学这个词。此外，如果人们把评语的这一句主句从颠倒的位子放到自然的位子，那么这句话也将变得更清楚，它仍将用完全相同的词说："题目本身是要求进行一种研究，在这种研究中，首先要阐明形而上学和伦理学的关系。但是作者忽略了题目主要要求的东西，而且认为，题目是要求提出某种伦理学原则，因此，他把论文中讨论他提出的伦理学原则和他的形而上学的关系的那一部分只是放在附录之中，只是作为超出要求的部分。"难道在征文启事的引言由以出发的主要观点中也并没有提到形而上学和道德的关系问题吗？因为这一引言一开始就作了经验的说明，并以出现在日常生活中的道德的评价及类似的东西为基础的，然后它才问到，这一

切最终究竟是以什么为基础的。这一引言最后把存在于意识当中的天赋的德行的理念作为一种可能的解释的例子提了出来，因此也就是说在它提出的例子中，它是企图把一种纯心理学的事实，而不是某种形而上学的原则看作为答案的，这是很成问题的。但是，由此可以清楚地看出，它要求用某种事实，无论是意识的或外界的事实，对道德加以证明，但是并不希望从某种形而上学的梦幻中来导引出这种证明来；因此丹麦科学院有充分理由来拒绝用这样一种方式解答问题的论文。人们应该想到这一点。但是还须看到的是，所谓已经提出来的，但是确实遍觅不见的关于形而上学和道德的关系问题可能是一个完全无法回答的，因此，如果我们相信丹麦科学院是有所见地的话，也是一个不可能的问题：之所以是无法回答的问题，是由于确实根本就不存在一种形而上学，而只能是存在着不同的（而且是极其不同的）形而上学，也就是说，存在着各种各样的形而上学的尝试，数量极其可贵，也就是说，存在过如此之多的哲学家，每一个人都唱着一首完全不同的歌曲，因此他们是完全不同的（有着不同的意见）。因此，完全可以探究亚里士多德派、伊壁鸠鲁派、斯宾诺莎派、莱布尼茨派、洛克派，或者别的什么派的形而上学和伦理学之间的关系；但是绝不能探究无条件的形而上学和伦理学的关系，因为这一问题可能是没有什么特定的意义的，因为它是要求一种既定的东西和一种完全不确定的，是的，也许是不可能的东西的关系。因为如此长久地不存在着一种被公认为是客观真实的，不可否认的形而上学，即无条件的形而上学，因此我们全然不知道，这样一种形而上学是否还有可能，以及它将会是和可能是什么东西。如果这时有人迫不及待地说（特别强调地说），我

们确实拥有一种关于完全普遍的,因此当然是不确定的形而上学一般的概念,而就这一概念而言,可能就是要探究这一抽象的形而上学和伦理学的关系;那么也就是承认:对这样一种意义上的问题的回答是如此的容易和简单,以至于还要进行有奖征答竟是如此的可笑。因此,丹麦科学院无非是说,一种真正完美的形而上学也必须为伦理学提供一个坚实的支柱,提供它的最终根据。此外,人们在我的论文的第1部分中就可以看到对我这一思想的论述,在这一部分中,尽管碰到了面临的问题的困难,特别提出了这样一种形而上学,就其本性而言,它排除了用某种人们可以由以出发的,可以依靠既定的形而上学来对伦理学作出证明的可能性。

因此,我在上面已无可辩驳地证明了,丹麦皇家科学院确实提了它否认提过的问题;相反地,它认为提过的问题,它并没有提过,是的,根本就没有提过。根据我提出的道德原则,丹麦皇家科学院的这种做法,当然是不对的:如果仅仅是因为它认为我的道德原则是行不通的话,它也应该有另一个说明它的做法是对的原则。

但是丹麦科学院确实提过的问题,我已详细地加以回答了。我先是从否定的方面来回答的,即伦理学的原则并不存在于人们六十年来一直认为证明是可靠的地方。然后我从肯定的方面揭示了从道德上来说值得赞许行为的真正根源,我确实证明了,这一根源就是原则,而任何别的根源都不可能是原则。最后我又指出了伦理学的这一真正根据和一个普遍的基本思想是有联系的,而不是和我的形而上学,如同丹麦科学院的评语错误地认为的那样,也不是和某一个特定的形而上学有联系。这个基本思想是许许多多,也许是绝大多数,毫无疑问是最古老的,而且依我之见是最真正的形而上学体系所共有的。这一形而上学的论述,我把它作为我的论文的最后一部分,而并不像评语所说的那样是作为一个附录,它是整体的一个结尾,是整体都汇流其中的一种更高级的考察。我在这一章里所说的,超出了征文启事实际所要求的,之所以如此正是因为征文启事一个字都没有提到关于形而上学方面说明的事,更不像评语所认为的那样,它确确实实是提到了这一件事。至于这一形而上学方面的论述是否是一个附录,也就是说,我是否比所要求的写得更多了,则是一件次要的事情,是的,是无关紧要的事情,我写了这一部分,这就足够了。但是,评语想以此攻击我,却说明了他们的手足无措;他们竭尽所能,只是想反对我的论文。此外,就事情的本质而言,形而上学考察那一部分也必须是论文的结尾。因为如果把它放在前面,那么伦理学的原则就必须综合地从那儿推引出来,要这样做,那就只有丹麦科学院说,它希望看到从许许多多如此完全不同的形而上学中的某一种推引出一个伦理学原则来,但是这样一来,这个伦理学原则就完全要依附于事先提出来的形而上学,因此也就会是成问题的。因此,问题的性质使分析地证明道德的原初原则,即不以某种形而上学为前提,而是从事物的实际情况来证明这个原初原则成为必要的。而这正是因为,在近代,这条道路被普遍看作是唯一可靠的道路,康德以及先于他的英国道德学家们,也曾致力于用分析的方法,不以任何一种形而上学为前提来证明道德的原则。看不到这一点,显然,是一个倒退,如果丹麦科学院确实想要这样做,那么它至少也应该十分明确地表示出来;但是在它的征文启事里却从未提到过这一点。

此外,由于丹麦科学院大度地对我的论文的基本缺点保持沉默，因此我将避免不指出它来。我只是害怕这对我们不会有什么好处。这是因为我预感到，我的论文的读者将在好奇心的驱使下发现那些有问题的部分。无论如何这也将使他们错误地以为，我为挪威科学院所写的论文至少也会有同样的基本缺点。挪威皇家科学院当然并没有因此而不褒奖我的论文。得到这一科学院的赞许也是一种荣耀，其价值随着时光的流逝，我看得越来越清楚全面，因为它作为一个科学院除了有志于真理，光明和促进人类的认识之外别无所求。科学院不是信仰法院，任何一个科学院在它提出像这两个问题一样高深、严肃、艰难的问题，并作为征文的问题时，它事先就应该对此有所认识，并确定一下，它是否也确实准备像它一贯声称的那样对真理公开地表示赞同(这一点是始料不及的)。因为一旦有人对一个严肃的问题作出了严肃的答复以后，再要想收回就来不及了。有一次贡萨洛的石像受到邀请，在它进来的时候，连胡安都觉得它太放荡了，以至于觉得不该邀请它*。这一顾虑无疑就是欧洲各科学院通常不肯提出这类问题的原因：而现在的这两个问题确实是我想得起来的，我所见到过的从来还未曾被提出过的问题，正由于是很少见到过的，所以我就回答了这两个问题。因为虽然我很长时间以来就很明白，我对哲学的态度过于认真，以至于我不可能成为一个哲学教授，然而我也并不认为，一个科学院会犯和我一样的错误。

* 堂·胡安，又译唐璜，是西班牙作家蒂尔索·德·莫利纳(Tirso de Molina，1583？—1648)的《塞维利亚的嘲弄者》一剧的主角，是个放荡不羁的浪子，他在塞维利亚一座教堂中见到了贡萨洛的石像，就邀请它共进晚餐。石像回请他，在席间将他活活烧死。——译者注

丹麦科学院的第二个指责是：作者论文的形式不能使我们感到满意。对此没有什么好说的，这是丹麦科学院的主观臆断①。为了讨论这个问题，我发表了我的论文，并附上了丹麦科学院的评语，使之保存下来，以免遗失。

“只要水在流，大树在长，
只要太阳在升起，在照耀，
只要月亮在闪亮，
河流就会保持其水流，
海洋就会保持其喧嚣，
我就会告诉游人，
弥达斯*就葬在这里。②”③

在此我要说明，我在这里发表的论文和我寄出时的样子完全一样。这就是说：我没有删去什么，也没有改动什么，只有少许简短的，不重要的补充，它们是我在寄出后加上去的，但是我在每一个补充的开头和结尾处加上了括号，以避免任何非议和遁词。

评语接着说：他对这一基础也没有作出充分的证明。对此我要说：我确确实实和认认真真地证明了我的道德的基础，而且几乎和数学一样严谨精确。这在道德学中是无先例的，我之所以能做

① “他们说：这与我无关！
而且认为，他们已把此事了结了。”——歌德：《谚语集》第 2 版补遗（Goethe：Sprichwörtlich，Zusatz zur zweiten Auflage）

* 弥达斯（Midas），意为“无法掩饰的无知”，详可参见本书第 33 页脚注。——译者注

② 最后一句诗句在第 1 版中曾被删去，其前提是读者会自行将其补上。

③ 柏拉图：《斐德罗篇》第 264 页 D（Platon：Phaidr，p. 264D）。

到这一点，是由于我比以前任何人研究得都更深刻，我深入到了人的意志的本质之中，我揭示和提出了三个最终的动机，人的一切行为都源于它们。

但是评语竟还说：是的，他也看到有必要承认反对的意见。如果这意味着我自己也宣布我的道德证明是不充分的，那么读者就会发现，没有任何这方面的痕迹，我也没有这样想过。但是，如果这是暗指那些话，即我在一个地方说过，对反自然的肉欲之罪恶的摒弃和公正、仁爱的德行并不是从同一原则导引出来的，那这不过是以偏概全和只能是又一次证明了，他们为了排斥我的论文是多么的不遗余力。在评语结尾的地方，丹麦科学院还对我横加指责，即使这一指责的内容还可能站得住的话，我也看不出它有什么公正性。因此我想在这里对此说明一下。丹麦科学院指责我说：好几个近代杰出哲学家竟被不得体地提到，这不能不使人们感到恼怒不快。这些杰出的哲学家也就是费希特和黑格尔！因为我是用十分粗俗的语言谈到了这两个人，因此在丹麦科学院提到的那句话里是能找到这样的词语，是的，就其中提到的那个指责本身而言应该说是正确的，如果这两个人是杰出的哲学家的话。而这就是症结之所在。

至于讲到费希特，我的论文只是重复了我早在 22 年前，在我的主要著作中已经发表过的评论。这里所要说明的是，我在论文中用专门的一节详细地讲到了费希特，这一节已足以说明，他离开一个杰出的哲学家有多远。然而我还是把他看作是远胜于黑格尔的一个“天才”。对于黑格尔，我没有作评论，只是用最坚决的口气说出了我的不够含蓄的谴责之辞。因为，我认为，他对哲学一无贡献，他对于哲学，以及通过哲学对德国文学所起的影响是极其可恶的，完全应该受到谴责的，人们甚至可以说是瘟疫性的，因此，每一个能自我思考和自我评判的人都有义务利用每一个机会，最坚决地反对他的这种影响。因为如果我们沉默，那么谁应该开口呢？因此，在评语的最后，对我的指责除了是关于费希特的评价外，就是关于黑格尔的，是的，当丹麦科学院讲到我不礼貌地没有给以应该给以的尊重的近代杰出哲学家的时候，指的主要就是他，因为他受到了我的最猛烈抨击。因此，丹麦科学院公开地宣布这个黑格尔是一个杰出哲学家。丹麦科学院是以法官的身份这样做的，它错误地指责像我这样的论文。

如果一帮为了美化抱成一团的撰稿人的丑恶行径的人，如果黑格尔派的领薪水教授们和饿肚子的私人讲师们想把两个十分平庸的人，但却是十足的江湖骗子吹捧成世界上曾经有过的最伟大的哲学家，而且是不遗余力地和以从未有过的厚颜无耻来吹捧的话，那么这种可怜欲望的愚蠢目标，就连不怎么在行的人都会是一目了然的，因此也就用不着对它加以认真的考虑了。但是，如果发生了这样的事情：一个外国科学院把这样一个哲学骗子当作一个杰出哲学家而加以庇护，是的，甚至允许自己去诽谤那个正直无畏地坚决反对这种虚假的、巧取豪夺来的荣誉的人，而这种荣誉也只是适合那种对虚假的、丑恶的和腐蚀人的心灵的东西的厚颜无耻的吹捧和追求，如果是这样的话，那么事情就变得严肃了：因为这样一种如此被确信无疑的评语很可能把那些不了解内情的人引进一种巨大的、可怕的错误中去。因此必须加以澄清；但由于我并不拥有一个科学院的权威，就只能依仗证据来说话了。因此，我现在想清楚无误地提出这些证明来，希望它们能有助于把贺拉斯（Ho-

raz)的建议推荐给丹麦科学院，贺拉斯的建议是：为了将来，

> “如果你想推荐谁，那你就该认真地考察一番，以便你不至于会为了他的罪行而感到脸红。”①

为此，我要说这位黑格尔的所谓哲学是一种故弄玄虚的神秘主义，将是后人嘲笑我们这个时代的取之不尽的话题，是一种麻痹所有精神力量，扼杀任何实际的思想，和借助对语言最可耻的滥用，用最空洞、最无意义的、最无思想的，以及如同结果所表明的，使人蠢不可及的废话来取代这种实际思想的伪哲学，这种伪哲学以无中生有、荒谬可笑的突发奇想为核心，既没有根据又没有结果，也就是说，是什么也不能加以证明和本身也证明不了什么或说明不了什么，它还缺乏独创性，只是对经院哲学的现实主义以及斯宾诺莎主义的一种单纯的模仿，倒过来看，又是基督教想要提供的一种怪物，因此：

> “正面是一头狮子，背面是一条龙，中间则是一头母羊。”②

因此我这样说它，是说对了。此外，我还要说，在丹麦科学院这个杰出哲学家之前，还从未有人像他这样胡说八道的，因此，谁要是阅读他最受称赞的著作，即所谓的《精神现象学》(*Phaenomenologie des Geistes*)③的话就很可能会感到犹如身处疯人院里，我这样

① 《书札》第1卷第18首第76页(Epist, Ⅰ. 18,76)。

② 《伊利昂》，又译《伊利亚特》，第6卷第181行(Ilias, Ⅵ, 181)。

③ 实际叫做《科学体系》(*System der Wissenschaft*, Bamberg *1807*)。必须读这个第1版才行，因为在《全集》(*Sämtliche Werke*)中，有些东西已被担任编者的黑格尔分子删掉了。

说，是一点也没有错的。这里，我可以给丹麦科学院一条出路，说那种聪明才子的高深学问对于智力低下者，例如像我这样的人来说是不可及的，而我认为是无意义的东西却恰恰是无比深刻的东西。这样的话，我当然得找到一个牢靠的不会引起歧义的把柄，并把对手逼入一条无法逃遁的死巷。因此我现在将要无可反驳地证明，丹麦科学院的这位杰出哲学家甚至连普通人的智力，如此普通的智力，都没有。但是，连这种智力也没有而能成为一个杰出哲学家，这是丹麦科学院怎么也不会提出来的一个研究题目。但是我将用三个不同的例子来说明他缺乏这种普通的智力。这三个例子，我将取自他的一部著作，这也许是他下工夫最多的一部著作，这部著作就是他的大学读本，题为《哲学百科全书》(*Enzyklopaedie der philosophischen Wissenschaften*)，一个黑格尔分子把它称作黑格尔派的圣经。

在《哲学百科全书》的“物理学”部分第293节(1827年第2版〔zweite Auflage,von 1827〕)，他论述了比重，他把比重称作特有的重力，并反对比重是以不同的多孔性为基础的观点，他的理由是：“一条铁杠，平衡地悬吊在自己的支点上，在被磁化以后，就失去自己的平衡，一端比另一端显得重量更大，这种现象就是关于存在着重力分化的例证。在这里，铁杠的一部分受到磁的影响，以致其体积未变，重量却变得更大；因此，物质的质量未增，其比重已经增大。”[①]因此，丹麦科学院的这位杰出哲学家就得出了这样的结论：“一条被支在它的重心上的铁杠如果后来在一边变重了，那么

① 参见黑格尔：《自然哲学》中译本，商务印书馆1980年5月版，第172页。

它就向这一边倾斜，但是现在，一根铁杠在它被磁化以后，向一边倾斜，因此是它在这一边变重了。”结果就可以打这样一个有意思的比方：“所有的鹅都有两条腿，你有两条腿，因此你就是一只鹅。”因为黑格尔的三段论把它放到范畴形式中去，就是这样：“所有的东西，在一边变重了，它就向这一边倾斜，这根被磁化的铁杠向一边倾斜了，因此它就是在这一边变重了。”这就是这位杰出哲学家和逻辑学革新家的推理方法，可惜人们忘了告诉他了，结论不能从第二形态中的纯肯定前提中得出。但是严肃地讲，这是先天逻辑，它使每一个健全的智力都不可能得出类似的结论，而缺乏这种逻辑，就意味着无知。一本教科书里有这样的论点，并谈论什么物体不增加其质量就可以变重，这样的教科书只能使年轻人健全的智力得到扭曲，这是无须争辩的。以上是我要举的第一个例证。

丹麦科学院的杰出哲学家缺乏普通的智力的第二个例证是他的同一部主要著作和教科书的第 269 节的这样一个命题：“万有引力与惯性定律直接相矛盾，因为借助于万有引力，物质力图越出它自身而达到他物。”[①]怎么回事?！难道连一个物体被另一个物体相吸引和被它所推动一样，都和惯性定律没有什么矛盾也不懂?！在第一种情况和第二种情况一样，都是外部原因的介入，扬弃或改变了一直持续存在着的静止和运动，而且在吸引和推动，作用和反作用时都是一样的，这样一种谬论竟然如此恬不知耻地被写了进去！而且是写进了大学生用的教科书里，学生们将因此在每一个学者都应该知晓的自然科学最基本概念方面永远是错的。是的，

---

① 参见黑格尔：《自然哲学》中译本，商务印书馆 1980 年 5 月版，第 85 页。

荣誉愈是他不该享有的，他就愈是无耻大胆。对于能够思维的人来说（这不是指我们的杰出哲学家，对他来讲，“思想”永远只停留在嘴上，就像酒店老板把从未光顾他店号的诸侯名字写在招牌上一样），更不明白的是，一个物体推开另一物体就像它吸引它一样；因为对于一物和另一物一样，不可解释的自然力是它们的基础，每一种因果解释都是以这种自然力为条件的。因此如果有人想说，一个由于万有引力而被他物吸引的物体力图越出“它自身”而达到他物的话，那么他也必须说，被推动的物体“越出它自身”避开推动之物，而且在一物身上就像在他物身上一样，必须看到惯性定律的被抛弃，惯性定律直接来自因果律，而且实际上是将它反过来讲；因果律说：“每一变化都是由一个原因造成的。”惯性定律说：“没有原因的地方，也就没有变化。”因此，可能违背惯性定律的事实也会违背因果律，也就是说，会违背先验良心，并可能会向我们指出一种无原因的作用，而接受这一点，就是一切无知的核心。这就是我要举的第二个例证。

上面提到的天生的特点的第三个检验，丹麦科学院的杰出哲学家在同一部杰作的第 298 节中，也是加以拒斥的。就在那儿，他反对借助细孔对弹性作出的解释，他说：“这种解释虽然也另外 in abstracto（抽象地）承认物质是可逝的，不是绝对的，但把物质实际上理解为否定的，要设定对物质的否定，也就在应用中违背了自己的诺言。……以致物质实际上只被假定为肯定的，绝对独立的和永恒的。这种错误来自知性的一般错误，……”[①]什么样的笨蛋竟

① 参见黑格尔：《自然哲学》中译本，商务印书馆 1980 年 5 月版，第 184 页。

承认过物质是可逝的？什么样的人会把相反的看法看作是一种错误？物质持存着，这就是说，它并不像所有其他的东西一样产生和消失，而是不可消灭和不会产生的，经过所有的时间，它就是存在着和继续存在着，因此它的数量是既不会增加，也不会减少的；这是一种先验的知识，是如此的坚实和稳固，就像任何一种数学知识一样。物质的产生和消失，只是设想一下，对我们来说也根本是不可能的：因为我们的知性形式不允许如是。因此，否认这一点，把它说成是一种错误，就等于把所有的知性都舍弃了。这就是我要举的第三个例证。连宾词绝对也是可以合情合理地被赋予物质，其途径是要说明，物质的实存完全处于因果范围之外，和当因果锁链只涉及物质的偶然性、状态和形式，并将它们互相联系在一起时，也并不随之进入这一无穷尽的锁链之中，因果律及其产生和消失只涵盖物质的偶然性、状态、形式，只涵盖物质的变化，而不涵盖物质。是的，那个宾词绝对在物质那儿有它的唯一的证据，它因此获得实现和得到准许，除此之外它就将是一个根本找不到主语的宾词，因而是一个虚无缥缈的，无以实现的概念，而无非是一个哲学小丑吹得鼓鼓的皮球而已。此外，这位黑格尔的上述说法十分自然地表明了，一个如此高明的，极其超验的，走钢丝的，无比深刻的哲学家，实际上在心里幼稚地向一种什么样的妇人哲学在献殷勤，以及什么样的命题，他从未想到要问一个为什么。

因此，丹麦科学院的杰出哲学家清楚地教导说：物体不增加其质量就能变重，磁化了的铁杠更是如此；同样地，万有引力和惯性定律相矛盾，最后还有：物质是可逝的。这三个例子将足以证明，嘲笑一切人的理性的，无意义的胡说八道者的厚厚的外衣一旦掀开,就会露出长长的马脚来,而杰出哲学家正是惯于披上这种外衣昂首而来和蛊惑那群思想暴徒的。有人说,从爪子可以认出狮子,但我必须恰当地或不恰当地说:从耳朵可以认出驴子。此外,公正之士和无偏见者现在也可以从这里举的三个黑格尔哲学的例子中评判一下,究竟是谁有所偏颇,是那个把这样一个荒谬绝伦的教师爷直截了当地称作是骗子的人呢,还是那个为了学术上不犯错误而宣布他是一个杰出哲学家的人呢?

我还要补充的是,我之所以从这位杰出哲学家著作中的一大堆谬论中选出上面提到的三个,是由于它们所涉及的对象,一方面不是那些会引起歧见的,也许是无法解决的哲学难题,另一方面,也不是以精确的经验知识为前提的专门的物理真理,而是先验的观点,就是说是每一个人经过纯粹的思索就可以解决的问题。因此,对这类事物的错误评价是极其异常无知的一个重要而不可否认的标志,无耻地在大学生读本中提出无稽之谈使我们看到,当有人把他吹捧为一个伟大思想家的时候,什么样的无耻占据了他那卑鄙的头脑。因此,如果这是一种手段的话,那么也没有一个目标可以证明它是正当的。人们可以拿上面提到的三个物理学的例子和同一本巨著第 98 节的一段话对比一下,这段话是“于斥力之外……”*。人们可以看到,这个罪人极其高傲地看待牛顿的万有

* 参见黑格尔:《小逻辑》中译本,商务印书馆 1980 年 7 月版第 215 页。这段话的全文是:“像近代科学这样于斥力之外假设一个引力与之并列,如是则两者的对立诚然完全确立起来了,而且对于这种所谓自然力量的发现,还是科学界颇足自豪之事。但两种力量的相互关系,亦即使两者成为具体而真实的力量的相互关系,尚须自其隐晦的紊乱中拯救出来,此种紊乱即在康德的《自然科学的形而上学原理》里,也未能加以廓清。”——译者注

引力和康德的《自然科学的形而上学原理》(*Metaphysische Anfangsgründe der Naturwissenschaft*)。如果谁有耐心,再读一读他的第 40～62 节,这位杰出哲学家在这些章节里把康德的哲学颠了个个,他没有能力来评价康德功绩的伟大,而且从本质上就低看它,以至于不可能对一个真正伟大思想家这一罕见的现象表示高兴,而代之以极其自命不凡地来看待这位伟大人物,根本就是视而不见,而且以冷酷贬低的目光,半是嘲讽,半是同情地在康德的软弱而不成熟的尝试中,挑他的错误和失策,以教训他自己的学生。第 254 节也是如此。这样装腔作势地对待真正的贡献,无疑是所有伪君子的众所周知的手法,而对于那些头脑简单的人来说,倒还是很有效的。除了胡搅蛮缠外,装腔作势就是这位伪君子的主要手段,只要一有机会,他就从他那词汇堆砌起来的建筑上高傲地、恶毒地、卑劣地和嘲讽地来看待人类精神在几百年的过程中孜孜以求而得来的一切,他不但这样来对待外国哲学,而且也这样来看待每一种科学及其方法,而且借此还确实使德国大众对封锢在他的空话中的才智作了很高的评价,德国大众在想:

“他们好像出身于名门望族,

显得很傲慢,什么都不满足。”①

用自己的方法来进行评价是少数人的特权,其余人是受权威和范例导引的。他们用别人的眼睛来看,用别人的耳朵来听。因此要设想,现在全世界是怎样想的是很容易的,但是要设想三十年后全世界是怎样想的,就不是每个人的事情了。因此,习惯于相信

① 《浮士德》第 1 部分第 5 场(Faust,Ⅰ,2177f.)。

单纯的保证的人，如果借来了作家的威望，但是后来又想把这种威望也用在别人的身上，那他就很容易会陷入这样一种人的境地，这种人买了一种糟糕的期票，当他想兑现的时候，却被严峻地退了回来，这时他不得不接受教训，下次一定要对出票公司和背签公司（期票转让人）作一番很好的调查。我认为，丹麦科学院把杰出哲学家这一荣誉称号用在那个玷污纸张、时代和头脑的人的身上，主要就是受到了在德国人为地鼓吹起来的对他的吹捧之风，以及他的一大批信徒的影响，如果我不是这样认为的话，那我就必须否定我的信念的正直。因此，我认为，下列做法是恰当的，即丹麦科学院应该回忆一下一个真正的杰出哲学家，即洛克（Locke，他应感到荣幸，费希特把他称为是所有哲学家中最糟糕的哲学家）用以结束他那著名杰作《人类理解论》（*An Essay Concerning Human Understanding*〔又译《人类理智论》。——译者注〕）倒数第二章的那一段美妙的话，在这里，为了便于德国读者阅读，我想把它译成德文：

“但是人们虽然喧嚣着说，人类已经有了许多错误和偏见，可是我必须为人类辩护说，意见错误的人们！并不如一般人所想象的那样多。我并不是说，他们都已信爱真理；而是说，关于人们所剧烈争执的那些主义，他们是全无任何思想和意见的。因为我们如果一考察世上各教派的大多数信徒，我们就会看到，关于他们所热心信仰的那些事情，他们全没有自己的意见，不但如此，而且我们更不能相信，他们是先考验了概然性的各种论证和可靠程度才来采取那些意见的。他们所以决心服从某一党派，只是因为他们受了那种教育或有那种利益。他们在那里，全像军队中的士兵似的，只是依照他们领袖的指导，来表现自己的勇敢和热忱，却不来考察甚或不知道自己为之斗争的主义是什么样的，一个人的生活既然表示出他对于宗教并不认真关心，那么我们有什么理由想他会绞尽脑汁来寻思自己宗教中的教条，并且费心来考察各种教条的根据呢？他只服从自己的领袖，准备好自己的手和舌来卫护公共的立场，并且在能提升自己并在那个社会中保护自己的人面前，邀得宠信就是了。因此，人们虽然自白有一些主张，并争论一些主张，可是他们也许会完全不相信那些主张，甚或自己的脑中根本就没有那些主张的影子。因此，我们虽然不能说，世界上错误的，较不可靠的意见，实际要较为少些，可是我们确实可以断言，实际上同意它们的人，并把它们误认为真理的人，并不如人们想象的那样多。”①

洛克是对的，谁出大钱，谁什么时候都可以找到一支军队，尽管他的事情是世界上最坏的事情。用大笔的钱就可以把一个最坏的权欲狂和一个最糟糕的哲学家推上宝座。当然，洛克在他的那段话里没有提到一大批错误见解的追随者和虚假光荣的传播者，而且是这样一大批人，他们组成了真正的追随者，这支军队的主力，我指的是这样一些人，他们并不想成为例如像黑格尔派的教授，或谋得别的什么职位，而是些真正的蠢人，他们感到自己完全没有判断能力，他们只能跟在那些善于鼓动他们的人的后面，看到有人群就围拢上去，听到有响声就跟着叫唤。现

① 参见洛克:《人类理解论》中译本下册，商务印书馆 1959 年 2 月版，第 715—720 页。（为和全文的文字统一起见，个别文字略有改动。——译者注）

在，为了从这方面来补充洛克所说的那种任何时候都会反复出现的现象，我想介绍我喜爱的一位西班牙作家的一段话，它十分逗人而且是从一本杰出的，对德国又是十分生疏的书中选出来的，我想读者会喜欢它的。这一段话可以作为德国许多年轻的和年老的花花公子们的一面镜子，他们精神上无能，在他们寂静深藏的意识中，跟着那些滑头唱黑格尔颂歌，并热衷于在这位哲学江湖骗子的空话，甚至是废话中找到深不可测的智慧。举例已令人厌倦，因此我只想抽象地向他们提出忠告：对坏的东西的欣赏和褒奖，只能使人的智力受到极大的贬损。爱尔维修（Helvetius）说得好："为使我们满意而必需的精神标准就是量度我们自己的精神标准的比较精确的尺子。"[①]我们宁可原谅在一段时间内看不到好的东西：因为每一个种族的最优秀的东西由于它的素朴性使我们感到它是如此的新奇和生疏，以至于为了一眼就能认识它，不仅需要知性，而且也需要对这一种族多加教育，因此，一般地讲，这种东西所属的种族愈高级，对它的承认也就愈迟缓，因此，人类的真正阐释者总是享有恒星的命运，需要许多年的时光，它们的光芒才能被人们看到。相反地，对坏的东西，错的东西，没有精神的东西，或者甚至是荒谬的东西，无意义的东西的尊崇是不可原谅的，而且因此无可辩驳地证明了，这是些蠢人，而且因此直到他们的末日也都是蠢人，因为知性不是可以学到手的。但是，另一方面，由于我对受到的攻击，对黑格尔派，这一场德国文学的瘟疫，按其功过作了评价，只要还存在着

---

① 《精神论》第 2 篇第 10 章注（*De l'esprit*, disc. Ⅱ, ch. 10. note）。

正直之士和有识之士，我肯定会受到他们的感谢。因为他们将完全取伏尔泰(Voltaire)和歌德极其一致地表示的意见，伏尔泰说过："对坏作品的宠待和对好作品的攻击一样都阻碍了精神的进步。"[①]歌德说过："真正的蒙昧主义不是阻碍传播真的、清楚的、有用的东西，而是鼓吹错误的东西。"[②]但是，有哪一个时代像德国的近二十年那样，经历了对完全坏的东西的如此有计划的和大规模的吹捧？有哪一个时代有过这样类似的将无意义的东西和荒唐可笑的东西尊奉为神的？席勒(Schiller)有诗：

> "我看见了荣誉的神圣花环
> 在厚颜无耻者的头上丧失了尊严。"[③]

他的诗句对哪一个时代有其预见性？因此，我想用作这篇序言轻松愉快结尾的西班牙叙事诗是那样适合我们时代的情况，以至于有人可能会怀疑它不是作于 1640 年，而是 1840 年，因此这或许可以算是一条消息，即我忠实地从 B. 格拉西安·伊·莫拉莱斯(Baltasar Grasian y Marales)* 的《好评论的人》(*El Criticon*)(《洛伦索·格拉西安文集》[*Obras de Lorenzo Gracian*]，安特卫普 4 开本第 1 版 1702 年第 1 卷第 3 部分第 4 篇第 285 页)中将它翻译了过来："但是我们的

① 伏尔泰：《〈奥兰斯特〉序言》(*Vorrede zum Oreste*)。

② 歌德：《格言和沉思》Ⅱ，84，见《遗著》第 9 卷第 84 页(*Maximen und Reflexionen*，Ⅱ，84，Nachlaβ，Bd. 9，S. 54)。

③ 《理想》第 9 行(*Die Ideale*，Str. 9)。

* B. 格拉西安·伊·莫拉莱斯(1601—1658)，西班牙 17 世纪概念主义流派的重要散文作家之一，许多作品都以他兄长洛伦索·格拉西安的名义发表，《好评论的人》(1651—1657)也不例外，其他重要作品有《英雄》(1637)、《政治家天主教国王费尔南多》(1640)、《谨慎的人》(1646)和《神谕手册及谨慎的艺术》(1647)等。——译者注

两个游客[①]的导游兼讲解员却在所有人中只夸奖制绳工人，因为他们是沿着和所有其他人相反方向走的。……"

当他们（指两个游客——译者注）到达的时候，一种声音引起了他们的注意。他们环视四周，在一个简陋的木板舞台上看到了一个饶舌的壮汉，周围是一个大磨盘，上面放着些人，都是他抓来的俘虏，正在被磨碎加工，耳朵被串在一起，但不是用底比斯人[②]的金链子，而是用一把铁笼头。这家伙正想兜售怪物，他有着一张为此而必不可少的能说会道的嘴。'现在，我的先生们，'他说，'我要给你们看一个长翅膀的神物，这是一个有智慧的神物。我很高兴同有见识的完人打交道。当然我要声明，如果你们中有谁不具备十分出众的智慧，那最好马上就走开，因为现在要出现的东西是高级的，难以捉摸的，对他来讲可能是无法理解的，因此，注意了，我的远见卓识的先生们！现在朱庇特的鹰要登场了，它将按它的身份来讲话和论辩，他会像佐罗斯(Zoylus)一样开玩笑，像阿利斯塔克(Aristarch)一样挖苦人。从它嘴里吐出来的每一个词都神秘莫测，都是智慧的思想，都包含着对万千事物的万千隐喻。他说的一切都将成为空前深刻的[③]

① 他们是父亲克里蒂洛和儿子安德雷纽，讲解员是德森加诺(Desengano)，意思是醒悟，醒悟是真理的第 2 个儿子，真理的第 1 个儿子是仇恨，真理生出仇恨。

② 他（格拉西安）指的是赫尔枯勒斯(Herkules)，他在第 2 部分第 2 篇第 133 页（以及在《锐敏和艺术》[*Agudeza y arte*, Disc 19]和《谨慎的人》[*Discreto*, p. 398]）说从他的舌头上伸出链子把其余人的耳朵串在一起。实际上他把他和具有这种形象的雄辩之神麦叩利(Merkur)相混了。

③ 黑格尔派报刊上的用词，通常指《科学文献年鉴》1827 年第 7 期(*Jahrbücher der wissenschaftlichen Literatur*, 1872, Nr. 7)。原文是：深刻的思想和言论。

格言。'克里蒂洛说:'它肯定是一个富豪或是一个强人。因为如果是一个穷人,那么它说的一切都会分文不值。用银嗓子唱歌当然好听,用金嘴巴说话显然更妙。'江湖骗子继续说道:'好吧!现在那些不是智慧之鹰的先生们要走了。'什么?没有人离去?没有人动一动?事实是没有一个人承认自己是没有头脑的,相反地,所有人都自认是有见地的,有非比寻常的智商的,都自视很高。现在他拉着一个粗重的笼头,于是它,最蠢笨的动物出现了,即使提到它,也是对人的一种侮辱。骗子嚷道:'你们看哪,一只鹰,一只有着一切闪光特点的,有思想、会说话的鹰。'没有人想说出相反的意见,因为如果那样,就会贬损自己的智慧。有一个人喊道:'看天上!我看到了它的翅膀,啊,多么巨大的翅膀!'另一个人喊道:'我可以数出它的羽毛,啊,它们是多么的精致!''你们没有看到?'有一个人对他旁边的人说。'我没有?'这一位喊道,'唉,看得一清二楚!'但是有一个正直而理智的人对他旁边的人说:'就像我是一个正直的人这一点是真的一样,我真的没有看到那儿有一只鹰,以及它有羽毛,但我看到了4条瘸腿和一条粗尾巴。''嘘!嘘!'一个朋友回答说,'不要这样说,你们会毁了自己的,他们会以为,你们是大……,你们听到了我们对别人说的和做的,因此你们要随大流。''我对所有的圣人起誓',另一个同样正直的人说,'那儿不仅不是一只鹰,而且是相反的东西,我说,那是一只大……''安静,安静!'他的朋友说着,同时用胳膊肘顶了他一下:'你要让别人来笑话你?这是一只鹰,你不能说是别的什么,如果你要说相反的话,那我们大家就要笑话你了。'江湖骗子嚷道:'您没注意到它带来的崇高?谁没感觉到，谁就一定是毫无天分的人。’一个学士嚷嚷着从一边跳出来：‘多么辉煌！多么伟大的思想！世界上最杰出的！什么样的格言啊！让我把它们记下来！哪怕散失一丁点儿也将是永远的缺憾(他去世后，我将出版我的笔记本)。’[①]这时，这头怪兽提高了他那震耳欲聋的歌声，这歌声可以使整个市议会会议乱作一团，它并做出许多不得体的动作来，所有的人都惊愕地站在那里，互相瞅着。‘看啊，看啊，我聪明的人儿[②]’，那狡猾的骗子急切地叫着，‘看啊，踮起脚看啊！我把这叫做说话！还有像它一样的第二个阿波罗吗？你们不觉得他的思想的细微，他的语言的雄辩？世上还有比这更伟大的智慧？’旁观的人互相瞅着，但是没有一个人敢吭声，更没有人敢表示自己的想法，以及什么才是真理，为的是不被说成是个笨蛋：大家反倒以一个声音表示赞赏。‘啊，这张嘴！’一个可笑的爱嚼舌根的女人叫道，‘它完全吸引住我了！我可以整天倾听它说话。’‘真见鬼’，一个胆小的人细声细气地说道，‘如果这不是一头驴子和在任何地方都永远不是一头驴子的话。我最好不要说类似的话。’‘我发誓’，另一个人说，‘这不是人话，这是驴叫，但是，想这样说的人可真倒霉啊！在这世上现在就是这样：鼹鼠被说成是山猫，青蛙被说成是金丝雀，母鸡被说成是狮子，蟋蟀被说成是金翅雀，驴子被说成是老

① 括号中的话系笔者(即叔本华——译者注)所加。

② 这里“聪明的”这个词应该用 gescheut，而不是 gescheidt (gescheidt［聪明、理智的］，gescheut 是 scheuen［害怕、畏惧］的第二分词，是 gescheidt 之讹，含有讥讽的意思。——译者注)。gescheut 这个词的词源是以这样的思想为基础的，尚福尔(Chamfort)十分优美地表达了这个思想：“《圣经》说，惧怕上帝是智慧的开始；但我认为，应该是惧怕人。”见《格言和思想》第2章(*Maximes et Pensees*，Chap. Ⅱ)。

鹰。我还能说什么相反的话吗？我把我的思想留给我自己，但是我和所有人说一样的话，让我们活下去吧！这是最要紧的。’

克里蒂洛对于必须既要看到这样的卑鄙下流，又要看到这样的狡猾刁钻气愤至极。他想：‘愚蠢竟就这样控制了头脑？’但是那个夸夸其谈的无赖却在他那大鼻子的阴影下面嘲弄所有的人，而且就像在喜剧中一样在边上胜利地自言自语道：‘我愚弄了所有的人了？一个拉皮条的女人能做得比我更好吗？’他重又让他们领受几百倍的乏味无聊，这时他又一次嚷了起来：‘没有一个人说不。不然的话，他就会被说成是笨蛋。’那种低级下流的掌声因此就越来越响，连安德雷纽也和所有人一样鼓起掌来。但是克里蒂洛再也忍不住了，他想发作。他走到他的默不作声的讲解员身边说道：‘这个人滥用我们的耐心还要多久，你默不作声还要多久？这种厚颜无耻已超过了限度！’而讲解员却答道：‘耐心一点，不是不报，时间未到，时间将会像它一向所作的那样，把真理揭示的。只是要等到这个怪物把尾巴露出来，那时你就会听到那些现在赏识它的人的诅咒了。’而当骗子把他那鹰—驴这个双面动物（鹰是假的，驴是真的）重又牵进来时，果然就受到了咒骂。他们同时开始直率地讲话了：‘我的天’，有一个人说，‘这不是什么天才，而是一头驴子。’而另一个人则叫道：‘我们多么笨啊！’于是他们互相鼓劲，直到说出这样的话来：‘谁曾看到过这样的弥天大谎？他竟一点真情也不吐露，而我们却为他鼓掌。总之，这是一头驴子。我们都被当作驴骑了。’

但正在这时江湖骗子又出现了，而且答应要展示新的更伟大的神物。‘现在’，他说‘现在我要让你们看到一个真正的世界著名

的巨人，在他身旁，希腊神话里的巨人恩塞兰杜斯（Enceladus）和堤福俄斯（Typhoeus）* 都会变得无影无踪。同时我必须说明，谁冲着它叫“巨人！”谁就会走好运。因为他会使他获得巨大的荣誉，会把财富堆到他的头上，是的，有成千上万皮阿斯特** 的收入，另外还有地位、职务和等级。相反地，不把它看作巨人的人就会倒霉，不但得不到赏赐，而且还会受到雷击和惩罚。注意了，全世界！现在，他来了，他出现了，啊，他是如何矗立起来的！’幕布升起，出现了一个小人，他被放在吊车上面，根本就看不见，就像胳膊肘到手那样大小，从哪方面来看，从本质上和从行为上都是一个无，一个侏儒。‘好，你们做什么呢？为什么不叫唤呢？为什么不喝彩呢？提起你们的嗓门，演说家们！唱起来，诗人们！写下来，天才们！你们的大合唱就是：著名的、杰出的、伟大的人！’人人惊呆地站着，互相用眼色问道：‘这是个巨人？看到他身上有英雄的特点？’但是那群马屁精却开始大声嚷了起来，而且声音越来越大：‘是的，是的！巨人，巨人！全世界第一人！一个多么伟大的王爷！一个多么英雄的元帅！一个多么称职的部长！’于是金币就掉到他们的头上。于是作家们就写了起来！写的已经不是故事，而是颂歌。诗人们，甚至连佩特罗·马特沃（Pedro Mateo）[①]本人，都为了红包而在啃手指甲。没有一个人敢于说反话。相反，所有的人都在争先恐后地叫着：‘巨人，伟大的，最最伟大的巨人！’因为每一

* 恩塞兰杜斯，巨人，被朱庇特（Jupiter）命雷击死；堤福俄斯，又译堤丰，一个有一百个蛇头喷火的怪物，被宙斯（Zeus）击败。——译者注

** 皮阿斯特（Piaster），土耳其、埃及等国一种旧币单位。——译者注

① 他歌颂了亨利四世，见《好评论的人》第 3 部分第 12 篇，第 376 页。

个人都希望得到一个职位，一个肥缺。而在内心深处，他们却悄悄地说：'我撒谎是多么勇敢！他根本就没有长开，仍旧是个侏儒。但是我该怎么办呢？你们走过去说出你们的想法好了，那时你们就会看到：你们会得到些什么了。而像我这样，我就会得到衣服、食物和饮料，就会更荣耀，就会成为一个大人物。因此，让他成为他想成为的人，他应该不顾全世界的反对成为一个巨人。'安德雷纽开始跟着众人也嚷了起来：'巨人，巨人，无比硕大的巨人！'礼物和金印马上就掉到他的头上，于是他就叫了起来：'这，这就是生命的智慧！'但是克里蒂洛站在那儿，他已不能克制自己：'我忍不住了，如果我再不说话。'讲解员说：'不要吭声，不要自取灭亡。等着，等到这个巨人转过身来，你就会看到会发生什么了。'果然就出现了这样的情况：因为一当他演完了他那巨人角色和退回到尸衣里去的时候，所有的人都开始嚷了起来：'我们是些什么样的笨蛋啊！这根本就不是巨人，而是一个侏儒，他什么都不是，也不会成为什么。'他们互相问道，这怎么可能的呢？但是克里蒂洛说道：'一个人活着时和死了以后，人家对他的议论发生了什么样的变化啊！他的不在使语言发生了什么样的变化啊！一个天上，一个地下，变化有多大啊！'

只有那个近代西农（Sinon）* 的骗术还没有结束。现在他换了一种手法，他把杰出人物、真正的巨人拿出来，他把他们说成是侏儒，说成是没有什么用的人，甚至比没有用还要差的人，对此，所

---

* 西农，荷马以后的传说中的英雄。在希腊人佯装从特洛亚撤退而把藏有战士的木马留下的时候，西农假装投降，逃到特洛亚人方面，建议把特洛亚木马拖进城里。——译者注

有人都说是的，而那些真正的巨人也必须被当作侏儒，而人们也不敢吭声来发表评论和提出批评。是的，他拿出一个凤凰来，说这是一只甲虫。所有的人都说是的，凤凰就是甲虫：现在它必须被当作甲虫。

格拉西安就写得这么深刻，关于杰出哲学家就写了这么多，而丹麦科学院极其真诚地认为可以要求尊重这位杰出哲学家。这样丹麦科学院就使我陷入了这样的境地：由于丹麦科学院这样教训了我，因此我反过来也要教训它一下。

我还想指出的是，读者本该在半年前就得到这两篇论文的，如果不是由于我曾坚信丹麦皇家科学院会公正地以及和所有科学院的做法一样，在它为国外刊印征文启事的同一页纸里（即《哈勒文学报》）也会公布科学院的决定的话。但它没有这样做，于是人们不得不向哥本哈根要这份决定，而由于在征文启事中根本就没有写明何时作出决定，这就变得更困难了。因此我是用了 6 个月才走完这段路的，而这已经太晚了。[1]

1840 年 8 月

于美因河畔法兰克福

① 丹麦科学院是后来才公布它的评语的，也就是说是在我发表这篇伦理学和这一指责以后才公布的，而且是在 1840 年 11 月第 59 期《哈勒文学报》（*Die Halle'sche Litteraturzeitung*，November 1840，N. 59）的《知识界》（*Intelligenzblatt*）上，就在同一个月的《耶拿文学报》（*Die Jena'sche Literaturzeitung*）的《知识界》（*Intelligenzblatt*）上，也刊印了这一评语，因此它是在 11 月才公布 1 月已作出的决定的。

第2版序言

两篇征文在这一版中得到了比较多的补充，这些补充绝大部分都不长，但补在许多地方，而且有助于对整体的充分理解。由于这一版的开本比较大，所以读者就不能从页数估计它们有多少。此外，由于我不能肯定是否还能见到这第2版，因此在这期间我不得不把属于这两篇论文的思想，逐步地，暂时写进那些我还可能撰写的文章中去，即有一部分在我的主要著作的第2卷第47节，有一部分在《附录和补充》的第2卷第8节[①]。

因此，受到丹麦科学院拒斥的，只受到公开指责的关于道德的基础的论文，在20年后出了第2版，对于丹麦科学院的评语，我已在第一版序言中作了必要的申辩，并且就在那篇序言中首先指出了，丹麦科学院在评语中否认问过它问的问题，相反却坚持说它问过从未问过的问题，而且我还十分清楚明白地指出了评语的问题（见《第1版序言》），以至于世界上没有任何狡辩能把它洗刷干净。但是这究竟有什么关系，无需我现在先来说它。而对于丹麦科学院总的做法，在20年最冷静的思考以后，我现在必须作如下的补充。

---

① *Parerga und Paralipomena*, Bd. 2, Kap. 8.

如果科学院的目标就是尽可能地压制真理，就是竭力扼杀精神和才智，就是有胆量维护放荡之徒和江湖骗子的荣誉，那么这一次，我们的丹麦科学院是出色地符合这一目标的。我也被要求对他们表示尊重，但我不能就这样来为丹麦科学院效劳，因此我想向这一科学院的先生们提出一项有益的建议。如果先生们向世界发布征文启事的话，那么他们事先必须要具备一点点判断能力，至少要有过日子必需的判断能力，而这恰恰只是为了在必要时能区分精华和糟粕。因为除此以外，如果彼得·拉穆斯(Petrus Ramus)《论辩术》(*Dialectices*)的第 2 部分《论判断》(*de judicio*)[①]写得十分糟糕的话，就会让人得出令人讨厌的结果来，也就是说随着弥达斯[*]的评判而来的是弥达斯的命运，而且是一无例外的。没有什么东西可以防止出现这样的情况。没有一张威严的脸和高贵的表情能有助于此。结果总是要暴露出来的。无论戴上多厚的帽子都无济于事。不会没有不够谨慎的理发师的，不会没有不够谨慎的芦苇的，当然，今天已用不着费力先在地上挖一个洞了。[*]但是，现在除了这些以外，还要加上天真地确信应该给我一个公开的指责，并把它发表在德国的两家文学报刊上，原因是我不是那样愚蠢，让自己被低声下气的大臣们领唱的，没有头脑的文学暴徒们长期接着往下唱的颂歌所感动，从而和丹麦科学院一起，把那些从来也不

① 彼得·拉穆斯(1515—1572)，法国哲学家、逻辑学家。

* 弥达斯(Midas)，佛律癸亚国王，以巨富著称。在阿波罗和潘比赛音乐时当裁判，判阿波罗为败方，阿波罗就让弥达斯长上一对驴耳朵，弥达斯只好戴上佛律癸亚帽子把驴耳朵遮住。他的理发师发现后，苦于不能告诉别人，就在地上挖一个洞，对着洞口说："弥达斯国王长着一对驴耳朵！"接着把洞填平，这地方就长出一棵芦苇，它把秘密向全世界泄露了。——译者注

寻求真理，而始终只关心自己事情的江湖骗子说成是杰出哲学家。难道这些科学院院士们根本就没有想到，首先应该扪心自问一下，他们究竟有没有一点点理由应该对我的观点加以公开指责呢？难道他们真是疯了，竟没有想到这一点吗？现在的结果就是：涅墨西斯*来了，芦苇已经作响了！我不顾所有哲学教授多年的联合反对终于成功了，而对于我们的科学院院士们的杰出哲学家，有教养的公众也看得越来越清楚了，尽管这些杰出哲学家还将被那些可怜的哲学教授们软弱无力地继续维护一小段时间，这些可怜的哲学教授们早已因他们而声名狼藉了，但还需要他们作为讲课的材料，但他们确实已经完全失去公众的尊敬了，特别是黑格尔正大步走向他将在后世获得的蔑视。二十年来，对于他的看法已在接近我在第一版序言中介绍的格拉西安笔下的寓言的结局，而且已经走了四分之三的路程了，要不了几年，就将走完全程，就会和二十年前给了丹麦科学院如此公正而有力的敦促的判断完全相一致了。因此，我想送一首歌德的诗给丹麦科学院，作为我对它的指责的回赠让它放到它的纪念册里：

“你可以一直赞美丑恶：
为此你马上可以领到赏金！
你在你的污水池上面浮游，
你是敷衍了事的人的保护神。

* 涅墨西斯（Nemesis），希腊女神之一，Nemesis 的希腊原文 Немесида 的转义为命运、报复。——译者注

呵斥美好？你试试看！
行，
如果你狂妄敢为；

但如果人们觉察到了，
他们就会把你踢进泥淖，
就如你该得的那样。”[①]

我们的德国哲学教授认为不值得考虑这两篇伦理学论文，更不用说记住它们了，这一点我在论理由律的论文[②]中已经很有分寸地提到过了，此外这也是不言自明的。这类高级才子怎么会注意像我这样的人说的话呢！对于像我这样的人，他们在著作中至多只是临时高高在上地投上蔑视和非难的一瞥罢了。不，他们攻击我写的东西：他们坚持他们的意志自由和他们的道德准则，即使反对的理由多如黑莓。因为他们的那些文章属于必不可少之列，而且他们也知道，他们为什么存在着：他们存在着，**为了上帝崇高的荣誉**。他们也都应该成为丹麦科学院的院士。

1860 年 8 月
于美因河畔法兰克福

① 《温和的讽刺诗》，Ⅴ，1315 及以下(Zahme Xenien，Ⅴ，1315 f.)。

② 《充足理由律的四重根》第 2 版第 47—49 页或《叔本华全集》第 5 卷，第 63—65 页(Über die vierfache Wurzel des Satzes vom zureichenden Grunde，S. 47—49 der zweiten Auflage〔Bd，Ⅴ，S. 63—65〕)。

有奖征文

论意志自由

（1839年1月26日获得德隆海姆挪威皇家科学院褒奖）

自由是神秘的。

——爱尔维修：《精神论》第1篇第4章

皇家科学院提出的问题是：人类意志的自由，能从自我意识得到证明吗？

第1章 概念之规定

这是一个重要、严肃而困难的问题。从根本上来讲，它同中世纪和近代全部哲学的一个主要问题有关系。对于这样一个问题，当然要作详细的探讨；对这一问题中出现的那些主要概念，当然也要加以分析。

1. 什么叫自由？

如果我们仔细考察的话，这一概念是一个消极的概念。通过这一概念，我们想到的只是一切障碍的消除；而相反，在这一切障碍表现为力量的时候，它们必然是积极的。自由的概念，相应于这一切障碍可能具有的性质，可以分为三种完全不同的类型：自然的自由、智力的自由和道德的自由。

1. 自然的自由(physische Freiheit)就是各种物质障碍的不存在。由此我们就说：自由的天空，自由的眺望，自由的空气，自由的田野，自由的场所，自由的热(和化学无关的热)，自由的电，河流不再受山川和水闸的阻挡而自由流动，等等。连自由的居所，自由的膳食，自由的印刷，不付邮资的信件，都表明了令人讨厌的条件的不存在，这些条件作为享受的障碍物，总是和居所、膳食等等东西相伴随着的。但是，在我们的思想中，自由的概念总是动物的宾词，其特征是，动物的运动是出自它们的意志，是随心所欲的，而且只有在没有物质障碍使之不可能时才能称之为是自由的。由于这种障碍可能是十分不同的，而受阻碍的又总是意志，因此，为简便起见，人们总是从积极方面来理解自由的概念，并因而总是指那一切只是受其意志推动的，或只是遵循其意志而行动的东西。从根本上来讲，不论概念发生什么变化，内容都没有变。据此，就自然意义上的概念而言，动物和人，只有在既没有束缚，又没有监狱，也不麻痹的情况下，也就是说没有自然的、物质的障碍妨碍它们的运动，以及它们的运动是循着自己的意志的时候，才能说它们是自由的。

这种自然意义上的自由概念，特别是在作为动物的宾词时，是原初的、直接的，并因而是最经常的，正因此，这种意义上的自由概念也就是毋庸置疑的，是无需讨论的，而其现实性也始终能从经验中得到证实。因为只要动物只是按照其意志在行动着的，动物在这种意义上也就是自由的：这时也无需考虑会有什么东西能影响它的意志本身。因为在这种原初、直接和因而是普遍意义上的自由的概念只同能够（Können），也就是说只同阻碍它的行动的自然障碍的不存在有关。因此人们就可以说：空气中的鸟是自由的，森林中的野兽是自由的，自然的人是自由的，只有自由的人才是幸福的。人们说一个民族也是自由的，其含义则是：这个民族只是按照它自己制定的法律来治理的，因为只有这样，它才始终是遵循着它自己的意志的。据此，政治的自由也属于自然意义上的自由。

但是，只要我们离开了这种自然的自由，并考察另两种自由时，那么我们就和这一概念的普通的意义无关了，而是同这一概念的哲学意义发生关系了。众所周知，这会带来许多困难。它分裂为两种完全不同类型的自由，即智力的自由和道德的自由。

2. 智力的自由(intellektuelle Freiheit)，也就是亚里士多德(Aristoteles)[①]说的，就思维而言是自愿的，还是不自愿的。我在这里提到这种自由，只是为了划分概念的完整性。因此，我将暂不加论述，而是要到本文结尾处才来探讨这种自由。而在这之前，我将对它所使用的概念进行论述，这样在最后只需对它简略地论述一下就可以了。但是在划分自由的三种类型时，由于它和自然的自由最贴近，就必须把它放在自然的自由之后。

3. 因此，我马上就转到第三种，即道德的自由(moralische Freiheit)上来，它实际上就是自由的意志决定(die freie Willensentscheidung)，皇家科学院的问题指的也是这一种自由。

这一概念在一个方面是依附于自然的自由，这也就说明了，它的形成为什么必然要比自然的自由晚得多。如同我们已经讲过的，自然的自由只和物质的障碍有关，物质的障碍一旦不存在，它也就马上出现了。但是，现在我们注意到，在某些情况下，一个人并没有受到物质的阻碍，而是由于单纯的动机，例如威胁、许诺、危险等等而行动受阻碍，除此之外，他似乎总是按意志在行事的。于是，人们就提出了这样的问题：这样的一个人是不是还是自由的？或者真有一个强烈的反动机就像某种自然的障碍一样，阻止了他

① 《欧德穆斯伦理学》Ⅱ，7(Eth. End. Ⅱ，7)。

按本人的意志行事，并使这种行动成为不可能？对于健全的理智来说，答案是不难得到的。没有一个动机能像自然障碍那样起作用。这是因为自然障碍总可以轻而易举地完全压倒人的体力，而动机则相反，从来也不能依靠自身成为不可克服的，从来也不会具有一种绝对的力量，而总是可能会被一个更强大的反动机所平衡，只要存在着这样一个反动机，和被个人的情况所规定的个人有可能会被这样一个反动机所决定。正像我们经常看到的那样，甚至连所有动机中最强大的动机，即维持生命这样一个动机也可能会被别的动机所平衡；例如自杀和为了他人，为了主义，为了某种利益而牺牲自己的生命，而相反的，老虎使凳上最厉害的痛苦也可以被纯粹的思想所克服，那就是想到否则生命就完结了。尽管因此可以明白：动机并不具有任何纯客观的或绝对的强制性，然而却可以具有一种主观的或相对的强制性，即对于参与的个人具有一种主观的或相对的强制性，而结果是一样的。因此，问题仍旧是：意志自身是自由的吗？因此，自由的概念，人们迄今为止只把它和能够相联系起来而加以考虑的自由的概念，在这里却和想要（Wollen）相联系起来了，并且产生了这样的问题：想要本身可能是自由的吗？进一步的考察表明：原初的、经验的因而是普遍的自由的概念，是无法和想要相联系的。因为按照这一概念，自由意味着“按照自身的意志”。如果有人问：意志自身是自由的吗？那么有人就可能会问：意志是否遵循自身。尽管这是不言自明的，却也没有说出个所以然来。根据自由的经验的概念，这就叫做：“如果我能做我想要的，我就是自由的。”而由于这个“我想要的”，自由就已经被决定了。但是，现在，由于我们问的是想要本身的自由，因此就产

生了这样的问题："你也能想要你所想要的！"这表明，似乎想要还依附着另一个藏在它身后的想要。现在假设，这一问题得到了肯定的答复，于是马上就会产生第二个问题："你也能想要你想（要）想要的？"如此问下去以至无穷，只要我们始终想的是一个依附于前一个想要的，或深藏着的想要的想要，而我们企图沿着这条思路最终达到一个必须把它看作是绝不依附于别的想要的想要的努力则是徒劳的。但如果我们想要这样一个想要，那么我们既可以把第一个想要，也可以把后面随便哪一个拿来，但是这样一来，就又回到了那个十分简单的问题上去了，那就是"你能想要吗？"对这一问题的单纯的肯定答复，是否就决定了想要的自由了，这正是人们想要知道的，但却并没有得到解答。因此，原初的、经验的，从行动中得来的自由的概念就拒绝和意志的概念有什么直接的联系。然而为了能够把自由的概念应用于意志，人们就必须将它改造一番，理解得抽象一些。而只要人们把自由的概念一般地想作是所有的必然性的不存在，就可以做到这一点了。这时，自由的概念就保持了我在本文开头所说的那种消极的性质。因此，现在首先要讨论必然性这一概念，并把它作为赋予那个消极的概念以意义的积极的概念。

因此我们就要问：什么叫必然？一般的解释是："必然就是其反面是不可能的，或不能是别的东西的东西。"这纯粹是字面上的解释，是对概念的改写，这样的改写并不能增加我们的认识。我提出如下现实的解释：必然就是从既定的充足理由中产生出来的东西，这样一个命题和一切正确的定义一样都可以反过来理解。根据这个充足理由，即所谓的原因是一个逻辑的理由，还是一个数学的理由，还是一个物理的理由，必然性也可以是一个逻辑的必然性（例如：假若前提肯定了，则结果就必然是如此），一个数学的必然性（例如：假如三角形的角相等，则其边相等），或者是一个物理的，现实的必然性（例如：只要原因存在着，效果就会显现）。但是，如果存在着理由，必然性就总是以同样的严格性跟随着结果而来。只有当我们把某物理解为一个既定原因的结果的时候，我们才把它认作是必然的，反之亦然，即只有当我们把某物认作是一个充足理由的结果时，我们才能看到，某物是必然的，这是因为所有的理由都是强制性的。这种现实的解释是十分贴切恰当的，因此由一个既定的充足理由产生的必然性和结果恰恰就成了一对可互换的概念，这就是说：在任何地方都可以用一个来代替另一个。[①] 据此，必然性的不存在就如同一个决定性的、充足的理由的不存在。作为必然性的对立面，当然就要想到偶然性。这是无可非议的。而每一个偶然性也只是相对的。因为在只能遇到偶然性的现实世界中，每一件事情都是就其原因而言才是必然的，而就其他一切而言（事情总是在空间和时间中和这一切相遇），事情就是偶然的。但由于自由的特点就是必然性的不存在，因此它必然就是不依附于任何原因的，我们并把这定义为绝对的偶然性。这是一个极成问题的概念，我一点也不隐瞒它可能是想象出来的，然而，它却以特殊的方式和自由的概念相吻合。无论如何，自由就是在任何方面都不是必然的，也就是不依附于任何理由的。当把这一概念用

① 关于必然性概念的讨论可参见我的论文：《充足理由律的四重根》第 2 版第 49 节。

到人的意志上去的时候，它就表明了，一个单个人的意志，就其表现（即意志动作）而言，一般地不是由原因，或充足理由所决定的；因为如果不是这样的话，那么由于产生于既定理由（不论是什么种类的理由）的结果总是必然的，其动作就不是自由的，而是必然的。康德的解释就是以此为基础的，按照他的解释，自由是一种由自己开始一系列变化的能力。由于这个“由自己”就其真正的意义而言，就是“没有事先的原因”，这和“没有必然性”是一致的。因此，尽管康德的解释赋予了自由的概念以一种假象，似乎这是一种积极的概念，但仔细一考察，它的消极的本质又表现出来了。因此，一个自由的意志可能是这样一种意志，它不是由理由（因为每一个决定他物的东西必然是一个理由，在现实的事物中必然是一个现实的理由，即原因），不是由任何东西所决定的；它的单个的表现（意志动作）因此从本原来讲就完完全全是产生于它自己的，而并不是由事先的条件所必然造成的，因此也就是不是由任何东西，按照什么规则所能决定的。于是我们关于这一概念的明确的想法也就产生了，理由律就其所有含义而言，是我们全部认识能力的基本形式，但是在这里则应该放弃之。与此同时，对于这个概念，并不缺少一个专门的术语，那就是自由的，任何方面都不受影响的意志决定。此外，这一概念也是关于被称作意志自由的那个东西的唯一清楚规定了的、牢靠而明确的概念；否则就会陷入摇摆不定、模糊不清的解释之中，而在这背后则是犹豫不决，一知半解，这种情况就和人们谈论不一定会引出其结果的理由来一样。由理由引出的每一个结果都是必然的，而每一个必然性都是理由的结果。从假定这样一个自由的，哪一方面都不受影响的意志决定中，我们可以推出最直接的，说明这一概念本身的特点的结果来，并进而把它作为这一概念的特征，那就是：对于一个具有这种禀赋的人类个体来说，这个个体处在既定的、完全个别地和各方面都受限制的外部环境中，是可能同时做出两种完全对立的行为来的。

2. 什么叫自我意识？

答：自己固有的意识。相反地，就是他物的意识，他物的意识就是认识能力。这种认识能力还在他物还没有在其中显现之前就已包括了这种显现的方式方法的确实形式。因此，这些形式就是它们客观存在的可能性的条件，即它们作为我们的客体而存在的可能性条件。这些形式就是大家都知道的时间、空间和因果关系。尽管这些认识形式存在于我们内心之中，然而其目的只是为了，我们能把他物当作如此这般的物来感知，以及和它们发生密切的关系。因此，虽然这些形式存在于我们内心之中，但我们并不能把它们看作是自我意识的一部分，而是看作是他物的意识，就是说是使客观的认识成为可能的形式。

此外，我也不能让在问题中使用的那个词 Conscientia 的双重含义（良心或意识）把自己引入歧途：把在良心和实践理性的名义下，以康德主张的定言命令（Kategorischer Imperative）* 而著称的人的道德冲动引进到自我意识中去。这部分地是由于人的这种冲动只

* 又译至上命令、无待命令、定然律令、绝对命令、直言命令、最高命令等。——译者注

是在经验和反思之后才出现的，即只是在他物的意识之后才出现的；部分地是由于还不能明确地和无可非议地区分这些冲动中，哪些是属于人的本性原初就有的或特有的，哪些是道德教育和宗教教育添加进去的。此外，通过把良心引入自我意识，而把问题置于道德的基础之上，和重复康德的道德证明，或者说是基本要求，也确实不是皇家科学院的目的。康德是借助于“因为你应该做，所以你就能够做”这样一个推论来证明自由乃是先天知觉的道德律。

从上面所说的，我们可以明白：在我们的全部意识中，占了绝大部分的不是自我意识，而是他物的意识，或者说是认识能力。这种认识能力竭尽全力来适应外界，它是现实的外部世界的活动场所（根据更深入的研究，它是现实的外部世界的条件）。认识能力的态度首先是直观地想把握这外部世界，然后把用这种方法获得的东西马上消化加工成概念，在概念的无穷尽的用一堆堆言语堆成的联合体中就产生了思维。因此，从我们的全部意识中去除了这占着绝大部分的他物意识后，剩下的首先就是自我意识。从这里，我们马上就看到了自我意识的财富不可能是很大的，因此，如果我们寻找的用以证明意志自由的事实确实应该存在于这自我意识之中的话，那么我们也希望，我们不至于会没有看到它们。有人也提出了内在感觉[①]作为自我意识的工具，然而采用内在感觉这

① 早在西塞罗（Cicero）《大学论集》（*Acad. quaest.*）里已有这种说法，西塞罗在该书第四篇第7页（Ⅳ，7）称之为“内在感觉”，奥古斯丁（Augustin）的《论自由意志》（*De Lib. arb.*）则讲得更清楚（见该书第2章第3页［Ⅱ，3］）。后来笛卡尔（Cartesius）也有这种观点，见《哲学原理》（*Princ. phil.*）第4章第190页（Ⅳ，190）。而阐述最为充分的则为洛克（Locke）。

种说法更多的是一种比喻，而不是一种真正的理解。这是因为自我意识是直接的。至此，接下来的问题就是：自我意识包括些什么？或者说：人是怎样直接感知他的固有的自我的？回答是：完全是作为一个想要的人（Wollender）。每一个人在观察自己固有的自我意识时，马上就会明白：它的对象始终是那个固有的想要。但是，在这里，我们不能只把它理解为是决定了的，马上就要变为行动的意志动作和地地道道的决定，以及由它们引发的行为；而是谁要是能抓住一点点本质的东西，哪怕其程度和方式有着各种变形，那么他也就不会反对，那一切渴望、努力、愿望、要求、向往、希望、爱好、愉悦、欢呼等等，和不想要或反对，厌恶、逃跑、害怕、愤怨、憎恨、悲哀和痛苦一样，简言之，一切的情绪和热情，都应该算作是想要的表现；因为这些情绪和热情只或多或少是受阻碍的或释放出来的，满足了的或没有得到满足的固有意志的或多或少软弱的或强大的，有时激烈的和暴风雨般的，有时温和轻柔的运动而已，它们虽千变万化，但都可归结为所想要的东西的得到或没有得到，对可憎的东西的忍受或克服。因此它们都是忙于决断和活动的同一个意志的被决定了的情绪[①]。甚至连人们称为快感和不快感的东西也可算在里面。这两者尽管程度和方式极为多种多样，但都可以归结为渴望的情绪或厌恶的情绪，因此可以归结为已觉得将被

① 尤其值得注意的是，当许多革新派以所谓的“感觉能力”无视这一点的时候，教父奥古斯丁却早已认识到了这一点。他在《上帝之城》（*de civit*. Dei，Lib.）第14篇第6章论述动物的情绪时，把它们分为4种范畴：欲望、恐惧、愉悦和忧愁，并且说道：它们中都藏有意志，它们无非都是意志的冲动，因为欲望和愉悦无非只是意志，是赞同我们所想要的东西的意志；而恐惧和忧愁也无非只是意志，是不赞同我们所不想要的东西的意志。

满足或不满足，受阻或释出的意志本身；是的，这一意志一直要扩展到肉体的舒服或痛苦，以及处于这两个极端之间的无数种感觉；由于这一切情绪的本质就在于它们是作为遵循意志的或反对意志的东西直接进入自我意识的。连人的肉体，仔细考察一下的话，也被人直接感知为是意志的向外作用的工具和对舒服或痛苦的感觉加以接受的场所，这些感觉本身，如同上面所说的那样，可以归结为意志的完全直接的情绪，这些情绪或符合意志或不符合意志。我们完全可以把这单纯的快感或不快感算在里面或不算在里面，但无论如何，我们将发现，意志那所有一切运动，即那个变换着的想要或不想要，和在外部世界感知和认识的东西处于直接的各方面都得到承认的关系之中。这种变换着的想要或不想要，是不断地在高涨着和低落着的，它们构成了自我意识的唯一对象，或者如果人们愿意的话，可以说构成了内在感觉的唯一对象。相反地，如同已指出的那样，在外部世界被感知和认识的东西，不再处于直接的自我意识的范围内，因此，只要我们一接触外部世界，我们就到达了自我意识的边界处，即自我意识和他物意识的范围相接壤的地方。但是，在外部世界被感知的对象，却是意志所有那些运动和动作的材料和起因。我们将不把这解释为是得到了证明的理由，因为没有人能否认，我们的想要总是要有一个外部的客体作为对象的，是要适应着它们，围绕着它们的，以及它们作为动因至少是诱发着想要的。因为不然的话，这个人所剩下的就只有一个完全被外部世界封锁的，被关闭在自我意识黑暗内部的意志了。只有那必然性，即那些处在外部世界的事物必然要规定意志的动作这一点，对我们来讲，现在还是有疑问的。

因此，我们发现自我意识十分强烈地，甚至完全在为意志忙碌着。迄今为止，我们虽然已经迂回曲折地，但确已十分明确地接近了意志，现在，我们的目标，我们正想追求的目标就是，在自我意识这一唯一的材料中能否找到上面已经明确规定了其意义的那个意志是自由的事实。

第2章　在自我意识面前的意志

如果一个人想要，那他也是想要某物：他的意志动作总是针对着某一个对象，而且只让人在与这样一个对象的关系上来设想它。那么，什么叫做想要某物呢？这就是，最初只是自我意识对象的意志动作本身，是由属于他物意识的某物，也就是认识能力的客体的诱发之下产生的，在这种关系之中的这一客体被称作**动机**，而且同时也是意志动作的材料。这是由于意志动作是以此客体为对象的，也就是说，其目的在促使这一客体发生一种变化，因此也就是对此作出反应，因此它的全部本质也就在于这一**反应**。由此已经可以清楚地看出，意志动作如果没有某物是不可能会发生的。这是因为这样一来，它既缺少诱因，又缺少材料。但只是有这样的问题，如果这一客体是为认识能力而存在在那儿的话，那么，意志动作是否也**必然**会发生或更可能会推延，或根本就不能形成，或者也可能形成一个完全不同的，甚至完全相反的意志动作，这就是说，那种反应是否也会推延，或者在完全相同的情况下，会发生不同的，甚至相反的反应呢？简言之，意志动作会必然地被动机所唤起吗？或者，当动机出现于自我意识之中时，意志还能保有完全的想要或不想要的自由吗？因此，这里使用的自由概念是在上面讨论过的，被证明在这里是唯一可用的抽象意义上的自由概念，即作为必然性的纯粹否定，这样一来，我们的问题就被确立了起来。但我们必须在直接的自我意识里找到解答同一概念的事实，并将在本文结尾处精确地考察它的陈述，但不会像笛卡尔那样，快刀斩乱麻似的用一种简单扼要的裁定来解决问题。他草率地主张："相反地，我们如此清楚地感觉到了我们的自由和非规定性，以至于我们对任何他物的把握都不如对它们这样清楚完整。"[①]这一主张的站不住脚，莱布尼茨(Leibnitz)已经指出来了，但他自己在这一点上只不过像随风倒的芦苇，而且在作了十分矛盾的说明后，最终竟作出了这样的结论："意志虽然是受动机的影响，但并不是被它所强制的。"[②]他说："一切行为都是被决定的，绝不会不受影响的，因为总有一个理由存在着，尽管它并不强迫我们，但却使我们有所倾向，使我们是这样去行动，而不是那样去行动。"[③]这促使我注意到了一种处于上面提到的两种可能性之间的中间道路是靠不住的，人是不能按照某种喜欢的一知半解就说，动机只在一定程度上规定意志，意志受动机的影响，但只限于一定的程度，然后它就可以摆脱它们的影响。因为只要我们承认一种既定的力量有因果性，即承认它能起作用，那么只需要在遭到某种抵抗时，按这种抵抗的程度增加力量，它就可以完成它的作用。用 10 块金币不能买通一个人，但他却已动摇，那么用 100 块金币就可以把他打倒了，等等。

因此，我们将我们的问题求助于直接的**自我意识**，而且是在我们在上面提出的意义之上。现在这一自我意识给了我们关于那个

① 笛卡尔:《哲学原理》第 1 卷第 41 节。

② 莱布尼茨:《自由论》，第 669 页(*De libertate*:Opera，ed. Erdmann，p. 669)。

③ 同上。

抽象的问题什么样的陈述呢？这个问题就是根据既定的，即表象于知性面前的动机而出现的意志动作的必然性这一概念究竟可用或不可用，或关于意志动作在这种情况下，其推延究竟可能或不可能。如果我们想从这个自我意识获得关于一般的因果关系和特殊的动机表示，以及关于和这二者相伴随的某种必然性的彻底而深刻的说明，那我们就将感到十分失望，因为这个自我意识，如同所有人所禀赋的，是一个过分简单而有限的事物，以至于它对于这一问题不能加以说明；倒不如说，这些概念是从那顺应外界的纯粹知性中汲取来的，而且首先要在反思的理性领域面前才能来谈论这些概念。而相反，那个自然的、简单的、素朴的自我意识根本就不可能理解这个问题，更谈不上解答这个问题了。它那关于每个人都可能在他自己内心窥见到的意志动作的陈述，如果撇去一切奇谈怪论和无关紧要之点，而追溯它那赤裸裸的内含的话，那么大概就会是这个样子了："我能够想要，而且是在我想要有所动作的时候；一旦我只要想要，我的躯体的活动的四肢就会立即去完成之，而且一刻也不拖延。"简言之："我能做我所想要的。"无论人们怎样变换这种陈述和以什么方式提出问题，那直接的自我意识也不会有更进一步的陈述了。因此，它的陈述始终只涉及"按照意志而行"，但这也就是一开始就提出的经验的、原初的和通俗的自由概念。按照这一概念，自由就意味着"按照意志"。自我意识将无条件地加以陈述的就是这种自由。但这并不是我们所要探究的自由。自我意识陈述的行为的自由是以想要为前提的。但想要的自由却是要加以探究的，那就是我们要研究想要本身对于动机的关系，但那种"我能做我想要的"陈述却并不包含这种关系。我们的行为，即我们躯体的动作，对我们意志的依赖性，固然由自我意识加以陈述了，但是完全不同于我们的意志动作对外界情况的依赖性。后一种依赖性或许将构成意志自由，但自我意识并不能对此有所陈述，因为这不在它的范围之内。这是由于后一种依赖性涉及外部世界（作为关于他物的意识而赋予我们的外部世界）和我们的决定的因果关系，但自我意识却不能评估完全处于它的范围之外的东西与其范围之内的东西的关系。因为没有一种认识能力能设定一种其一方面是它所无法得到的关系的。但正是规定意志动作的想要的对象，显然是在自我意识的界限之外，是在他物意识之中；只在他物意识中的意志动作本身和那些对象与其相互的因果关系是我们要探究的。自我意识的事情仅仅是意志动作及它对肢体的绝对的控制，这种控制实际上可看作是"我们想要的东西"，而且首先也是这种控制的运用，即行为，使躯体当然是为了自我意识归于意志动作之下。当意志动作还在酝酿的时候，它叫愿望（Wunsch）；如果成熟了，就叫决心（Entschluβ）；但它是否到了这一步，还要行为向自我意识加以证明。因为直到行为发生之前，它还是可以变化的。现在，我们已经就在那确实不能否认的假象的主要源泉那儿了。一个不怀偏见的人，即哲学上的外行，依靠这一假象认为，在某个既定场合，相反的意志动作对他来说也许是可能的，并夸耀他的自我意识能如他所以为的那样说明这一点。实际上，他把愿望和想要混为一谈了。他可以愿望相反的东西[①]，但想要，他只能有一个，而这个想要是个什么样的想要，也首先要由行

① 参见《附录和补充》第 1 版第 2 卷第 327 节。

为向自我意识来宣示。正由于自我意识对行为的结果只能完全后天地加以体验，而不能先天地知道，因此它并不包含那使相反的愿望中只是这一个，而不是那一个成为意志动作与行为的合法的必然性。相反的愿望及其动机在自我意识面前此起彼伏，交替重复，它对于每一个愿望都表示，如果愿望变成意志动作的话，愿望也就变为事实了。虽然这后一种纯主观的可能性是每个愿望都具有的，然而这种可能性恰恰就是“我能做我想要的”。但这种主观可能性完全是假定的，它只是说：“如果我想要此物，我就能做它。”只是为了达到想要所需要的规定并不寓于其中，这是因为自我意识只包含想要，并不包含决定成为想要的理由，后者寓于他物意识之中，也就是说认识能力之中。相反地，客观的可能性却有决定性的作用，但它却在自我意识之外，在客体的世界中，动机和人作为客体都属于这些客体，因此它与自我意识是异在的，是属于他物的意识。那个主观可能性和寓于石头之中可以发出火焰的东西是同一类的东西，然而却要由黏附于钢铁之上的客观可能性来决定。关于这一点，我将在下一章从另一个方面返回来加以论述。我们将不再像这里一样，从内部去观察意志，而是从外部去观察，也就是说将研究意志动作的客观可能性。这个问题，当它从两个不同的方面并通过例子被阐明以后，就会变得十分清楚。

所以寓于自我意识之中的“我能做我所想的”感觉不停地伴随着我们，但也只是说出了，决心，或我们意志决定的动作，尽管源于我们内心黑暗的深处，然而每一次都立即进入直观世界之中，这是因为我们的躯体和一切他物一样，都是属于这个直观世界的。这种意识构成了内部世界和外部世界之间的桥梁，不然的话，它们之间就隔着一道无底的鸿沟。如若这样，在外部世界将只有独立于我们一切感觉的作为客体的纯直观，在内部世界则只有毫无成果和纯粹被感觉到的意志动作。如果问一个毫无成见的人，那么他对于那个直接意识（即常常被看作是被误解了的意志自由的直接意识），大概会这样说："我能做我想要的：如果我想要向左走，那我就向左走；如果我想要向右走，那我就向右走。这完全取决于我的意志，我因而是自由的。"这种陈述固然是十分真实和正确，只是在这种陈述中，意志已经寓于前提之中了，也就是说，这一前提是假定意志已经作出了决定，因此关于它自身的"自由存在"可能是无关紧要的了。因为这种陈述全然没有讲到意志动作本身发生的依赖性或独立性，而是只讲到了这一动作发生时的效果，或者确切地说，只讲到了它成为躯体动作的不可推延的现象。但作为那种陈述的基础的意识却是绝对唯一的使无偏见的人，即哲学上的外行（虽然在别的学科中，他可能是个大学者）把"意志自由"看作是某种如此完全直接确定无疑的东西，以至于他把它说成是无可置疑的真理，而全然不能相信哲学家居然会一本正经地去怀疑它，而且在内心思忖，关于这一问题的一切空谈都是学校辩论的口才训练，完全是在开玩笑。但正因为由那个意识所给定的十分重要的确定性总是就在眼前，以及因为人首要的和本质上就是实践的动物，而非理论的动物，所以他对他的意志动作的积极方面，即其有效性方面，比对其消极方面，即依附性方面的感觉就要清楚得多。因此，想要使哲学外行理解我们问题的真正意义，并使他明白，现在要探究的不是他的每一次想要的结果，而是其原因，那就很困难了。他的行动虽然完全取决于他的想要，但现在人们却要求知道，他的想

要本身究竟取决于什么，或者根本就不取决于什么，或者取决于某物？当他想要时，他确实能够做某件事，同样，当他想要时，他也能做另一件事；但现在他应该寻思一下，他是否能够既想要做这一件事，又想要做另一件事？如果照这样的意思向人提出这样的问题："你确实能够在你心中升起的相反的愿望中，既依顺这一个，又依顺那一个吗？例如在两个互相冲突的财产对象中，既选取这一个，同时又选取另一个？"那他就会说："也许对我来说，选择是困难的，然而，我究竟想要选择这一个，还是那一个，却是完全取决于我的，而不是别的什么力量。我有完全的自由来选取我想要的那一个。这时，我将完完全全顺从我的意志。"但如果有人这样说："但你的想要本身，又取决于什么呢？"那他就会从他的自我意识回答说："除了我以外，就没有别的了！我能想要我所想要的东西，我想要的东西就是我想要的。"在他说后面这句话时，他并不是故意要重复同样的意见，或者也只是在他意识的最深处是依仗同一律的，只有依靠这同一律，后一句话才是真的。他讲的是一种他的想要的想要，就好像他讲到一种他的自我的自我，他这样讲的时候，看来是极其尴尬的。人们将他赶回到了他的自我意识的核心中去了。他在那儿发现他的自我和他的意志是无法区分的，但也没有剩下什么东西可以来评估这二者。因为在这里，他的人格与选择的对象被假定为是既定的，所以在作那种选择时，是想要这一个，而不是想要那一个的想要本身是否有可能和最后的结果不同的结果呢，或者通过刚才列举的事实，他的想要的结果是否就像三角形中最大角的对边总是最大边一样是必然无疑的呢？这是一个问题，它同天然的自我意识离得是这样的远，以致它根本就不能理解这个问题，更不要说能有一个成熟的答案了，或者哪怕只有不成熟的意见，只需要朴素地将它提出来就可以了。因此，在特定的情况下，一个无偏见的，但在哲学上是外行的人，面对这一问题必然带来的困惑，如果他是真心懂得这个问题的话，就总是要躲到那种直接的确信后面去。这种确信如上面已说过的，就是“我能做我想要的，和我想要我所想要的。”他始终会重新这样来做，无数次地这样来做。因此很难使他面对这个他总是力图回避的问题。这也不能责怪他，因为这个问题确实是一个极其困难的问题。它的探究的手段深入人的最内在的本质。它想知道，人是不是也和世界上所有其余的生物一样，是一种由其素质本身一劳永逸地决定了的生物。这一生物像自然界中每一个别的生物一样，有着它的特定的不变的性质，由于这些性质，它必然对正在形成的外界的诱因作出反应，这些反应因此带有它们的从这一方面来讲是不可改变的特点，其结果就是，能使反应发生某些变化的就只能是外界的诱因；或者人是否是整个自然界中唯一的例外？如果最终能使他面对这个如此困难的问题，并使他清楚地知道，这正是他研究他的意志动作的起源本身，及其形成之有规律或完全没有规律的地方，那么他就会发现，自我意识在这儿并不包含任何信息，这是由于没有成见的人这时自己避开了这个问题和不是用思索和进行各种尝试以图解释，从而使自己摆脱束手无策的境地。解释这个问题的理由，他或者可以从自身或他人的经验中获得，或者可以从普遍的知性规律中获得，但是就在他进行这些尝试时，表现出来的他的解释的没有把握和摇摆不定就足以说明，他的直接的自我意识对正确理解的问题是不予答复的，这和他以前对错误理解的问题的态度是一

样的。归根结底，这是由于人的意志是他真正的自我，是他的本质的真正核心，因此就是这个意志构成了他的意识基础，这是一个绝对地既定的东西和现存的东西。他并不能越出这个范围。这是因为他自己是什么样的人，他就怎样去想要，并且他怎样去想要，也像他是什么样的人。因此问他是否也能成为一个不同于他自己的人，对此他是不知道的。正因此，和那个哲学外行的区别只在于训练上不同的哲学家，如果他想把这个难题弄个水落石出，也必须求助于他的提供先验知识的知性，求助于思索这种知识的理性，求助于他的和别人的行为向他提供的用来说明和检查这种知性知识的经验。上述知性、理性和经验作为最终的和唯一有力的法院，其裁决虽然并不像自我意识的裁决那样容易、直接和简单，但却将是接近事实的、充分的。人的大脑既已提出问题，也就必须解答问题。

此外，直接的自我意识对那个深奥的、思辨的、疑难的问题，不能提供任何答案，对此我们也不必感到惊讶。因为它是我们全部意识中一个十分狭隘的部分，它的内部是昏暗的，它以它的全部客观的认识力量完全顺应着外部世界。所有它的完全可靠的，即先天确知的认识只涉及外部世界，它因此能依照某些植根于它自身的普遍法则有把握地作出判断：什么在外界是可能的，什么是不可能的，什么是必然的，并以此方法先天地造成纯粹的数学，纯粹的逻辑学，乃至纯粹的基本的自然科学。其次，它将它那先天知觉的形式应用于在感官感觉中得到的事实上，这一应用为它提供了直观的、真正的外部世界，连带着还有经验。此外，它又将逻辑学和作为它的基础的思维能力应用于那个外部世界，这一应用提供了概念，即思维的世界，由此又产生出科学及其成就，等等。因此，在它的眼里，外部世界是十分光明和清楚的，但内部却是黑暗的，就像一副很好地涂黑了的望远镜，没有一个先天的命题能够照亮它的自身内在的黑夜。相反地，这种灯塔只照向外界。如上所述，在所谓的内在感官面前的，除了自己的意志外，没有别的东西，连所有所谓的内在感觉实际上也必须回溯到意志的运动上。但是，意志的这种内在知觉所提供的一切，就像上面指出过的那样，又都溯源于想要和不想要，以及受到褒奖的确信："我能做我所想要的"，这实际上就是说："我的意志的每一个动作，我都马上（以一种对我来讲是完全不可把握的形式）把它看作是我躯体的一种动作"，确切地说，这对于认识主体来说，是一个经验的法则。除此之外，在这里再也找不到别的东西。因此，对于提出来的问题，有关的法庭是无权受理的，甚至可以说，就这个问题的真正意义来讲，根本就不能被提交给这个法庭，因为它并不理解它。

现在，我将我们在自我意识方面得到的答案，再简洁地概述一下。任何一个人的自我意识都十分清楚地陈述说，他能做他所想要的事。由于我们也可以设想完全相反的行为是他所想要的，因此，如果他想要的话，他也能做相反的事。现在，头脑简单的人误解了这一点。他以为在某种特定情况下，他也能想要相反的东西，并把这叫做"意志的自由"。只是他在某种特定的情况下，能想要相反的东西这一点，根本就不包括在上面的陈述之内，而只包含有这样的意思：在两种相反的行为中，如果他想要这一种，他就能做这一种；如果他想要那一种，他也同样可以做它。至于他在这种特定的情况下，能否既想要这一种，又可以想要那一种，却是不肯定的，是更深层次研究的对象，不是单纯的自我意识所能决定的。对于这一结果最简短的，尽管是经院式的公式则将是：自我意识的陈述只有后一部分涉及意志；相反地，自由的问题则属于前一部分。因此，自我意识的那个不可否认的陈述："我能做我所想要的"根本就不包含和判定意志自由的东西，而意志自由就在于，在个别的个体的情况下，即在既定的个人性格方面，每一次的意志动作，并不是必然地由这个人这时所处的外部环境所决定的，而是在这时既可以产生这样的结果，也可以产生那样的结果。但是自我意识对此却完全哑然不语，因为这件事情完全处于它的范围之外，而是建立在外部世界与人的因果关系之上的。如果有人问一个智力健全，而没有哲学修养的人，他根据他的自我意识的陈述而坚决主张的"意志自由"究竟在哪里，那么他就会答道："就在于只要我不是天然地被阻碍时，我能做我所想要的。"因此，他所讲的始终是他的行为对他想要的关系。但这就如同第一章已指出过的那样，仍只是自然的自由。如果有人进一步问他，在既定的情况下，他是否想要一件作为其对立面的事情呢，那他虽然会十分热心地加以肯定，但一旦他开始明白问题的意义时，他也会开始怀疑，最终并将陷入不安和迷惘之中。为了摆脱这种情况，他又会十分乐于躲到他的命题后面去："我能做我所想要的"，并以此抵御一切理由和论证。但对于他的命题的正确答案，我将会像我在下一章希望加以澄清的那样，是"你能做你所想要的，但在你生命的每一既定的时刻，你只能想要一确定的东西，而绝不能是别的什么"。

经过本章的分析，科学院的问题现在实际上已得到了解答，而且是否定的解答。但是，现在对于我们的否定的解答，在一种情况下，还要做一番检查。这就是，如果我们现在将这个问题提到那个唯一有权审理此事的机关去(在前面,曾经要求我们这样做过),即转向纯粹的知性,转向对知性的事实加以反思的理性,以及随二者而来的经验,它们的判定也许会是这样的:一种“意志自由”(意志的自由决定),一般来讲大概不会存在,倒是人的行为会像大自然中其他的一切,在每一种既定的情况下,是一种必然要产生的结果。这样,我们就更会确信:可以证明被探究的意志自由的事实根本就不可能存在于直接的自我意识之中。据此,依照不可能即无效的结论(这结论是确立先验否定的真理的唯一可能的途径),我们的判定在迄今已提出的经验证明的基础上,又将获得一种合理性的证明,并因而变得加倍的可靠。因为不能假定,在自我意识直接的陈述和由纯知性的原则及其经验的应用而产生的结果之间,会发生严重的矛盾。这样一种说谎的自我意识不可能成为我们的自我意识。这时要注意的是,即使是康德对这个问题提出的二律背反,即使在他自己那儿也并不会由于下述说法而成立,即正命题与反命题来自不同的认识源泉,一个大约来自自我意识的陈述,另一个大约来自理性和经验,而是正命题和反命题二者根据所谓的客观理由进行诡辩,但在这时,正命题不以别的为基础,只以懒惰的理性为基础,这就是说,懒惰的理性在欲求面前后退,总有一次会静止下来,相反地,反命题则真的具有一切客观的理由。

但是,现在着手在认识能力和呈现于其前的外部世界的领域里进行的这种间接的研究,将同时反过来对迄今为止所进行的直接的研究给以许多说明,并因而给予补充。这是因为这一间接的研究将揭露那种自然的错觉,这种错觉产生于自我意识的那种极简单的陈述所引起的错误理解之中,这是在自我意识陷入和他物

的意识(他物的意识就是认识能力,而且和自我意识一起扎根于同一个主体)的冲突时发生的。是的,只有在这一间接研究结束时,我们才能对那个陪伴我们所有行为的"我想要"的真实意义与内容,以及原初的和专横的意识(借此意识,那些行为才成为**我们的**行为)有所明白,只有这样,迄今所进行的直接的研究才能得以完成。

第3章　在他物意识面前的意志

如果我们带着我们的问题转向认识能力，那么我们事先就知道，由于这一认识能力从根本上来讲是顺应外界的，因此意志对它来讲不能成为它的直接知觉的对象，就像意志对于无权受理我们的事情的自我意识的关系一样，而是这里只能考察具有天赋意志的生物。在认识能力面前，它们是客观的与外部的现象，即经验的客体，从现在起，它们也是作为这样的东西而被研究和评价的。在研究和评价时，部分地是按对经验来讲是一般的，依据其可能性而确立的，先天无疑的法则；部分地是按由已取得的真正存在的经验提供的事实。因此，我们在这里已不再像以前一样，同只向内在感官显现的意志本身打交道，而是同想要的，为意志所驱动的，外部感官的对象的生物打交道。这样一来，尽管我们现在只能间接地和从比较远的地方来考察我们特有的研究对象，从而陷入了不利的一面，但却有如下的好处来加以弥补，那就是我们在研究时可以运用一种比阴暗的、片面的、直接的自我意识，即所谓的内在感官完善得多的工具。这工具就是用全部外部的感官和所有的力量装备起来的，以求客观地把握的知性。

我们把因果律看作是这个知性的最普遍最根本的形式，因为只有通过它的中介，现实的外部世界的直观才有可能。在直观时，

我们把我们的感官所获得的刺激和变化立即和完全直接地把握为“效果”并且(不用指导、传授与经验)马上从效果过渡到它们的“原因”,这些原因后来也是通过知性的过程显现为空间中的客体。[①]这就无可辩驳地表明了,因果律是被我们先天地觉知的,因此,就一切经验的可能性而言,是作为一种必然的法则被我们觉知的。我们并不需要康德为这一重要的真理提出来的简洁而艰深的,甚至是不充分的证明。因果律是先天地固有的,作为普遍的规律,外部世界一切实在的客体部一无例外地要服从这一规律。这种无例外性恰恰是由于它的先天性。这一规律主要地与唯一地就是和变化有关,并且表明,在客观的、实在的、物质的世界中,有某种东西或大或小地,或多或少地在变化着;在这以前,也必然有某种其他的东西,发生过变化;而且随着这一其他的东西的变化,在它之前又有一个其他的东西曾发生过变化,就这样以至无穷,根本就看不到那充满时间的变化(就像充满空间的物质)的这种回归序列的起点,哪怕是设想一下都不可能,更谈不上作为前提了。因为那反复不断地提出的问题:“什么东西引起这种变化?”绝不允许知性有最后的终点,尽管它会为此而疲于奔命,因此就像时间的起点或空间的界限一样,最初的原因同样也是完全不可思议的。因果律充分表明了,如果较前的变化,即原因,出现了,由此而引起的后来的变化,即效果,就必然要发生,也就是必然地会随之而来。因果律就是通过这种必然性,使自己保持了理由律的形态。理由律是我们

① 读者可以在《充足理由律的四重根》第2版第21节中找到对这一学说的详细论述。

全部认识能力的最一般的形式。在真实的世界中，它表现为因果性；在思想的世界中，表现为认识理由的逻辑法则；在空无的，但先天地被直观的空间中，则表现为同一空间的各部分状况的严格而必然的相互依存的法则，几何学的唯一任务就是对这种必然的依存关系作专门而详细的证明。因此就像在开始时就已说明了的，"是必然的"和"是既定的理由的结果"乃是互换的概念。

因此，在客观实在的外部世界的客体身上发生的一切变化都服从因果律；因此，不管这些变化是在什么时候，在什么地方发生的，每一次都是必然地和不可避免地要发生的。在这方面不可能有任何的例外，因为这一规律是先天地为经验的所有可能性所确定的。关于可否将这一规律用于一既定的场合，那么只要问一下，这是否涉及一个在外部经验中既定的实在客体所发生的某种变化，只要是的，那么它的变化就要服从于因果律的应用，也就是说，它的变化一定是由某种原因引起的，因此也就是必然地会发生的。

如果我们现在用我们一般的、先验地可靠的，因此对于一切可能的经验毫无例外地有效的规律来更深入地考察这一经验本身和在这经验中既定而实在的客体（我们的规律是与它们可能发生的变化有关的），那么我们不久就可以在这些客体身上看到某些深刻的基本区别，它们由于这些区别早已被分门别类了：这就是，一部分是无机的，即无生命的客体；一部分是有机的，即有生命的客体；而这后一部分又被分为一部分是植物，另一部分是动物。我们更看到，虽然动物在根本上是互相相似的，而且符合动物的概念，然而就完满性而言，则有一种极其复杂和细致划分的阶梯，从与植物还十分相近，很难加以区分的动物起，直至最完善、最符合动物概

念的动物止。在这一阶梯的最高层，我们看到的是人，是我们自己。

但如果现在我们不为这种杂多性所迷惑，而把所有这些生物整个儿地只看作是经验上客观的、实在的对象，并因此把我们的可用于一切经验的先天固有的因果性应用于发生在这些生物身上的变化上面，那么我们就会发现，尽管经验普遍地符合先天确定的法则，然而对于所有那些经验的客体本质上记忆犹新的巨大差异，也有一种在种类上发生的与之相应的变化以对应之，就好像因果律有权在它们身上起作用似的。更进一步的讲就是，为了适应无机体、植物和动物这三种差别，那导引它们的所有变化的因果性也表现为三种形式，即狭义的原因、刺激或动机，但这种差别丝毫也不损害因果性的先天有效性，以及由它所造成的效果的必然性。

狭义的原因，就是经验对象的一切力学的，物理的与化学的变化借以发生的原因。它在任何地方都通过两个特征表明自己的性质。第一是通过在它身上，牛顿的第三定律“作用与反作用互相相等”得到了应用，这就是说，叫做“原因”的先行状态经历了一种和叫做“结果”的后续状态相同的变化。第二是通过按照牛顿的第二定律，即效果的程度总是和原因的程度完全相应，因此后者的增强也会引起前者相同的增强，以至于如果我们一旦知道了效果的种类，那么从原因的强度马上就可以知道和测算出效果的程度，而且也可以反过来。在经验地应用这第二个特征时，我们不能将固有的效果和它的表面现象相混淆。例如，在压缩一个物体的时候，我们不能要求它的大小随着压力的增加而不断地缩小。因为受我们挤压物体的空间在不断缩小，结果是反抗也在增强，因此现在尽管固有的效果，即物体的缩小，真是按照原因的程度而在增强，就像马里奥特定律(Mariott esches Gesetz)[*]所阐明的那样，然而我们不应该从那种表面现象上去理解这个问题。此外，在许多情况下，在作用达到一定程度时，全部效果的种类一下子改变了，这完全是由于反作用的种类发生了变化，而这又是由于在一个有限大小的物体身上，反作用的迄今一直使用的种类已被穷尽了，例如，加于水的热力只有在达到一定程度时才使水沸腾，超过时只能使水迅速蒸发，但在蒸发时，又出现了原因程度与效果程度之间的相同的比例，这在许多情况下都是如此。这种**狭义的原因**是引起一切**无生命的**，即**无机体**变化的原因。对这种原因的认识和假定导致人们去观察所有那些变化，这些变化是力学，流体力学、物理学和化学的对象。因此，无机的或无生命的物体固有的和主要的特征就在于它们是由这种原因所确定的。

第二种原因是**刺激**，也就是这样的原因，首先，它根本就不接受一种与它自己的作用成正比的反作用，其次，在它的强度与效果的强度之间绝不会产生一种均衡性。因此效果的程度是不能根据原因的程度加以测算和事先规定的，稍微加强刺激就会引起效果的很大的增强，或者反倒把以前的效果完全取消，甚至还会引起一种相反的效果。例如，众所周知，通过加热或在土壤中掺杂石灰，就能使植物特别快地生长，这是由于那些原因起到了刺激植物的生命力的作用；但如果这时适度的刺激稍微超过了一点点，其结果

[*] 马里奥特，约1620—1684，法国物理学家，独立于波义耳(Boyle，英国物理学家)发现以他们两人名字命名的波义耳—马里奥特定律。——译者注

就会不是提高与加速植物的生长，而是导致植物死亡了。同样，我们也能用酒或鸦片使我们的精神兴奋和显著地提高，但一旦过量，就会适得其反。这种原因，即刺激，决定着生物体的一切变化。植物的所有变化和发展，以及动物的一切纯机体的和生长的变化或机能，都是由于刺激而发生的。光、热、空气、食品、各种药品、各种接触、受精等等，都是用这种方式作用于生物体的。我马上就会讲到，动物的生活还有一个完全不同的领域，而植物的全部生活则相反，是完全根据刺激来进行的。植物的所有的同化作用，生长、顶冠的向光，根部的趋向较好的土质，它们的受精、发芽等等，都是受到刺激而发生的变化。个别的、很少几种植物还有一种特有的、迅速的运动，那也只是由于受到了刺激而引起的。它们因此被称作敏感的植物。众所周知，这主要指的是含羞草、岸黄蓍和捕蝇草。完全地、毫无例外地是由刺激所决定的，乃是植物的特性。因此，一个物体，只要它那特有的、符合本性的运动和变化总是和仅仅是由于受到刺激而引起的，那么它就是植物。

第三种起推动作用的原因是表示动物特性的原因，那就是动机，即由于认识而引起的因果关系。在生物的阶梯上，它是在这样的阶段出现的：即有着较为复杂因而是繁多的需要的生物，它的这些需要已不再像所希望的那样，仅仅依靠刺激的引发就能得到满足，而是不得不处于选择满足的手段，把握之，甚至寻找之的状态。因此，在这种生物身上，对动机的感受性，即一种表象能力，一种智力(Intellekt)，代替了对刺激的单纯的感受性和因此而做的运动，这种智力的完善可分为无穷的级别，在物质上则表现为神经系统和大脑，并因而表现为意识。植物的生活只是因刺激而进行，它乃是动物生活的基础，这是众所周知的。但一切动物作为**动物**所完成的运动（这些运动正因此是依附于心理学上叫做**动物的机能**的东西的）的发生是由于一个已知的客体，即**动机**的结果。因此，一个物体，如果它的固有的，符合其本性的，外部的运动和变化总是由于**动机**，即一定的，已显现于它的前定的意识内的**表象**的话，这个物体就是动物。在动物这一系列中，表象的能力，以及因此还有意识，也是有着无穷的等级的。因此，在每一种意识中，动机的显现和促使意识运动的情况也就一样的多，这时，在从现在起存在的自我意识看来，内在的动力（其各种表现是由动机引起的）就是我们用**意志**称谓的东西。

但是，现在一个既定的物体究竟是因为**刺激**，还是因为**动机**而运动，对于从外部进行的观察来说（在这里，我们是从外部进行观察的），是绝无疑问的：刺激的作用方式和动机的作用方式有着明显的区别。因为刺激始终是通过直接的接触，或者是通过向内的接受而起作用的，尽管这种接受并不像空气、光、热的刺激那样是看得见的，然而这种接受还是通过如下的途径表现了出来，那就是效果和刺激的持续和强度具有一种不难看出的比例，尽管这种比例在刺激的程度各不相同时，并不始终是相同的。而动机则相反，当它引起运动时，所有这些区别都不复存在了。因为这时起作用的，特有的和最切近的媒体不是大气，而只有认识。作为动机起作用的客体只需要被**知觉**、被**认识**，而且不论这种知觉是持久的，还是或远或近的，还是清楚明了的。这时，所有这些区别就全然不改变效果的程度，只要动机一被知觉，它就以完全相同的方式起作用，但有一个前提条件，那就是它是这时必须产生的意志的一个决定性原因。因为连物理的、化学的原因，还有刺激，同样只有在受刺激的物体能够感受它们的时候才起作用。我刚才说过“这时必须产生的意志”，这是因为就像已经提到过的，真正给予动机起作用的力量，即由动机引起的运动的秘密发条，在这时向生物本身内在地和直接地显现为用意志这个词描述的东西。对完全是因刺激而运动的物体（植物），我们把那种持续的、内在的条件称为生命力；对完全是因狭义的原因而运动的物体，我们把那条件称为自然力或素质，但各种解释总是把它假定为是无法说明的东西，因为生物的内部没有可以直接理解那种条件的自我意识。但是现在，在这些无认识的，甚至是无生命的物体身上所含有的对外部原因作出反应的这种内在条件（如果有人从现象一般出发，想要研究康德称之为物自体的东西的话），就其本质而言，是否就像近代有个哲学家确实想向我们指出的那样，和我们把我们身上称作为意志的东西相同一，这一点我想暂且不论，为的是我确实不想和他发生冲突。①

与此相反，我却不能不探讨一下，因人的意识优于任何一种动物的意识，而在动机作用方面所造成的差别。这一优点实际上就是用理性这个词来表示的。它就是说，人不像动物一样，只能直观地理解外部世界，而是能从外部世界抽象出一般概念，为了能把这些概念积淀于他的感性意识之内，他又用词语去描述它们，并因此构造了无数的组合，这些组合，虽然始终和它们那些由以产生的概

① 很清楚，我指的就是我自己，只是因为必须隐姓埋名，因此我不能用第一人称来指称这个哲学家。

念一样，和直观地被认识的外部世界有关，然而实际上，却构成了人们称之为“思维”的东西，并因此使人类较之其他一切族类而具有的巨大优点成为可能，这些优点就是语言、深思熟虑、对过去的回忆和对未来的担忧，意见、计划、许多人的有计划的共同行动、国家、科学、艺术等等。这一切都是以具有非直观的、抽象的、一般的表象这种独有的能力为基础的，人们把这种表象称为概念（即物的本质），因为每一个这样的概念都包括了许多个别的东西在内。动物，即使是最聪明的动物，都没有这种能力，它们因此只有直观的表象，据此它们也只认识当前的现实，和只生活在“现在”之中。驱动它们的意志的动机因此必须每一次都成为直观的与当前的，其结果就是，它们可作的选择极少，也就是只能在它们有限的视野和理解能力直观地知觉的东西，因此是在时空中现有的东西之间作选择，这时较强的动机马上就决定了它们的意志，动机的因果关系在这里也变得十分明显。动物训练是一种表面上的例子，它是由习惯作媒介造成的恐惧。有点真正例外的是本能，依靠这种本能，动物就其整个行为方式而言，并不是真的由于动机，而是由于内在的冲动而活动，但就个别动作的细节及每一瞬间而言，进一步规定这种冲动的确实又是动机，因此又复归于常规之中。对本能作进一步的探讨会使我离题太远，我的主要著作的第二篇第 27 节对此已作了详细的论述。* 而人则相反，他依靠非直观的，得以思维和反思的表象能力，而具有一种把握不存在的、过去的和未来的东西的无限广阔的视野。他因此较之局限于狭小当前的动物，对动机

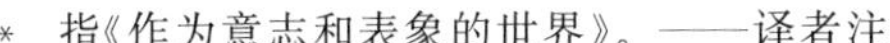

* 指《作为意志和表象的世界》。——译者注

作用，及因而也对选择有格外大的领域。一般地讲，决定他的行为的不是他的感性直观所面临的东西，不是在时空中的现在之物，而是纯粹的思想，他的脑海中总是萦绕着它们，而且使他独立于当前的印象。如果思想不这样做，那么人们就会说，他的行为不合理性；如果他的行为完全按照深思熟虑的思想，因而是独立于直观的当前的印象的，那么就会被誉为是合理性的。人受到一种动物所没有的，特有的表象（抽象的概念思想）的驱动，这种情况即使从外部也是可以看到的，这是由于这种情况使他的所有行为，甚至极不重要的，甚至是他的一切运动和步骤，都烙上了故意的、有目的的特点。人的行为与动物的行为也因此是这样明显的不同，以至于人们完全可以看到，人的运动是由如此细微的，看不见的线索（即纯思想组成的动机）所操纵的，而动物的运动则是由直观的当前之物的粗糙可见的绳子所牵引着的。就像直观一旦可以对眼前的意志起作用时，就变成了动机一样，动机也变成为思想。但是，一切的动机都是原因，所有的因果关系都具有必然性。人依靠他的思维能力可以想象他感受到的影响他的意志的动机，任意地、交互重复地加以想象，以便让它们面对着意志，这就叫做思考，人是有思考能力的，并依靠这种能力，有可能比动物作更广泛的选择。因此，他确实是相对地自由的，即不受直观的、当前的，作为动机而作用于他的客体的直接的强制，而动物却是完全屈从于这种强制的；而他则相反，他独立于当前的客体而作出决定，并依照是他的动机的思想来作决定。这种相对的自由也确实就是受过教育，然而并不进行深思的人们所理解的人显然要优于动物而拥有意志自由，然而这纯粹是一种相对的自由，即是对于直观的当前的事物而言的，这种自由而且也纯粹是一种相比较的自由，即是和动物相比较而言的。但是只有动机作用的方式由于这种自由而发生了变化，而动机作用的必然性则相反并没有被扬弃，或哪怕只是减少了一些。抽象地，寓于纯粹的思想的动机，是一种外在的，决定意志的原因，它和直观的，寓于实在的，当前的客体的动机毫无二致，因此它是一种原因，就像任何一种别的原因一样，而且甚至像所有别的原因一样，始终是一种真实的东西，一种物质的东西，只要它最终总是要以一种在某一时间，某一地点获得的来自外部的印象为基础的。它的优越性只在于导线的长度上。我想这样来描述它：它并不像纯粹直观的动机那样，被囿于时间和空间的某一近处，而是通过最远的距离，经过最长的时间，并经过概念和思想的中介，以一条长长的锁链的方式在起作用。这是某种工具的性质及其杰出的感受能力的结果。这个工具首先体验到了和接受到了动机的作用，这个工具就是人的大脑或理性。然而这一点也没有扬弃它的因果性及与它一起被确立起来的必然性。因此只有极肤浅的观点会把那种相对的、比较的自由看作是一种绝对的、毫无例外的意志自由。事实上，这种意志自由产生的思考能力只表明动机的冲突常常是痛苦的，是犹豫不决的，其斗争范围是人的整个身心和意识，也就是说，这种冲突使各种动机反复地把自己的力量使出来，在意志那儿互相交锋，结果使意志陷于和这样一种物体一样的境地，在这个物体的身上，各种力量以反方向作用于其上，直到那最强的动机将别的动机都击出了战场并规定了意志为止。这样的结局就叫做决定，并且是以完全的必然性作为斗争的结果而出现的。

现在，让我们对因果关系的形式的整个序列再作一次概览。

在这一序列中，先是最狭义的原因，然后是刺激，最后是动机，动机又分为直观的和抽象的，清楚地互相分列着。这时，我们就将发现，如果我们从这一角度将事物的序列从上往下数，那么原因及其效果就会逐渐地互相分离，就会越来越明显地区别开来，这时原因就变得越来越是非物质的和不可捉摸的，因此在原因方面似乎就显得越来越少，而在效果方面则似乎越来越多，总而言之，因果间的关系就变得不能直接加以把握和理解了。上面所讲的这一切极少会是机械的因果关系的情况，因此机械的因果关系也就是所有因果关系中最好理解的那一种。由此在上一世纪就产生了一个错误的企图，这种企图在法国至今仍保持着，近来在德国也开始了，那就是将所有其他的因果关系都归于机械的因果关系，并将一切物理的、化学的现象都用机械的原因来加以解释，而又用物理的和化学的原因来解释生命过程。撞击的物体推动静止的物体，传递了多少运动，就失去了多少运动。我们在这里看到了原因转化为效果，二者是完全平衡的，是可以通约的，并且是可以感觉到的。实际上，所有纯机械的效果都是如此。但是，我们也将发现，如果我们越往上升，如果我们在每一层上都考察一下因果间的关系，那么这种情况就越来越少了，相反的倒是出现了上面说过的那种情况。例如，在热是原因及其不同的效果：如膨胀、炽热、熔化、蒸发、燃烧、热电气等之间的关系；或者蒸发是原因和冷却或结晶是效果之间的关系；或者摩擦玻璃是原因和发电及其罕见现象是效果之间的关系；或者以金属板的慢性氧化是原因和产生的电及其所有电的、化学的、磁的现象是效果之间的关系。因此，原因与效果越来越分离，变成越来越不一致了，它们的关系变得越发不可理解了，效果似乎比原因能供给它的包容得更多了，因为原因的物质性和可把握性变得越来越少了。当我们转向有机物时，这种情况就显得越发明显。在这些物体身上，单纯的刺激，一部分是外在的，如光、热、空气、土地、饮食等的刺激，一部分是内在的，如体液和各部分相互之间的刺激，这些都是原因，它们的效果就是生命，极其错综复杂，种类无数，显现为动物世界和植物世界的各种各样形态。①

但是，现在随着原因与效果之间的关系出现的越来越多的差异，不一致和不易理解，由这种关系规定的必然性是否也在减少呢？一点也没有。就像滚动的球必然使静止的球滚动一样，莱顿瓶用另一只手触及时也必然会放电，砒霜也必然会毒死每一条生命，在干燥地带保存的种子，经过千余年也必然没有什么变化，一旦把它放到适宜的土壤里，施以空气、阳光、温度、湿度的影响，就必然会发芽，生长成为植物。原因越复杂，效果就越不一样，但是发生的必然性却丝毫不减。

在植物的生命和动物的植物性生命方面，刺激和由它引起的有机作用虽然在各方面都极其不同，二者是明显地区分开来的，然而它们还没有真正的分开，它们之间还不得不有一种联系，尽管这种联系是十分细微和看不见的。完全的分开首先出现在动物性的生命方面，其动作是由动机引起的，那迄今还和效果一直有着物质关系的原因，这时就完全和效果分开了，具有完全不同的性质，首

① 对原因和效果的这种差异的详细论述，可参看《自然界中的意志》第 2 版第 80 页起的《天文学》。

先是一种非物质的东西，是一种纯粹的表象，因此在引起动物运动的动机中就具有原因和效果之间的那种差异，二者的相互分离，二者的不一致，原因的非物质性，以及因此原因包容的效果好像太少，等等，这一切都达到了最高的程度。如果我们对这种因果关系，也像对其他的因果关系一样，只从外部去认识，那么这种关系的不可把握性也就绝对化了。但是，在这里有一种完全不同的认识，一种内在的认识，来补充这种外部的认识，以及在这里根据已经出现的原因，作为效果而发生的过程，我们也是知道的，我们用一个确定的概念：意志来指称这个过程。当然，我们也要说，在这里就像在上面提到的刺激一样，因果关系的必然性并没有丧失，只要我们把它看作是因果关系，并且用这种对我们的知性来说是根本性的形式来思维的话。此外，我们还发现，动机作用和上面论述的因果关系的另外两种形态极其相似，它只是这些形态逐渐演化而达到最高阶段罢了。在动物生命的最低阶段，动机与刺激还很近似，像植虫、放射虫类、软体动物中的无头类，只具有一种微弱的意识的曙光，其程度只达到为了如下目的而必需的程度，那就是感知食品或掠夺品，并将它们曳到自己一边来，和当有食品和掠夺品时，将自己移向有利的位置。因此，在这种低级阶段，动机的效果就像刺激的效果一样，对于我们是那么的明显、直接、决定性的和无异议的。小的昆虫会被光亮引进火焰中去，苍蝇泰然地坐在正贪婪地盯着自己同类的蜥蜴的头上。这时，谁会梦想自由呢？在比较高级、聪明的动物身上，动机的效果变得越来越间接，动机和动机引起的行动的分离较为明显，以至于人们甚至可以将动机与行动之间距离上的差别用来衡量动物智力的高低。在人那儿，这种差别变得不可量度。相反，对于最聪明的动物来说，成为它们行为的动机的表象，还始终是一种直观的表象，即使在它们那儿已有选择的可能，也只能是在直观的当前物之间进行。一只公狗在它主人的呼唤和一只母狗的注视之间犹豫不决，较强的动机将决定它的动作，然后它就像一种机械的效果一样必然地发生了。如果我们观察一个因这种效果而失去了平衡的物体，在一段时间内，它交替地向这一边和那一边晃动，直到作出决定，把重心放在哪一边，这时，它就投向那一边。只要动机作用还只局限于直观的表象，它同刺激和一般的原因之间的近似性，还会由于下述情况而变得一目了然。那就是作为动因的动机必须是一个实在的东西，一个当前的东西，甚至必须经过光、声、味，尽管是十分间接的，然而却是有形地作用于感官。此外，这时原因就像效果一样，如此明显地就存在于观察者的前面：他看到动机出现了，动物的行为也毫不迟延地发生了，只要这时没有另外一个同样显目的动机或动物训练在起作用。想要怀疑这两者的关系是不可能的，因此也没有人想到，要把一种“无限制的意志自由”，即一种不是由原因决定的行为加到动物的身上。

但如果现在意识是一种理性的意识，因此是一种长于非直观的认识的，即长于概念和思想的意识时，那么动机就会完全不依附于当前，不依附于真实的环境，并因此对于观察者来说是隐秘的。因为它们现在是纯粹的思想，它们萦绕在人的脑海之中，然而它们却形成于人脑之外，甚至还往往远离于人脑，也就是说，有时形成于过去年代的自身的经验，有时是通过语言文字从外面流传来的，甚至来自远古，由于它们是这样产生的，所以其渊源也总是真实的和客观的，虽然由于复杂的外部环境的常常是复杂的组合，使动机中含有许多错谬，和由于是流传而来的而含有许多错觉，结果也就会含有许多愚昧。此外，人常常在别人面前掩盖其行为的动机，有时甚至对他自己也是如此，即在他害怕认识到究竟是什么使他干这干那的时候。与此同时，人们就看到了他的行为，就想通过猜测来探索他的动机。这时，人们就像假定看到的无机体每次运动的原因一样，坚定不移地假定这些动机，并且确信，此者和彼者一样，没有原因是不可能的。与此相应的，人们也反过来，在考察个人自己的计划和行动时，肯定要考虑到动机对人的效果，就像人们肯定要计算机械设备的机械效果，两者是完全一样的，如果人们对在这里行为的人的个体的性格，就像对设备钢梁的长度和厚薄，对轮子的直径和货物的重量等一样，有着十分清楚的了解的话。每个人都遵循这种假定，只要他把目光投向外界，只要他同他人有往来，并追求实践的目的，因为人的知性是被这些目的所规定的。但如果他企图从理论上和哲学上来评价一件事情，而如果人的智力实际上并不是为此而被规定的，以及他把他自己作为评价的对象，那么他就会被抽象的，由纯思想产生的动机的（因为它们并不受当前和环境的束缚，而且只能在作为反动机的纯思想中重又找到它们的障碍本身），刚才描述过的非物质性质引入深深的迷误之中，以至于他会怀疑动机的存在，怀疑其效果的必然性，并认为，要做的事情同样也可以中止，没有什么原因，意志自己就可以决定自己，而每一个意志动作，是由此引起的一系列无穷变化的第一个起点。我在第1章曾充分考察了自我意识的那个陈述："我能做我想要做的。"对它的错误解释现在完全支持了上述的迷误，尤其是如果在任何时候，以及在许多个动机，主要是起鼓动作用和互相排斥的动机发挥作用的时候，这一陈述还要喧嚣，那就更是如此了。总而言之，这就是错误由以产生的那种自然的错觉的根源。在我们的自我意识中，似乎确有这样一种意义上的意志自由，这种意志能够违反所有纯粹知性的和自然的规律，是一种无充分理由的自我决定的东西，在既定的情况下，在同一个人的身上，它的决心既可以是这样的，也可以是相反的。

为了专门和最清晰地阐明这种对于我们的论题是如此重要的谬误的形成，并以此补充上一章对自我意识所进行的研讨，我们想假定有这样一个人，他站在胡同里对自己说："现在是晚上 6 时，白天的工作已经结束，现在我可以散一回步；或者我可以到俱乐部去；我也可以登上塔楼，观看太阳落山；我也可以到剧场去；我也可以去访问这一个或那一个朋友；甚至于我还可以跑出城门，到广阔的世界里去，永不回来。这一切都取决于我，我有着充分的自由；我也可以什么也不做，自由自在地回家去，回到我太太的身边。"这就仿佛水在说话一样："我能掀起巨浪（是的！是在海洋起风暴时）；我能急速地往下流（是的！是在河床之中）；我能泡沫飞翻地冲下去（是的！是在瀑布之中）；我能自由地像光线一样射进空气之中（是的！是在喷水池中）；最后，我甚至能被煮干和消失（是的！是在热到 80 度的时候）。然而这一切我都不干，而依然自由自在地、安静地、清澈地留在如镜的水池中。"就像水只有在决定做这个或做那个的原因出现时，它才能做上面的那一切一样，那个人同样除了做在同样条件下的事情外，不能做别的。在原因出现以前，他要做什么是不可能的；但是一旦出现以后，他就**必须**去做。这和水

一旦被置于相应的情况就必须做什么是完全一样的。他的谬误和一般由于对自我意识的错误解释而产生的迷茫，即“他能同时做那一件”的错误想法，如果我们仔细考察一下，是建立在下面这样一种情况之上的，那就是在当时他只能幻想一个图像，在这一瞬间，这个图像把其他一切都排斥了。现在，如果他设想一种造成那样一种被建议为可能的行为的动机的话，那他马上就会感觉到这一动机对他的意志的作用，意志因此而受到了请求，用世界语来说就是 Velleitas（意志冲动，德文为 Willensregung），但是他却以为，或许他能将这种意志冲动提高为 Voluntas（意志行为，德文为 Willenshandlung）。就是说，他或许可以实行被建议的行为，这就是一种谬误。因为紧接着他马上就会想起那些引向别的方面的，或者是相反方面的动机，他将看到，原先的那个动机不会成为事实；就会有对各种互相排斥的动机的连续不断的想象，和内心还不断地想着“我能做我想要做的”。这时，意志就像一个装在一根漆得很好的木杆上的，迎风招展的风向标一样，立即转向想象力使他想到的任何一个动机上去了，不断地转向所有可能出现的动机上去了，而在每个动机面前，他都会想到，他能想要这一个，也就是说能将风向标固定在这一点上，而这纯粹是一种谬误。因为他的“我能想要这一个”实际上是一种假设，并且还有一句副句伴随着：“如果我不爱要别的话”，但这句副句却把那个“能想”扬弃了。让我们回到前面举过的在 6 点钟思考的那个人那儿去，并设想，现在他觉察到了，我站在他的身后，对他作哲学上的研究，并否定了他对所有那些他可能的行为拥有的自由。这时很容易会发生这样的情况：为了反驳我，他会去做其中的一项，但这样一来，恰恰是我的“否定”及其对他的反抗精神的作用成了强迫他去这样做的动机。然而这一动机只会使他去做上面提到过的那些行动中的这一项或那一项不太费力的行动，例如到剧院去，而绝不会去做那最后提到的那一项，即到广阔的世界去，这一动机对于这件事来说是太弱了。有些人会同样错误地以为，如果他手里握着一支上了子弹的手枪，他也会用它来杀死自己。要做到这一点，那种机械的实施手段是最无关紧要的，主要的是要有一个绝对强烈的，因此是罕见的动机，它有着巨大的力量，它必须有这种克服生之乐，或者更正确些说，是克服死之惧的力量。只有在这样的动机出现之后，他才会真正的自杀，而且一定会自杀，除非有一个更强烈的反动机（如果这样一个动机是可能的话）来阻止他这样做。

我能做我想要做的：如果我想要时，我就能把我所有的一切都施与穷人，自己因此也变成一个穷人。如果我想要！但是我不能这样想：因为相反的动机对我的压力大大地高于我所能的。相反，如果我有着另一种性格，而且达到这样一种程度：我是一个圣人，那我就可能那样想，然而尽管我不能那样想，我也必须那样去做。所有这一切完全包含了自我意识的“我能做我想要的”，直至今天还有些没有思想的假哲学家错误地以为这里面就有着意志自由，并因此把它看作是意识的一种既定的事实。其中最突出的是柯辛（Cousin）先生，因此在这里有必要讲一下。他在他的《哲学史讲演录》中认为，意志自由是意识中最可信赖的事实，[①]并且指责康德

① 撰于 1819 年和 1820 年，1841 年由瓦切诺特出版，第 1 卷第 19—20 页（*Cours d'histoire de la philosophie, professé en* 1819, 20, et publié par Vacherot, 1841, Vol. Ⅰ, pp. 19—20）。

只从道德法则上来证明意志自由，和把它作为一种先决条件提出来，理由是它确实是一种事实。柯辛问道:“如果是确定无疑的话，为什么还要加以证明呢?”并说:“自由是一种事实，而不是一种信仰。”[①]同时，在德国也不乏无知之徒。他们把两千多年来大思想家们的有关论述都当作耳旁风，而坚持本书前一章分析过的，被他们像被许多人一样错误理解的自我意识的事实，把意志自由当作既定的事实而加以赞赏。也许我对他们有些不公道，因为也许他们并不像他们表现出来的那样无知，而纯粹是饿慌了，为了一块干面包，讲授那些能使高高在上的内阁大臣们满意的东西。

一个台球，在没有受到撞击之前，在台上很少能动一动，同样，一个人在没有一个动机去拉他或推他之前，也很少会从椅子上站起来，但一旦动机出现，他就必不可免地会站起来，就像台球在受到撞击后会旋转一样，这绝非隐喻，也非夸张，而是千真万确的真理。如果希望一个人会做一件他完全不感兴趣的事，那就等于希望一块木头，没有一根绳子拉它，就会自己走到我面前来一样。还有一种类似的情况，有人在一个社交场合，碰到了激烈的冲突，这时如果有一个第三者突然严厉地冲着他叫了一声:“房梁倒了!”他立刻就会从冲突中脱身。这一声叫会使冲突双方想到，一个动机是如此的强大有力，就像一种无法抗拒的机械原因一样，能把人从家扔出去。

因为人和一切经验的对象一样，是时空中的一种现象，而因果

① 撰于1819年和1820年，1841年由瓦切诺特出版，第1卷第50页(*Cours d'histoire de la philosophie, professé en* 1819, 20, et publié par Vacherot, 1841, Vol. Ⅰ, p. 50)。

律对于所有这些现象都是先天的，因而是毫无例外地适用的，因此人也必须服从这一规律。纯粹的知性先天地就是这样说的，由整个大自然进行的类比也是这样证明的，经验也随时是这样说明的，如果人们不被假象迷惑的话。这种假象是这样发生的：由于自然物不断地升级而变得越来越复杂，以及它们的感受性也从纯机械的提高和精细为化学的、电的、刺激的、感性的、知性的和最后是理性的，因此起作用的原因的性质也必须随之发生同步的变化，并在每一个阶段上以利于应该受到影响的自然物的方式表现出来。这样一来，原因的可感受性与物质性也因此表现得越来越少了，以至于最后眼睛都看不到了，但是知性还能达到它们。在个别的情况下，知性是坚信不疑地假定它们，并在作适当的研究时，揭示它们。因为在这里起作用的原因上升为纯粹的思想，它们同其他思想作斗争，直至最强大的思想发挥了决定性的作用和使人采取行动。这一切是在极严格的因果关系中进行的，就像纯机械的原因在复杂的相互关系中，互相起着相反的作用和预定的结果肯定会出现一样。在玻璃管中向各个方向旋转跳跃的，带电的软木球由于其原因是看不见的，也就会和人的动作一样，使人觉得似乎是没有原因而造成这样的，但是判断不是靠眼睛，而要靠知性。

在假定意志自由的情况下，人的任何行为都是一个不可解释的奇迹，一个没有原因的效果。如果有人胆敢试图把这样一种无限制的意志自由提出来，那么他马上就会明白，知性本来对此是无能为力的，它没有思维这种东西的形式。因为理由律，即现象的普遍规定和相互依存的原则，是我们的认识能力的最一般的形式，这一形式按照认识能力的对象的不同，自身也具有不同的形态。但在这里，我们应该设想某物，它规定，但并不被规定，它不依附于他物，但他物却依附于它，现在，它不用强迫，也就是没有原因就作用于 A，同样它也能作用于 B，或 C，或 D，这就是说，现在 A 并不包含什么东西，使它拥有先于 B、C、D 的优先权(因为这个优先权就是动机作用，即因果关系)。这里，我们就又被拉回到了一开始时作为问题提出来的绝对的偶然这一概念上了。我想重复说一下：对此知性本来就是无能为力的，如果人们只能求助于它的话。

但是，现在我们也想想一想，原因究竟是什么？它是先行的变化，是使继起的变化成为必然。在世界上，绝没有任何一个原因可以完完全全地产生它的效果，或从“无”中产生出效果来。我们不如说，每一次总有某物存在着，原因作用于它，而且只在此时，此地，和在这个确定的物体身上引起一种变化，这种变化总是符合物体的本质的，因此，造成这种变化的力量必定已存在于这一物体之中。因此，每一种效果都来自两个因素，一个内在的和一个外在的，即受作用物体原来的力量和决定性的原因，后者迫使前者在这时这里表现出来。原来的力量从决定性的原因中来设定各种因果关系和各种解释，因此正是原因从来也不能解释一切，而总要留下一些解释不清的东西来。这种情况，我们可以在全部物理学和化学中看到。在它们的解释中，总要假设有自然力，自然力表现在现象中，全部的解释都要追溯到它们那儿。自然力本身并不服从任何解释，但却是所有解释的原则。同样地，自然力本身也不服从任何一种因果关系，而又恰恰是那赋予每一种原因以因果性，即起作用的能力的东西。自然力本身是所有这种效果的共同的基础，而且表现在每一个效果之中。因此磁现象要归溯于一种原来的力

量，即所谓的电。关于这一点，解释却沉默不语，它只指出那些条件，在这些条件下，有那样一种力量，即引起它的效果的原因显现出来。天体力学的解释假定万有引力是决定天体运动的各种原因借以起作用的力量。化学的解释假设有秘密的力量，它们按化学计算的一定比例表现为亲和力，所有的效果最终都是以它们为基础的，而效果是由于人们指出的原因所引起，并准时出现的。同样，生理学的所有解释则假设有生命力，它必定对特殊的、内在的与外在的刺激作出反应。情况到处都是这样。就连很容易了解的力学所研究的原因，如撞击和压力，也都是以不可穿透性、凝聚性、坚固性、硬性、惰性、重力、弹性为前提的，它们和上面提到的那些力一样都是神秘莫测的自然力，因此原因到处所决定的，无非是原来的无法解释的力在何时何地表现出来，只是在假定有这些力量的情况下，原因才成为原因，就是说，它们必定会造成一定的效果。

这就是狭义的原因和刺激的情况，动机的情况也相差无几。由于动机作用和因果性并无什么根本的不同，而只是因果性中的一种，即是通过认识的媒介的因果性。因此在这一方面，原因也只是造成一种不能深究到原因的，因此是不能进一步说明的力量表现出来。这种力量，在这里就叫做意志，但是我们对这种力量不像对别的自然力一样，仅仅是从外部去认识，而是依靠自我意识，也从内部和直接地去加以认识的。以意志为目标的原因，在这里被称做动机，只有在如下的假设下才起作用，那就是这样一种意志是存在的，并各具一定的特性。意志的这种专门的、各别的特性，使得它对相同的动机在每一个人身上的反应都不一样，这种特性构成了我们所称的性格，而由于性格不是先天地，而是只能通过经验去认识的，因此又被称做**验知的性格**（emperischer Charakter）。不同的动机对一定的人的作用方式首先是由性格决定的。就像普遍的自然力是由狭义的原因引起的效果的基础，和生命力是刺激的效果的基础一样，性格也是由动机引起的一切效果的基础。它和自然力一样，也是原初的，不变的和不可说明的。在动物那儿，每一种属的性格各不相同；在人那儿，则每一个人的性格都不相同。只是在最高级的、最聪明的动物那儿，尽管种属性格占绝对的优势，但却已表现出一种个体性格。

第一，人的性格是个体的，它在每个人身上都不同。虽然种属性格是所有人的基础，因此基本特点在每一个人身上重复出现，但在一定程度上有明显的差别，在特点相互之间的结合和变化上有差别，以至于人们可以作这样的假设：性格的道德差别和智力的差别是相似的，这有点言过其实，但这两种差别肯定要比巨人与侏儒、阿波罗（Apollo）与忒耳西忒斯（Thersites）* 之间躯体上的差别要大。因此同一个动机对不同的人的作用是完全不同的，正如日光使蜡变白，但使氯化银变黑；热使蜡变软，但使陶土变硬一样。因此，我们不能只根据对动机的认识来预言行为，而必须对性格也有深刻的认识。

第二，人的性格是验知的。人只能从经验中去认识它，不但对他人是如此，对自己也是如此。因此，如果人们发现，他们所具有的这一种或那一种特点，如公正、无私、勇敢等等并没有达到他们

* 忒耳西忒斯，希腊军的一个普通士兵。荷马在《伊利亚特》中将他描写成饶舌、凶狠、丑陋可笑的人物。近代文学中仍保留了他的这种形象，把他比喻为粗鲁、凶恶、乖僻的人。——译者注

最善意地设想的程度，这时，他们常常会像对别人一样，也会对自己感到失望。因此在面临作出困难的选择时，我们自己的决定对我们自己来说，在作出决定之前，也会像别人的决定一样，是一个秘密。我们时而会想，应该作这样的选择，时而又会想，应该作那样的选择，而这都依据是这个动机，还是那个动机更靠近认识的意志并试着向它施加压力。这时，“我能做我想要做的”陈述就会造成一种意志自由的假象。最后总是较强的动机使自己的力量对意志产生了作用，而作出的选择也常常会和我们当初的猜想有所不同。因此最后也没有一个人会知道，在还没有处于某种特定环境中时，别人和他自己会如何行动。只有在经过试验以后，他才能对别人以及他自己有把握，然后他才能说：经过考验的朋友，试用过的仆人是可靠的。一般地讲，我们对待一个熟悉的人，就像对待任何一种其特点我们已经知晓的事物一样，并且有把握预知从他那儿将能得到什么和不能得到什么。谁曾经干过什么，在同样情况下就会再干一次，而不论好坏。因此，需要大的，特殊帮助的人，就会求助于经过考验证明是品德高尚的人；而想雇一个杀手的人，就会在那些手上沾了血迹的人中去寻觅。根据希罗多德（Herodot）的记载[①]，西拉古地方的盖罗不得不把一大笔钱完全托付给一个人，这个人应该在不受任何监督的情况下，把这笔钱带到外国去。在卡德茂证明自己具有罕见的，甚至是闻所未闻的诚实和负责的品格后，被选中承担此事。他的可靠得到了充分的证明。同样，只有从经验中，以及当时机来临的时候，我们才能认识我们自己，而

① 第 7 卷第 164 页（Ⅶ，164）。

信任和不信任就是建立在这种认识的基础之上的。随着对我们自己的认识,我们对自己是满意或不满意也要根据我们在某种情况下,表现得深思熟虑、忠实可靠、守口如瓶、细致入微,以及这种情况可能要求的品格,或表现得缺乏这些德性而定的。只有对自己的验知的性格的充分认识,才使人具有我们称之为修养的性格(erworbener Charakter)。具有这种性格的人,对他自己的特点,好的和坏的,也就会有深刻的认识,而且因此知道,他可以相信和要求自己做什么和不能做什么。他扮演他自己的角色,在此之前,由于他的验知的性格,他只能扮演一种自然主义的性格(naturalisirter Charakter),即根据本性来扮演,而现在则可巧妙地、有计划地、坚定不移地、从容不迫地去扮演,而不会像从前那样,就像人们说的那样任性了,任性始终表明,一个人,在某种场合下,对自己也曾错看过。

第三,人的性格是不变的:人的一生始终是同一种性格。同一个真实的人,就像螃蟹藏在了它的壳中一样,藏在他的年龄,他的状况,以至于他的知识和观点变化着的壳中,而全然不变和始终是同一个人。他的性格只在方针和材料方面经受着一种表面的变化,这种变化是年龄及其需要的不同造成的。人绝不改变自身:他在某种情况下是怎么做的,在完全相同的情况下(即使对这些情况有正确的认识),他也会始终重新这样做。人们可以从日常的经验中获得这一真理的证明。但是这方面最令人吃惊的证明则是,人们在重新见到一个20至30年前的熟人并即刻认出他还是老样子时获得的。尽管有些人嘴上否认这一真理,然而他自己则是以此为行动前提的。因为他绝不会重新相信一个他认为不忠实的人,但他却会相信那个从前证明是忠实的人。所有对人的认识和对经过考验的、守信用的人的坚信不疑之所以可能全是以这一真理为基础的。即使这种信任有一次欺骗了我们时,我们也绝不会说"他的性格变了",而会说"我对他的认识错了"。如果我们想要评判某种行为的道德价值的话,那么根据这一真理,我们首先要弄清楚这一行为的动机,然后才加以褒贬,但是我们的褒贬并不针对动机,而是针对性格,针对由这样一个动机决定的性格,性格乃是这一行为的第二个,而且是只有人才具有的因素。根据这同一个真理,真正的荣誉(并非骑士的或笨蛋的荣誉)一旦丧失,就绝难重新建立,而唯一的一次不光彩行为的污点却永远也抹不去,就像人们所说的那样,给他打上了烙印。所以就有这样的谚语:"偷过一次,永远是贼。"根据这一真理,在重大的国务活动方面,也会发生希望有人背叛,因此就寻找叛徒,利用叛徒和褒奖叛徒的事,然后在目的达到后,又会明智地抛弃这样的人,因为情况会发生变化,而他的性格是不会变的。根据这同一个真理,一个戏剧作家最大的错误就是,他不能保持他的人物的性格,也就是说,他不能像大作家们那样,用一种自然力的稳定性与严格的首尾一致性来描写他的人物的性格,就像我用莎士比亚的例了详细证明的那样[①]。是的,连良心的可能性也是建立在这同一真理之上的,虽然这种良心总是使我们在晚年时才指责我们青年时的恶行。例如,J. J. 卢梭(Rousseau)是在 40 年后才忏悔他控告使女玛利安偷窃一事,实际是他

① 见拙著《附录与补充》第 1 版第 2 卷第 118 节第 196 页,或《全集》第 9 卷第 253 页(in Parerga, Bd. 2. § 118, S. 196. *der ersten Auflage* 〔Bd Ⅸ, S. 253〕)。

自己干了以诬陷她的。这种情况只有在下述条件下才有可能，那就是性格一成不变，因为如果不是这样的话，我们在晚年就不会对年轻时最荒唐的错误、最粗野的无知、最惊人的愚蠢感到惭愧，因为情况已经变了，这些事情是认识上的事情，我们已摆脱它们了，早已像扔我们年轻时的服装一样把它们扔掉了。根据同一真理，一个人即使在认识最清楚的时候，甚至是在对自己的道德错误与罪行表示憎恶的时候，甚至在最真诚地决心改正的时候，实际上也不会改过，而是会不顾最坚定的决心和真诚的许诺，一有新的机会，又故态复萌。对此，连他自己也会感到奇怪。能改正的只有他的认识，因此他会这样想，他以前用过的这一种或那一种手段并没有使他达到目的，或者是弊多利少，然后他就去改变他的手段，而不是去改变他的目的。美国的忏悔制（das amerikanische Pönitentiarsystem）就是以此为基础的。它并不是要改良人的**性格**，人的心，而是要改正人的**头脑**，而是要向他指出，他因为自己的性格而刻意追求的目的，沿着迄今所走的不正当道路的话，只能比走真诚、劳动和满足的道路更难达到，而且要付出更多的艰辛和遇到更大的风险。一般地讲，只有各种改良和自新的范围与领域才寓于**认识**之中。性格是不变的，动机是必然要起作用的，但是动机一定要通过**认识**才起作用，而且是在认识作为动机的媒介时才起作用。但是，认识可以最广泛地扩大，可以不断地无休止地矫正，一切教育都是为此而做的。通过各种知识和观点来培养理性，在道德上是很重要的，因为这种培养为动机（没有它，人对动机将是封闭的）打开了大门。当人还不能理解这种培养时，动机就不为他的意志而存在。因此，在外部情况相同时，一个人第二次时的状态实际上会和第一次时的状态完全不同，也就是说，他只有在两次情况的中间才变得能够正确全面地把握那些情况，动机因此在这时才对他起作用。在这之前，他并不接受它们。也就是在这种意义上，经院派哲学家所说的“目的因并不是按照它真正的本质，而是按照它被认识的本质在起作用”[①]这句话才是十分正确的。但是没有一种道德的作用能进一步扩大到改正认识的程度，想用言辞和说教使一个人抛弃性格上的缺点，乃至改变他的性格本身，并改变他固有的德性，这种想法和想通过外物的作用使铅变成黄金，想通过精心栽培使橡树结出杏的计划如出一辙。

我们发现，性格不变说早已被阿普莱乌斯（Apulejus）[*]当作一种不容置疑的信念提出来了。他在《论魔法》（*Oratio de magia*）中，为了反对对魔法的指斥而诉诸他那有名的性格并说道：“有一个可靠的证明寓于每一个人的性格之中，从本性来讲，始终能以同样的方式从善或从恶，对于罪行的实行与否，性格提供了可靠的根据。”

第四，**个人的性格是天赋的**。它不是艺术品或是偶然情况的作品，而是本性自身的作品。它在儿童时代就已表现出来，并在小的时候表明将来变成大人时会是什么样子。因此，两个孩子，在完全相同的教育和环境之中，会十分清楚地表现出完全不同的性格。

---

① 苏亚雷斯：《形而上学的争论》第 23 篇第 7—8 节（Suarez，Francisco，*Disputationes metaphysicae*，*disp.* ⅩⅩⅢ，sect. 7 und 8）。（苏亚雷斯系西班牙神哲学家，1548—1617。——译者注）

* 阿普莱乌斯（Apulejus，Lucius，125—约 180），罗马作家、哲学家，新柏拉图主义者，著有《变形记》（*Metamorphosen*，又名《黄金驴》，*Der goldene Esel*）等。——译者注

他们到老都将是这样一种性格。就其基本特征而言，性格甚至是继承来的，但只承自父亲，而智慧则相反是承自母亲。我在我的主要著作的第二篇第43节已谈到过这一点了。

从对个人性格的本质的这一论述中，我们当然会得出这样的结论：德行与罪恶乃是天赋的。这一真理也许并不符合某些偏见和某些“妇人哲学”及其所谓的实际利益，也就是它们的那些狭隘的概念和有限的小学生观点，但却早已是道德之父苏格拉底的信念。根据亚里士多德的说法，苏格拉底(Sokrates)主张“善恶并不在于我们”。[①] 亚里士多德反对这一点，只能说他自己的记性太差，因为他本人也有着和苏格拉底一样的看法。他在《尼各马可伦理学》第6卷第13页十分清楚地表达了相同的意见：“对所有的人来说，个别的性格特征看来都是本性早已固有的，因为正直、适度和勇敢，以及其他德性与我们是与生俱来的。”如果我们看一看亚里士多德在《论善恶》(*De virtutibus et vitiis*)一书中概列的所有德性和罪过的话，那么我们就会发现，所有这些德性和罪过在真正的人的身上只能设想为是天赋的特性，而且只有作为这样的特性，它们才是真的。反之，如果是来自反思，如果是可以随意设定的话，那么实际上就会是某种虚假的东西，就会是不真的，因此就会无法继续存在下去，在紧急情况下也不可能经受住考验。即使我们把亚里士多德和所有先人都没有谈到过的基督教的爱的德性，即博爱也加到这些德性中去的话，情况也不会有什么两样。一个人不倦地向善，和另一个人不思改悔地、根深蒂固地作恶，一方面

① 见亚里士多德《大伦理学》,Ⅰ,9(*Eth. magna*,Ⅰ,9)。

是安敦尼(Antonine)、哈德良(Hadrian)、提图斯(Titus)的性格，另一方面是卡里古拉(Kaligula)、尼禄(Nero)、图密喜(Domitian)的性格，它们竟是从天外飞来，竟是偶然情况，或纯粹是认识和教养的作品？恰恰是尼禄会以塞涅卡(Seneka)为师？这一切毋宁说是由于天赋的性格，这一整个人的真正核心，他的全部善恶的萌芽。不抱偏见的人自然而然就会有的这一信念也导引着弗来伊乌斯·帕特库鲁斯(Vellejus Paterkulus)的笔，在论到伽图(Kato)* 时写下如下这样的话："一个和德行结为兄弟的人，因为天性，在各方面都更近于神，而不是人。一个从来不务正业的人，为了让人把他看作是一位正人君子也会这样做，但不是因为别的，而是因为他不得不这样做。"①

反之，德行与罪过，或者一般地讲，这样的事实，即两个受过相同教育的人，在完全相同的情况和诱因之下，却做出了完全不同的、甚至相反的事情，其根源究竟是什么？在假设有那种意志自由的情况下，是完全无法考察的。性格的事实上的、原初的基本差异

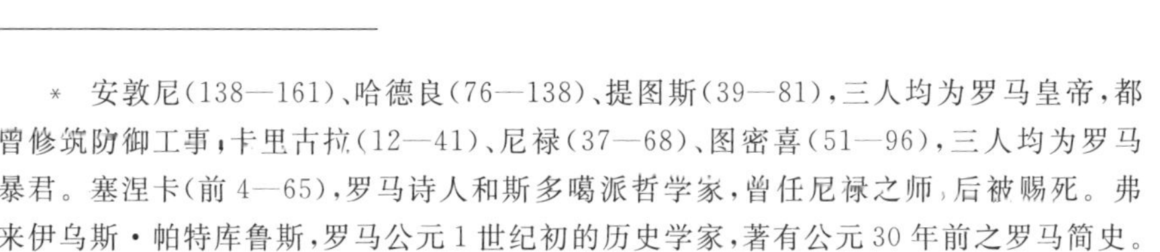

* 安敦尼(138—161)、哈德良(76—138)、提图斯(39—81)，三人均为罗马皇帝，都曾修筑防御工事，卡里古拉(12—41)、尼禄(37—68)、图密喜(51—96)，三人均为罗马暴君。塞涅卡(前 4—65)，罗马诗人和斯多噶派哲学家，曾任尼禄之师，后被赐死。弗来伊乌斯·帕特库鲁斯，罗马公元 1 世纪初的历史学家，著有公元 30 年前之罗马简史。伽图(Kato，Marcas Porcius)，公元前 95 年—前 46 年，罗马监察官伽图的曾孙，保守的元老院贵族党领袖，后在为保存共和国的战争中，自杀殉国。——译者注

① 这段话后来慢慢地成了宿命论者武库中的一件常规兵器。这种荣耀肯定是毕达哥拉斯这位一千八百年前优秀的老历史学家做梦也没有想到的。它先是受到霍布斯(Hobbes)的称赞，后来是普利斯特里(Pristley)，再后又有谢林在他的论自由的文章(第 478 页)中引用了这段话，但为了自己的目的，译文有错谬。因此他并没有提到弗来伊乌斯·帕特库鲁斯的名字，而是聪明地，显得很尊重地说是"一个老者"。最后，我也不想不引用这段话，因为这段话确实符合实际。

同这样一种意志自由的假设是不相吻合的。这种意志自由假设，每一个人在任何情况下都应该同时有可能做出相反的事情来。因为这时，他的性格生来就必须是一张白纸，就像洛克所说的知性那样，不能天生就具有一种向这一方面或另一方面的倾向，因为这样一种倾向恰恰有可能会将人们就“无限制的意志自由”所构想的那种完满的平衡扬弃掉。因此在那种假设下，不同的人的被观察到的不同的行为方式的原因是不可能是由于主观的原因，但也更不可能是由于客观的原因，因为如果是由于客观的话，那么决定行为的就会是客体，那么所要求的自由就会丧失殆尽。这时剩下的唯一出路就是，将行为方式那种事实上的巨大差别的根源挪到主、客体之间去，也就是使它们依据客观事物如何被主观所把握，即如何被不同的人所认识的不同方式而产生。但这样一来，一切都要归结于对当前情况的正确或错误的认识。这样一来，行为方式的道德差别就会变成单纯的判断正确与否的差别，道德就变成逻辑。现在，如果自由意志的追随者最后还企图摆脱那种不幸的进退维谷的话，他们就不得不说，虽然并没有天赋的性格差别，但从外部情况、印象、经验、例子、教训等也可以产生一种类似的差别。而性格一旦以这样的方式形成了以后，人们就可以用它解释行为的差别了。对此，我不得不说，第一，根据这种说法，性格将很晚才建立起来（而实际上早在孩提时代就可以看出性格来了），和大多数人将在他们获得一种性格以前就已死去了；但是，第二，所有那些造成性格的外部情况，就会完全不在我们的辖区之内，就会是偶然产生的（或者如果人们愿意的话，是由天意造成的），以及是以其他什么方式产生的。因此，这时如果性格是由这些东西产生的，并因而又产生了行为的差别，那么对行为应负的一切道德责任就完全被取消了，因为很显然，它最终是偶然或天意的作品。因此，这样一来，我们就可以看到，在自由意志的假设下，行为方式差别的根源以及因此道德或罪恶和责任的根源就成了虚无缥缈之物，就找不到任何立足之地。但结果就是，那种假设虽然乍看起来很合无知者的口味，但从根本上来说，不但和我们的道德信念相背，而且如同已充分指出的那样，也是和我们知性的最高原则相矛盾的。

就像我在前面详细论述过的，动机，如同一般的原因，都是必然要起作用的，但其必然性并不是没有前提条件的。现在，我们已认识了它的前提条件，它借以立足的基础，那就是天赋的、个体的性格。在无机界，每一种效果都是两个因素，即在无机界中表现出来的普遍的自然力和造成这种表现的个别的原因的必然产物，而人的每一个行为一样，也是他的性格和出现了的动机的必然产物。如果已经有了这二者，那么行为就会必不可免地随之而产生。如果产生另一种行为，那就必须或者有一个不同的动机，或者有一个不同的性格。如果不是因为性格是很难探测到的，如果不是因为动机常常是很隐秘的，而且总是受到人的思想范围内的，他人无以接近的其他动机的反作用的干扰的话，那么人的任何行为肯定都是可以预知的，甚至是可以测算出来的。人所刻意追求的目标已经由其天赋的性格决定了，他为此而采用的手段则是由外部情况和他对此的把握所决定，而把握的正确与否又系于他的智力及学养。到了这时，他的个别的行为，以及他将在世界上起的全部作用才作为最后的结果从这一切中产生出来。我在这儿论述的关于个体性格的学说的结论，人们也可以在歌德的一段极优美的诗歌中

找到，他用诗歌的形式十分正确地说道：

“在你降生的那一天，
太阳站着受众星的礼赞；
你立即不断地成长，
循着你践世时的规律。
你必须这样做，
不得回避，
女巫这样说，
先知这样说。
时间和权力都不能粉碎，
那意气盎然的、已铸就了的形式。”①

因为每一个存在物必须具有一种对它来说是根本性的、特有的本性，凭着这种本性，它才成其为它，它始终坚持这种本性，原因必然会使它表现出来。但这种本性本身绝不是那些原因的作品，而且也不会因它们而发生变化。这一切不但适用于人及其意志，而且也适用于大自然中所有其余的生物。人为了存在也具有一种本质，就是说具有恰恰是造成他的性格，和只需外界推动才显现的基本的特性。因此，如果希望一个人，在相同的诱因下，这一次这样行事，下一次却完全不同地行事，那就等于是希望，同一棵树，在今年夏天长出樱桃来，而明年夏天却结出梨来。仔细地观察一下，意志自由就意味着一种无本质的存在，这就是说，某物是存在的，而同时确实又是无，这就又等于是说不存在，

① 《上帝和世界，原始文字，神秘的》(*Gott und Welt*，Urworte，Orphisch)。

因此是一个矛盾。

对于上述看法，就像对于因果律的先天肯定的，因而是无例外地有效的一样，还必须补充一点，那就是各个时代真正深刻的思想家，虽然他们别的观点会迥然不同，但有一点却是一致的，即他们都坚持在动机出现时意志动作的必然性，都反对意志自由说。但那些没有思考能力的，赞美假相与偏见的人中的绝大多数，总是顽固地反对这一点。正因此，那些有识之士甚至把这一真理推到了极点，用最坚决的，甚至是最傲慢的言辞来推广这一真理。其中最有名的要数布里丹(Briden)*的驴子。但几百年来，人们在现存的布里丹著作中并未发现这个驴子。我手头有他的一部似乎是印于15 世纪的《诡辩》(*Sophismata*)，这部书既没有出版地点，也没有出版年份，也没有页码。虽然驴子作为例子几乎出现在每一页上，但我却并未找到这个驴子。拜勒(Bayle)关于布里丹的文章是所有有关布里丹文字的基础。他很不正确地认为，人们只知道布里丹的一篇《诡辩》，而我却有一整部四开本的《诡辩》。拜勒十分详细地讨论了这个问题，既然如此，他就该知道那些似乎是从未被人注意到的东西，他就该知道，早在布里丹很久以前，就已有了的比喻，这个比喻在某种程度上已经成了我在这里为之奋斗的伟大真理的象征和样板了。在但丁(Dante，他掌握他那个时代的全部知识，而且生在布里丹之前，他并没有说到驴子，但却谈到了人)的著作中，有这样的句子，他以这些句子作为他的《神曲・天堂篇》

* 布里丹，让(Jean)，约 1300—约 1350，法国哲学家，唯名论者，曾师从奥卡姆，1327 年曾任巴黎大学校长。——译者注

(*Paradiso*)第4歌的开头：

> “在两种放在同等的距离，发出
> 同等香味的食物之间，一个人
> 纵然自由，也会吃不上食物活活饿死。”①

其实这一点，亚里士多德也早已讲到过了。他在《论国家》(*De coelo*)第2卷第13页上就说过这样的话：

> “同样的则是高度饥渴者的例子，
> 他的饥饿感和干渴感是同样强烈的，
> 这时，如果他和食品与饮料的距离总是相等的话，他必会静静地伫立着。”

布里丹的那个例子是从这些源泉中汲取来的，他只是把人改为了驴子，而这仅仅是因为，或者是用苏格拉底和柏拉图，或者是用驴子作他的例子，是这位枯燥乏味的经院派学者的习惯。

意志自由的问题实际上是一块试金石，人们可以借此来区分思想深刻的思想家与浅薄之士。这一问题也是一座界碑，这两类人就在此分道扬镳，这是因为前一类人都主张既定的性格与动机必会造成一定的行为结果，而后一类中的大多数却都主张意志自由说。也还有一类是中间派，他们感到茫然，来回徘徊，将自己和他人的目的混在一起，或躲在言辞后面，或曲解问题，一直到弄得大家再也不知道，问题究竟在哪里。莱布尼茨就是这样做的，他更

---

① 但丁：《神曲·天堂篇》，译文参见上海译文出版社朱维基译本（1990年8月第1版第514页）。

多地是个数学家，是个饱学之士，而不是哲学家。[①] 为了使这些中间派明白问题的究竟，我们不得不这样向他们提出问题，而不是回避问题：

一、对于一个既定的人来说，在既定的情况下，是有两种行为的可能性呢，抑或只有一种呢？一切深思熟虑的人的回答是：只有一种。

二、对于一个既定的人来说，我们注意到，一方面他的性格保持不变，另一方面他受到其影响的情况，完完全全和直至最细小的方面都必然是被外部原因决定的，这些原因是绝对必然地要出现的，而且其完全是由同样必然的环节组成的锁链是无尽头的，他的生活经历是否在什么方面，哪怕只是最细小的方面，是否在某一事变，在某一场合，和已经历的有所不同呢？坚定而正确的答案是：不！

从上面两点产生的结论就是：**所有发生之事从最大的到最小的，都是必然要发生的**。

谁害怕这两句话，谁就必须再学习一些什么和忘掉一些什么，然后他才会认识到，它们是慰藉和恬静的最丰富源泉。我们的行为并没有第一开端，因此也就不会有什么真正新的东西存在于其中，而**通过我们的所作所为，我们也只是体验到我们是什么样的人**。

所有发生的事情都有其严格的必然性，对于这种信念，尽管人

① 莱布尼茨在这一点上的摇摆不定，最清楚地表现在他给柯斯达（Coste）的信中，见埃特曼编《哲学著作集》第 447 页（*Opera phil. ed. Erdmann*，p. 447），又见《神正论》（*Théodicée*）第 45—53 节。

们认识得并不十分清楚，但却是可以感觉到的，而古人如此坚持的命运观，以及伊斯兰教的宿命论，甚至还有对预兆的一直无法根除的信仰，都是建立在这一信念之上的。这是因为连极小的偶然的事情，也是必然地要发生的，而一切事情也可以说是相互协调的，因此一切都在一切之中回响着。最后，一件事情又是和另一件事情有关联的，一个人绝非故意，而是完全偶然地伤害了或打死了另一个人，他就会一辈子为这种不幸感到痛苦，就好像欠了债似的，在别人眼里他也是个倒霉蛋，有一种丢了面子的感觉。对感受到的性格不变及其表现的必然性的信念，对基督教的神恩选择学说也并不是没有影响的。最后，我还想说一点完全是附带的看法。对于这一看法，每一个人都可以按照他自己对既定事物的想法，或加以附和，或置之不理。如果不是依据所有现象无区别地都是靠一条因果锁链结合在一起的，因此所有发生之事都有其严格的必然性，而是让这条锁链在无穷的点上为一种绝对的自由所打断，那么一切对未来的预知，在梦中，在能洞察一切的梦游中，在幻景中，即使是客观的，结果也绝对地是不可能的，因此是不可想象的，因为这样一来就不会有一种客观上真实的将来，哪怕它可能是可以被预见的，而我们现在确实只是对有关的主观条件，即主观可能性不表示怀疑。而即使是这样一种疑惑，今天，在无数来自最值得信赖方面的证明确认有那种对未来的预见以后，在见多识广的人那儿，也不再有什么市场了。

对于已确立的关于一切发生之事的必然性学说，我还想补充作如下几点考察：

如果不是必然性贯穿于所有的事物和将它们组合在一起，特别是将个体的生殖辖于其下的话，那么这个世界将会是什么样子呢？一个怪物，一堆废物，一副无意义、无价值的怪相，也就确实是偶然的产物。

希望什么事情都不发生，那就等于愚蠢地在折磨自己，因为它就等于是希望绝对不可能的事情，就像希望太阳会从西方升起一样是不合理性的。因为一切发生的事情，大的，小的，都是严格地必然发生的，因此再要去想引起那种事变的原因是多么渺小和多么意外，以及多么易变，那就太没有意思了，因为这是幻想，因为所有这些事变都像太阳从东方升起一样，是同样严格地必然要发生的，是以充分的权力在起作用的。对于发生的事变，我们更应该像对待我们阅读的印刷品一样。我们清楚地知道，在我们阅读它们之前，它们就已存在在那儿了。我们就应该用这样的眼光去看待这些事变。

第4章　先驱

为了证明上文指出的一切深思熟虑思想家就我们的问题所作的评论，我想引述其中几个大家就此说过的一些话。

首先，为了使那些可能相信宗教的理由与我维护的真理是相对立的那些人冷静下来，我想指出，耶利米(Jeremias)*早已说过："人的行为不在他自己的职权之内。他怎样走路，走什么路，不在任何人的职权之内。"我特别要提到路德(Luther)，他在专门为此所写的那本《论不自由的意志》(*De servo arbitrio*)中，猛烈抨击意志自由说。其中有些段落最能说明他的观点，当然他并不是用哲学的理由，而是用神学的理由来支持这些观点的。我引用的是1707年在斯特拉斯堡出的Seb.施密特版。(Seb. Schmidt，Strasburg 1707)。第145页上有这样的话："因此，我们发现，在所有的心灵中都有这样的话：自由意志是无，尽管这一信念被如此之多的相反见解和如此之多的人的权威弄得模糊不堪。"在第214页上则有这样的话："在这里，我要提醒意志自由的卫护者们，他们是用意

* 耶利米系古希伯来先知，生活于公元前7、前6世纪之间，出身于乡村祭司家庭，青年时代曾多次被捕入狱。耶利米目睹耶路撒冷城被毁，写下《哀歌》五首，成为古希伯来诗歌之绝响，犹太人纪念亡国之痛时必诵唱之诗歌，《哀歌》也是《旧约全书》中音律最严整之诗作。——译者注

志自由的主张来否认耶稣基督。”第 220 页说：“关于耶稣基督的文字都证明是反驳意志自由的。有无数这样的证据，甚至全部文字都谈到了耶稣基督。因此，如果我们把这些文字当作评判的标准，那么我绝对是对的，里面没有一句话不在诅咒意志自由说。”

现在来看一看哲学家们。我们用不着认真地看待古人在这方面的观点，因为他们的哲学还处在朴素的阶段，还没有很清楚地意识到近代哲学的两个最深刻最伤脑筋的问题，即意志自由的问题和外部世界的实在性，或观念对现实的关系问题。古人对意志自由问题明白到什么程度，我们可以从亚里士多德的《尼各马可伦理学》(*Ethica Nicom.*)第 3 卷 C 篇第 1—8 节中看到，在那儿，人们将发现，他在这方面的思想从根本上来看，只涉及自然的和智力的自由，因此他谈的始终只是任意和不任意，任意和自由被看作是一码事。那个困难得多的道德的自由问题，他还没有论及，尽管有的时候，他的思想达到了这个领域，特别是《尼各马可伦理学》的第 2 卷第 2 节和第 3 卷第 7 节，但他在那儿也犯了错误，他把道德从行为导出，而不是反之。同样的是他错误地批评了我在上面提到的苏格拉底的观点，但在别的地方，他又把这个观点变成他自己的观点，例如同书的第 10 卷第 10 节：“但是，说到天性，那是很清楚的，它并不在我们的职权之内，而是由于神的原因，是属于真正的幸运儿的。”接着他又说：“因此，性格总是先有的，它和德行相近，热爱善和蔑视恶。”这和我在上面引的那段话是一致的，也和《大伦理学》第 1 卷第 2 节是相符的：“单纯的决心并不能使人成为最好的人，如果没有这方面的天性的话，但是人确实可以变好。”在《大伦理学》第 1 卷第 9—18 节和在《欧德穆斯

伦理学》(*Ethica Eudemia*)第 2 卷第 6—10 节里,亚里士多德是在相同的意义上来论述意志自由问题的,而且比其他地方更接近一些问题之所在,然而一切仍显摇摆和肤浅。他的方法总是那样的,不是开门见山,进行分析,而是进行综合,从外部特征中引出结论,不是深入进去以达到事物的核心,而是固守外部特征,甚至玩文字游戏。这种方法用在较深刻的问题上容易导致错误,是绝达不到目的的。这时他就停留在必然和任意之间的被错误理解的对立之前,就像伫立在一堵大墙之前,但只有越过这堵墙才能看到,由于动机,恰恰是作为任意的任意乃是必然的,意志动作没有动机,就会像没有一个想要的主体一样,是不可能的,这样的动机就是一个原因,就像一种机械的原因,只是在非本质方面两者才有区别。甚至在《欧德穆斯伦理学》第 2 卷第 10 节里,亚里士多德也是这样主张的:"因为目标乃是一种原因。"因此,把任意和必然对立起来是根本错误的,尽管今天仍旧有许多所谓的哲学家和亚里士多德一样,还在把它们对立起来。

对意志自由问题讲得较为明确的是西塞罗的《论命运》第 3 篇第 10 节和第 17 节(*De fato*,c10 Ec17)。他的论题当然很容易地会使他谈到这个问题。他本人是同意意志自由的,但是我们也看到,克律西波(Chrisippos)和狄奥多罗(Diodoros)* 早已多少有些明白问题之所在了。值得注意的还有琉善(Lukianos)《死者的对话》第 30 篇(*das dreissigste Todtengespraech*),对话人为弥诺斯

* 克律西波,公元前 280—前 207 年,西西里人,斯多噶派大师;狄奥多罗,公元前 3 世纪人,为麦克比派哲学家,曾师从欧几里得,后为小芝诺(Zeno)之师。——译者注

(Minos)和苏斯特拉图斯(Sostratos),这篇对话是否认意志自由及与之有关的责任的。

但在麦克比人[*]的第四部书(收在希腊文的《旧约全书》里,但路德编的却没有)里有一篇论文已多少论到了意志自由,它的目的是要证明,理性有力量克服所有的情欲和情绪,第 2 部书里的犹太殉道者就是证明。

我所知道的对这一问题已有明确认识的最老的人是亚历山大里亚的克雷芒(Klemens Alexandrinus)。他在《汇编》(*Strom*)第 1 卷第 17 节里说:"如果心灵不拥有欲求和反抗的能力,那么褒扬和指责,荣誉和惩罚就都是没有根据的,而道德败坏就是不自愿的。"然后,在一句与前面说过的话有关的过渡句后面:"因此对我们的道德败坏,神是完全没有责任的。"这一句特别值得注意的副句表明,教会是在何种意义上理解这个问题的,以及根据它的利益立即作出了什么样的决定。大约在 200 年后,我们发现内梅西乌斯(Nemesius)[**]在他的《人性论》(*De natura hominis*)第 35 章结尾和第 39—41 章里,早已详细地讨论了意志自由说。他把意志自由直截了当地看作是和任意或和抉择相同一,并据此竭力主张和进行论证。然而也就由此揭开了对这一问题的讨论。

但是,充分意识到我们的问题及与此相关的一切问题,我们发现应首推教父奥古斯丁,因此我们要在这儿考察一下他的观点,尽管他首先是个神学家,其次才是哲学家。然而在他的三卷本《论自

---

* 麦克比人(Mackabäer,Makkbäer),犹太战士的族名。——译者注

** 内梅西乌斯,2 世纪时希腊哲学家,新柏拉图派创始人。——译者注

由意志》中，我们看到他因为这个问题而陷入了明显的困境和摇摆不定之中，甚至达到了矛盾的地步。一方面，他并不想像贝拉基(Pelagius)*一样，给意志自由以那么大的地盘，以至于先天的向恶，赎罪的必然性和自由的神恩选择将因此而被摒弃掉，人因而能用自己的力量成为公正和幸福的。在《关于自由意志中平等的证明》(*Argumento in libros de lib. arb.*，见《论自由意志》第 1 卷第 3 篇第 9 节)中，他甚至暗示，对于争论的问题的这一方面(路德后来激烈地抨击这一方面)，他还有更多的话想说，如果那些书不是在贝拉基出现之前业已写就的话，为了反对贝拉基的观点，他后来又写了一本《论本性与恩惠》(*de natura et gratia*)。其间，他已在《论自由意志》第 3 卷第 18 章(第 51 节)中说过这样的话："但是，现在人并不是善的，而且也没有能力成为善的，现在，他也不能看到，他该是什么样的，或者他可能看到了，而不想成为如他见到的他该是怎样的那样。"在《自由意志的证明》(*Argumentum de libe-roarbitrio*，见《订正》[*Retract*])第 1 卷第 3 篇第 9 节还说："现在他可能会由于无知而不能自由地作出意志决定，以选择他实际上该做些什么；或者他可能会由于肉欲的习惯(由于致命的先天向恶的力量，这种习惯很自然地会在一定程度上得到发展)，尽管他也看到了，他应该怎样正确地行动，而且也想这样做，但却并不能付诸实施。因此，如果意志本身不能因上天的恩泽而从被奴役中解救出来，由于这种奴役，他变成了恶的奴仆，以及因此如果意志本

* 贝拉基，生卒年月和国籍不详，有说和奥古斯丁同年同月同日生，主张意志自由而与奥古斯丁相对立。——译者注

身不能在对罪的克服中得到支援的话，那么尘世就不会有公正和虔诚了。”

然而另一方面，下面三个原因又促使他去为意志自由辩护。

第一是他的反对摩尼派教徒的立场，《论自由意志》就明确表达了这种立场，因为摩尼派是否定自由的意志的，并认为恶，例如灾祸有着另一个根源。他在《灵魂的起源》(*De animae quantitate*)的最后一章中就影射攻击这种观点：“灵魂被赋予意志的自由抉择，谁企图用可笑的小聪明来动摇这一点，那他就瞎了眼，他就会……”

第二是我指出的那种天然的迷惑，由此他把“我能做我想要做”看作是意志自由和把“任意”看作和“自由”是同一的，他在《论自由意志》第 1 卷第 12 篇(第 26 节)中说：“有什么东西会像意志本身是在意志的权力之内的呢?”

第三是认为必须把人的道德责任和上帝的公正一致起来。奥古斯丁的敏锐使他极其认真地想到了一个问题，而要解决它又是如此的困难，以至于如同我知道的那样，有那么多后来的哲学家宁可不声不响地回避这个问题，仿佛它不存在似的(只有三个人是例外，因此我们马上就会讲到他们)。奥古斯丁和那些哲学家不同，他在《论自由意志》的导言(第 1 卷第 1 篇第 1 节)里却极其坦诚地把它讲了出来：“请你告诉我，上帝不是恶的创始人吧!”接着就在第 2 章(第 4 节)里更详细地论道：“下述问题使我不安：如果罪恶来自上帝创造的灵魂，而那些灵魂是来自上帝的，这样一来，罪恶不就间接地要归于上帝了吗?”对话人接着说：“现在你讲的正就是使我在思考时感到痛苦的事情。”(第 5 节)是路德重又捡起了这一十分困难的问题，并且用极其激烈的言辞提了出来。他在《论不自由的意志》第144页说：“但上帝必须是这样一个上帝，他依靠他的自由使我们屈从于必然性，这一点连朴素的理性也得承认。如果人们承认全知和全能，那么自然而然的和不可辩驳的结果就是：我们不是由我们自己造出来的，不是由于我们自己而生存和做什么的，而只是由于上帝的全能。上帝的全知和全能和我们的意志的自由是直接相矛盾的。任何人都必不可免地会承认，我们成为我们所是的东西，不是由于我们的意志；而是由于必然性，因此我们不能依仗一种意志自由而想做什么就做什么，而是要依据上帝的预见，和通过不可或缺的和不变的决定和意志去实行的。”

我们发现，十七世纪初的瓦尼尼（Vanini）是充分认识到这一点的人。这种认识是他那坚定不移的，当然在时代压力下，尽可能狡猾、隐蔽的反对有神论的思想的核心。一有机会，他就会回到这种认识上去，并且不倦地从各种不同的观点出发来阐发这种认识，例如在他的《永恒天意的圆形剧场》（*Amphitheatro aeternae providentiae*）第16节中，他是这样说的：“如果上帝向恶，他就会实施之，因为记载上就是这样说的：‘他想要的一切，他都会促成之。’如果他不是这样想的，而还是这样做了，那我们会把他或者说成是缺乏预见的，或者是不是万能的，或者是残忍不仁的，因为他后来并没有实施他的决定，而不论这是由于他的不知，或是由于他的无权，或是由于他的疏忽。……哲学家们说：如果上帝不想让丑恶卑鄙的行径存于世上，那么毫无疑问，他只要暗示一下，就可以把一切恶行从世界上赶出去和消灭掉。因为我们中有谁能违抗上帝的意志呢？如果不是上帝在罪人每次行恶时都给了他力量，那么罪行怎么能违背上帝的意志而被付诸实施呢？此外，如果人违背上帝的意志而误入了歧途，那么上帝就比违抗他，战胜他的人要软弱，结果就是：上帝想要的世界就是这世界现在所是的样子，结果就是，如果他想要一个好的世界，他就会有一个好的世界。”在第 44 节是这样说的：“工具的所有人怎样操纵它，它就怎样运动，但我们的意志在活动时就像一部工具，而上帝反之就像是真正的操纵者。因此如果意志做了坏事，上帝就要负责。……我们的意志，不仅是就其作用而言，而且就其本质而言，也是完全依附于上帝的。因此，实际上，我们不能让意志为什么事情负责，无论就其本质或就其作用而言，都是如此，我们不得不让上帝独自为一切负责，是他创造了这样的意志并使之活动起来的。……意志的本质和活动都源自上帝，因此意志的好的作用和坏的作用都得算在上帝的账上，如果意志对于上帝来说就像工具的话。”但是，我们读瓦尼尼的著作时必须注意，他使用的完全是一种谋略，他把他的真正观点作为他要蔑视和驳斥的观点放到敌手的身上，而且阐述得令人信服和十分彻底，为的是接着就由自己用肤浅的理由和没有说服力的证据与之相对，然后就胜利地走开，好像打了一场胜仗似的，他希望引起读者的反感。依靠这种狡猾的手法，他甚至骗过了很有学问的巴黎神学院，它竟对那一切都信以为真，竟真心诚意地准许他的最无神论的著作的出版。三年后，当它看到他被活活烧死时，它从心底里感到高兴，在他被烧死前，他的谤神的舌头被剪去了，因为这确实是神学家们的真正有力的证明，而自从他们失去了这有力的证明以来，事情就倒退了许多。

在狭义的哲学家中，如果我没有弄错的话，休谟（Hume）是第

一个这样的人,他不再绕着那首先由奥古斯丁提出的严重的疑惑兜圈子,而是既不提奥古斯丁或路德,更不提瓦尼尼了,就直截了当地论述那个疑惑,他在《论自由和必然》(*Essay on Liberty and Necessity*)快结尾的地方说:"当世界的创造者把这一部硕大无比的机器首先开动起来,并使一切生物都进入一种特殊的状态,每一个其后发生的事件都以不可避免的必然性从这种状态中产生出来的时候,这个世界的创造者就是我们所有的意志活动的最后发动者。因此人的活动绝不可能是向恶的,因为它们是从这样一个好的原因中产生出来的,或者如果它们可能是向恶的话,那么它们就使我们的创造者卷进了同样的责任之中,因为它被承认是这些行动的最终因,是它们的发动者。因为就像一个点燃地雷的人要为由此引起的一切后果负责一样,而不论导火索的长短如何,同样的,如果必然要起作用的原因的无穷锁链确定了的话,那么造成第一个原因的东西,不论是有限的,还是无限的,也就是所有其他原因的创始人。"他试图解决这个疑惑,但在最后又承认,他认为它是无法解决的。

康德在独立于他的前人的情况下,也碰到了同样的障碍,在《实践理性批判》(*Kritik der Praktischen Vernunft*)第4版第180页和罗森克朗茨版第232页上:"一旦人们假定上帝作为普遍的原初本质也是实体存在的原因,那么看来人们也就必须承认,人的行为的决定性根据是完全不在他的权力之内的,而是在一个不同于他的最高本质的因果关系之内的,人的实存及其因果关系的全部确定是完完全全有赖于这一最高本质的。人就像是一部沃康松的自动机(Vanconçonsches Automat),是由一切艺术品的最高级大师所制造和操纵，自我意识虽然可以使它成为一部思维的自动机，但是在这样一个自动机身上，它的自发性的意识(如果把这种自发性看作是自由的话)，就完全可能是一种错觉，因为这种自发性只是相对的，因为这个自动机的活动的最主要决定性原因和一系列的导致这些决定性原因的原因尽管是内在的，但是最终的和最高的原因却完全是操在他人手中。”他想用区分自在之物和现象的办法来解决这个大疑问，但是十分明显，就本质上而言，事情并无任何改观，以至于我相信，也许他并不是十分认真地来对待这个问题的。连他自己也承认他的办法的不灵，在第184页，他补充说：“别人试过的或可能试一试的别的办法是不是更容易些和更好掌握一些呢？但愿有人说：形而上学的武断的教师们在这一点上证明自己狡猾多于真诚，他们尽可能地避开这个难题，希望如果他们完全不谈这个难题的话，那么也许就没有人会轻易地想到它了。”

在对这些论述同一个疑惑的极其不同的看法作了上述值得注意的综述后，我想重又回到我们的教父那儿。他希望用以克服他已感觉到的极其严重的疑惑的理由是神学的，而不是哲学的，因此不具有绝对的适用性。如同已指出的那样，支持这种适用性的是相对于上面提到的两条理由的第三条理由：为什么他试图维护上帝赐予人的意志自由。这样一种意志自由，由于是把自己置于互相分离的创造者及其创造物的罪恶之间的，因此实际上就足以克服全部疑惑，如果就像在嘴上说说它是很容易的和无论如何它还能满足并不比这种疑惑更深刻的思想的需要一样，在进行严肃而深刻的考察时，它至少也还是可以想象的话。只是人们应该怎样来想象，一物就其本质和存在而言是另一物的作品，而原初的和从根本上来说又是可以自我决定的,并因而又是可以为自己的行为负责的呢?每一物的作用都源自它的属性的命题就推翻了那个假设,但其自身又是不可推翻的。一个人行恶,那是因为他是恶的。但和那个命题,即每一物的作用都源自其属性,相关的是他的结论;因此,存在来自何方,作用也来自何方。钟表师傅因他的表走得不准而拿表来撒气,对于这样的人,人们将说些什么呢?如果人们很乐意将意志变为一张白纸,那么人们也就不得不承认,假设有两个人,其中一个人在道德方面遵循一种与另一个人完全相反的行为方式,这样一种总有其来源的区别的根子如果是存在于外部状况之中,那么很显然其责任就不在人,如果存在于人的意志本身的原初差异之中,这时如果人的全部存在和本质是他人的作品的话,那么功过也和人无关。在上面提到的那些伟大人物都努力想找到一条从这个迷宫中走出来的途径,但都失败了以后,我要承认,要想撇开人的意志的自我存在而设想它的道德责任是超出我的把握能力的。这种不可能无疑也就是斯宾诺莎用以开始他的《伦理学》的那八条定义的第七条:"这样的东西必须被称作是自由的:那就是它的存在只是出于其本性的必然性,和其行为只是由自身所规定的;但这样的东西就叫做是必然的或更多地是被迫的:那就是它的存在和行为是由他人所规定的。"

因此,如果一件恶行是源自人的本性,也就是说是源自人的天赋的属性的话,那么很显然,罪过就在于这本性的创造者。因此人们就发明了自由的意志。但是,在这种自由意志的假设下,本性应源自何方,却完全没有被看到,因为意志从根本上来讲,纯粹是一种消极的特性,而且只是说:没有什么东西强使或阻止人去这样或那样行动。但这样一来，行为最终源自何方又变得完全不清楚了，因为它应该不是来自天赋的，或被创造的人的属性，那么又得去麻烦他的创造者，因此，人怎么说也是没有罪责的，而他又确实是被做成要为此负责的。自由意志的天然图像就是一把没有负担的天平，它安静地挂在那儿，如果不向两个秤盘中的一个放上些什么的话，就绝不会失去平衡。就像这天平绝不会因自我本身而运动一样，自由意志也不会因它自己而造成一种行为，因为无正是从无中来的。如果天平向一头倾斜，那就必须有一个外来物放在这一头，这一外来物就是这运动的根源。人的行为一样，也必须由某物来唤起，某物积极地起作用，而且不只是消极的自由。但这只能有两种办法：或者由动机本身，也就是说由外部事情来做到这一点，这样一来，人对于行为显然就没有责任；这样一来，所有的人在同样的情况下，也就完全相同地行动。或者来自人对这些动机的接受性，也就是来自天生的性格，这就是说，来自人本来就有的倾向，倾向在个体身上可能是不同的，其力量作用于动机。但这样一来，意志就不再是自由的，因为这种倾向就是加在天平的一个盘子上的重物。责任就重又落到了把倾向加上去的人的身上，也就是说，他的作品就是具有这种倾向的人。因此他只有在他本身就是他自己的作品，也就是说他本身拥有自主权时，才对他的行为负责。

这里所阐述的全部观点使我们看到了，一切与意志自由有关的东西，意志自由在创造者和他的创造物的罪恶之间挖了一条不可逾越的鸿沟，由此我们就可以明白，为什么神学家们会如此顽固地加以坚持，为什么他们的卫士，那些哲学教授们，会不遗余力地加以支持。他们对大思想家们的最有力的反证充耳不闻，仍坚持

自由的意志，而且为此而斗争，就如同为了他们的祭台和家园而斗争一样。

最后，我想就我上面中断了的关于奥古斯丁的报告作一结束，我的观点总的来讲是这样的：人实际上只有在原罪之前曾拥有过一个完全自由的意志，但是在原罪之后，就受到它的束缚，就只能从神恩的选择和拯救中期望解脱：这些话就像一个教父的话了。

这期间，通过奥古斯丁及其和摩尼派，和贝拉基派的争论，哲学界终于领悟了我们的问题。从这时起，又经过经院学派，问题慢慢地更加清楚了，布里丹的《诡辩》和上面引用的但丁的话就是证明。但是从各种迹象来看，托马斯·霍布斯（Thomas Hobbes）是第一个涉及问题本质的人。他的1656年出版的著作《论自由和必然——驳布兰哈姆博士》（*Quaestiones de Libertate et necessitate, contra Doctorem Branhallum*）就是专为这个问题所作的。这部书现在已很罕见。它被收在英文版一卷本的《霍布斯道德和政治著作集》（*Th. Hobbes moral and political works*, ein Band in Folio, London 1750）中，从第469页起就是这篇文章，在此我引用第483页上的主要段落：

“六、无物是从自我开始的，任何事物都是由于一个自身之外的直接原因的作用。因此，如果现在一个人希望或想要某物，而就在此之前他还不曾希望过或想要过此物，那么他想要的原因并不是想要本身，而是某个他物，不是依附于它的某物。据此，由于意志无可争辩地是有意的行为的必然原因，以及根据刚才所说的，意志是必然地被独立于它的他物引发的，因此结果就是：所有有意的行为都有着必然的原因，因此是被迫的。

七、我认为这样的原因是充分的原因，那就是引起作用所必需的东西，它一点也不缺少。但这样一个原因同时也是一个必然的原因。因为如果一个充分的原因不能发生作用是可能的，那么它必定缺乏引起这种作用所必需的东西；但这样一来，原因就不是充分的了。但如果一个充分的原因不能引起它的作用是不可能的，但这样一来，一个充分的原因就是一个必然的原因。很显然，由此得出的结论就是：一切被引起的东西，曾有过一个充分的原因，是它引起了那一切。不然的话那一切就绝不会发生。因此有意的行为也是被强迫的。

八、关于自由行为的那个习惯的定义（自由的行为就是这样一种行为，即如果一切引起作用所必需的东西都已具备，也不能引起这种作用）是矛盾的，而且是无意义的，因为它认为，一个原因可能是充分的，也就是说是必然的，而竟可以不发生作用。”

在第485页又说：“任何一件事情，不论看来是多么偶然，或者是多么随意，其发生也是必然的。”

他在他的著名著作《论国家》（*De cive*）第1章第7节里说：“每一个人都将被驱使去欲求在他看来是好的东西，都将被驱使去避免在他看来是坏的东西，尤其是最大的自然灾害，那就是死亡。而死亡是出自自然必然性，这种必然性并不比使石头下落的那种必然性为小。”

有同样观点的，在霍布斯之后则有斯宾诺莎（Spinoza）。他在这一方面学说的特点，只需引用几段话就可以说明：“不能把意志称作是一种自由的原因，而只能称作是一种必然的原因。因为意志和所有别的东西一样需要一个原因，这一原因将迫使它以某种

方式行动。”(《伦理学》第 1 部分命题 32〔*Eth.*, *P.* I, prop. 32〕)

“至于说到第 4 条反对的论点(布里丹的驴子),我宣称我完全承认,如果一个人处在那种均衡的状态,且假定食物和饮料也和他有同样远的距离,则他必会死于饥渴。”(《伦理学》第 2 部分命题 49〔P. II, prop. 49〕)*

“就像观念必然产生于现实存在着的事物中一样,精神的决定也必然产生于精神之中。因此谁如果相信,他可以根据精神的自由决断或说话,或沉默,或做些别的什么,那他就是睁着眼在做梦。任何一个事物都必然地是由某一外部原因决定的,并以一定的方式存在和起作用。例如,石头从一推动它的外部原因那儿感受到一定的运动量,由于这一运动量,它就必然地要继续运动下去。现在如假设,继续运动的石头想到和感觉到了,它是根据这种力量而去继续运动的,然后这石头由于只感受到它想继续运动,而绝不感受到相反的东西,于是它就认为,它是完全自由的,除了是因为它想这样之外,并不是因为别的原因而在运动。人的自由也是这样,所有的人都吹嘘自己拥有自由,而自由只在于,人感受到了自己的愿望,而却没有认识到决定愿望的原因。至此,我已充分说明了,我对自由的和被迫的必然性及对想象的人的自由的想法。”(《书简》第 62 封〔Epist. 62〕)

但是,值得注意的情况是,斯宾诺莎只是在晚年(即 40 岁时**)才有这种想法,在此之前,在 1665 年,当他还是个笛卡尔派

* 参见商务印书馆出版的贺麟译本第 29、第 87 页。——译者注

** 斯宾诺莎,生于 1632 年,卒于 1677 年,一共只活了 45 年。——译者注

时，他在《形而上学的沉思》第 12 章中(*Cogitatis metaphysicis*，C. 12)还坚决地持相反的意见，甚至和上面引用过的《伦理学》第 2 部分命题 49 中关于布里丹的诡辩所说的话是直接矛盾的：“因为如果我们假设是一个人代替一头驴子，处在那样一种均衡状态之中，而他也感到会因饥渴而死，那么我们就必须不把他看作是一个会思维的生物，而是一头最笨的驴。”

下面，我想讲一下，还有两个伟大的人物也有同样的观点的转变，这就证明了，要正确理解这个问题是多么的困难，其正确观点又是多么的深奥。

休谟在他的《论自由和必然》(我在上面已引用过其中的一段话)一书中表示了他对动机既定时，个别意志行为的必然性的十分明确的信念，而且用他的易于为人理解的形式十分清楚地阐述了这一信念：“于是，动机和有意的行为之间的联系，就像自然界任何一部分中原因和效果之间的联系一样是如此的符合规律和整齐划一。”“因此，看来无论是在科学中，还是在任何一种行为中，想要做些什么，而又不承认必然性学说和关于动机对意志动作，性格对行为方式的那个结论都几乎是不可能的。”

但是没有一个作家像普利斯特里(Priestlcy)* 那样对意志动作的必然性作过如此详尽和令人信服的阐述，他的《关于哲学必然性的学说》(*The Doctrine of Philosophical Necessity*)就是专门讨论，这一问题的。这本书写得极其清楚和易于理解，谁如果不相

* 普利斯特里，1733 年生于英格兰北部约克郡，1804 年卒于美国宾夕法尼亚州，神学家，科学家。——译者注

信这本书，那么他的知性必定是被偏见所迷惑了。为了说明他的结论，我从 1782 年伯明翰第 2 版中引几段话在下面：

《序言》，第 20 页："对我的知性来讲，没有比道德自由的概念更荒谬绝伦的了。"第 26 页："如果没有奇迹，或者没有某一个外部原因的介入，某一个人的意志动作或行为就不会和已发生的有什么不同。"第 37 页："尽管我的情绪的倾向和规定不是重力，但它们对我确实有着一种肯定而且必然的影响和作用，就像重力之于石头。"第 43 页："认为意志是一种自我规定的东西的说法根本就不提供一种概念，而且更有甚者还含有一种谬误，也就是这样一种谬误：作为一种效果的决定竟没有任何原因而出现。因为事实上除了在动机这个名词之下被理解的那一切外，再没有任何东西能引起那个决定。假使有一个人使用他想用的词，即这样一个概念：我们有时可以为动机所决定，但有时又可以不为任何动机所决定去做什么，那么他无非是说：一只秤盘有时可以因重量而下坠，有时可以因某种根本没有任何重量的和不论它自身总想成为什么而对秤盘来说是无的东西而下坠。"第 66 页："动机用适当的哲学术语来表达的话就是行为的真正原因：因为这就和大自然中某物是某物的原因是一样的。"第 84 页："如果一切先行的情况完全是一样的话，那么我们绝无权力可以作出两种不同的选择。"第 90 页："一个指责自己在以往的生活经历中的某一行为的人，总是想象，如果他重又碰到当时的情况，他会不那样做。但这纯粹是一种错觉。如果他严格地考察一下他自己，和估计一下所有的情况，那么他就会明白，在内心情绪相同，在对他当时所有的事物看法完全相同（不包括一切自那时以来思考而得来的看法）的情况下，他不可能

有和当时不同的举措。"第 287 页："简言之，除了在必然性学说和绝对的无意义之间作出选择外，别无其他选择。"

现在需要注意的是，普利斯特里的情况和斯宾诺莎，以及另一个马上就要提到的伟大人物的情况完全相同。那就是普利斯特里在第 1 版序言，第 27 页上所说的："我并不是十分容易地就改信必然性学说的。就像哈特利(Hartley)博士本人一样，我是在经过强烈的反抗才放弃我的自由的，在我关于这一问题所写的那封长信中，我曾十分热心地主张自由说，在别人的反对理由面前，我一步也不肯退让。"

同样情况的第三个伟大人物是伏尔泰，他以他那特有的亲切和天真谈到了他的转变。在《论形而上学》(*Traité de métaphysique*)第 7 章里，他曾详细而生动地维护所谓的意志自由。只是在 40 多年后，他才在《不可知的哲学》(*La philosophei-gnorant*)一书的第 13 章里倡导意志动作的严格的必然性，他在该章结束时写道："阿基米德是被迫留在自己的房间里的，其必然性是相同的：如果有人把他关在里面，就像如果他在深思一个问题，以至于他没有想到要走出房间。

命运领导着愿意的人，命运也拽着不愿意的人。

这样想的傻子并不一直就是这样想的，但最终他会被迫臣服。"

接着在《行为的原理》(*Le principe d'action*)第 13 章里，伏尔泰说："一只球撞在另一只球上，一条猎犬必然地和有意地追逐一只鹿，这只鹿跳过一条宽的沟，其必然性和有意性并不比猎犬追逐它为少。这一切的被决定并不比我们在做任何事情时更不可抗拒。”

这三个极其伟大的人物认识到这一点都经历了相同的转变，然而都必然会使每一个这样的人感到目瞪口呆：他们企图用他们那天真幼稚的自我意识的根本不合事实的“但我确能做我想做的”说法来否认有充分根据的真理。

康德就在这些离他最近的先驱后，把验知的性格由于动机而被决定去行动的这种必然性，看作是一件不但在他，而且也在别人那儿，都是已解决了的问题，而不想重新再去证明它，这就不会令我们感到奇怪了。他的《关于一般历史的观念》(*Ideen zu einer allgemeinen Geschichte*)就是这样开头的：“人们从形而上学的观点，有可能把什么看作是意志自由的概念呢？那就是同一意志的现象，即人的行为，和每一种别的自然事变完全一样，都是按照普遍的自然法则被决定了的。”在《纯粹理性批判》(*Kritik der reinen Vernunft*)第1版第548页或第5版第577页又说：“由于验知的性格本身必须是来自作为效果的现象，和来自给予经验的同一现象的规律，因此人的一切行为在现象中，是由他的验知的性格和同时起作用的其他原因根据自然规律来决定的。如果我们能彻底研究他的任意性的一切现象，那就绝不会有人的哪一件行为不是我们不能肯定地加以预言和根据它的前行条件把它看作是必然的。因此，在看到这一验知的性格时，就不会有自由，和根据这一性格，我们确实可以只考察人，如果我们只是想观察，以及就像在人类学中一样，想根据他的行为对其动因作生理学的研究。”第1版第798页，或者第5版第826页上同样意思的话：“意志也可以是自由的，但只是指我们的想要(Wollen)的可理解的原因。因为，一

谈到我们的想要表现出来的现象，即行为的话，我们就必须根据一种不可践踏的基本原则（没有这一基本原则，我们就不可能在经验中运用理性）把它们解释成和自然界的所有其他现象绝无任何不同，即按照这些现象的不变的法则来解释它们。”此外，在《实践理性批判》第 4 版第 177 页或罗森克朗茨版第 230 页也说：“因此我们可以承认，如果能够对一个人的既用内在的行为，又用外在的行为表现出来的思维方式具有深刻的洞见，以至于我们对促使其行为的每一个动机，包括最细微的动机，以及对所有作用于这些动机的外部原因都知道了，那么我们就肯定能够对一个人将来的行为作一预测，如同我们能够预测月食和日食一样。”

但在这里，他依据悟知的性格（intelligibler Charakter）和验知的性格的区别，提出了他的自由和必然共存说。由于我完全同意这一学说，我将在后面重新谈到它。对于这一学说，康德讲过两次，即在《纯粹理性批判》第 1 版第 523—554 页或第 5 版第 560—582 页；但讲得更清楚的则是在《实践理性批判》第 4 版的第 169—179 页或罗森克朗茨版的第 224—231 页。每一个想要深刻认识人的自由和行为的必然性相一致的人都应该读一读这些极其深刻的段落。

我的这篇论文和这些尊敬的先辈的贡献的不同迄今为止主要在两个方面：第一，由于征文题目的导向，我把自我意识中的意志的内在感知和外在感知严格地区分开来，并且分别加以考察，这样才有可能指出对大多数人有着不可抗拒影响的错觉的根源何在；第二，我把意志和全部其余的自然界联系起来加以考察，在我之前还没有人这样做过，这样，这个课题就能得到它有可能得到的彻底、深刻、全面的研究。

现在想就康德之后的几位作家说几句话，我并不把他们看作是我的先辈。

对上文推崇过的，康德关于悟知的性格和验知的性格的极其重要的学说，谢林(Schelling)在他的《对人的自由的研究》(*Untersuchung über die menschliche Freiheit*)第465—471页做过一种阐述性的解释，它的措辞很生动，这就使它较之康德的虽然彻底，但却干巴巴的论述，更易于为某些人所理解。在这儿我不能引述这一解释，但为了真理和康德的荣誉，我不能不指出，谢林在讲到康德所有学说中这一最重要、最值得赞赏的，我认为甚至是最深刻的学说时，讲得并不清楚，他在那儿所阐述的，就内容看是康德的东西，但他的表达方式却使绝大多数不熟悉这位伟人的深刻而困难的著作内容的读者会误以为，他们读到的乃是谢林自己的思想。结果和我的这个看法完全相符，我只想从许多例证中举**一个**出来。那就是即使在今天，哈勒的一个年轻的哲学教授埃德曼(Hr. Erdmann)博士在他的名为《肉体和心灵》(*Leib und Seele*)的书(1837)第101页上还在说："连莱布尼茨也像谢林一样在他的论自由的论文中，让心灵最先自我决定，"等等。因此，谢林对康德就处在阿美利加对哥伦布的那种幸运关系之中，新大陆的发现将印上他的名字。但这得归功于他的聪明而不是偶然的机遇。因为他在第465页一开始就说"一般地首先是**唯心主义**把自由说抬高到那个领域的"，等等，然而接着就是讲康德的思想。因此，他不是诚实地提**康德**，而说是**唯心主义**，对于这个可作多种解释的名词，每一个人理解的就是**费希特**的和**谢林**的，首先是费希特的哲学，但不是

康德的学说，因为康德是反对把它的哲学叫做唯心主义的（例如《导言》[*Prolegomena*]罗森克朗茨版第51页和第155页），甚至在《纯粹理性批判》第2版第274页上还有一节："驳唯心主义"。在接着的那一页上，谢林很聪明地只是附带地提到了"康德的概念"，以便安抚那些已经知道他在这儿如此虚伪地当作自己的货物出卖的东西乃是康德的财富的人。但接着在472页上竟不顾一切真理和公正说，康德在理论上并没有达到那个观点的高度，等等，而从上面我介绍参阅的康德那两段不朽的话中，每一个人都可以清楚地看到，恰恰正是这个观点是康德一个人首创的，要没有他，还会有成千上万像费希特先生和谢林先生这类人根本就不可能掌握这个观点。由于我在这儿谈到的是谢林的论文，因此对于这一点，我不能保持沉默，我要把毫无疑问是只属于康德的东西归还给康德，从而尽到我对人类伟大导师的义务，除了歌德，只有他才是德意志民族的真正骄傲。尤其是在这样一个，歌德的那句"幼年的民族乃创造的主人"（《譬喻》〔*Parabolisch*〕，7，8）极其适用的时代，我更应该这样做。此外，谢林在同一篇论文里还毫无顾忌地把雅各布·伯麦（Jakob Böhme）的思想，甚至他的话，据为己有，对它们的出处提也不提。

谢林的那篇《对人的自由的研究》除了对康德思想进行这样的解释外，就再也没有什么关于康德这些思想的新的彻底的阐述了。这一点其实在谢林论文一开始对自由下的定义中就可以看出来了。谢林的定义是：自由是"一种善与恶的能力"。对于基督的教义问答手册来说，这样一种定义是合适的，但对哲学来说，等于是什么也没说，结果也就是毫无用处。因为善恶还谈不上成为自身很清楚明白，无需解释、确立和证明的简单的概念。谢林的论文，总的来讲只有一小部分是论述自由的，它的主要部分实际上是一份关于上帝的详细报告，该文的作者先生透露他对这位上帝是非常熟悉的，因为他甚至向我们描述了他的诞生，只有一点遗憾的是：他一句话也没有提到，他是怎样达到这一步的。论文一开头就是一堆似是而非的诡辩，任何一个不为其狂妄言辞迷惑的人，都可以看出它的浅薄。

自此以后和由于这种以及类似的作品的缘故，在德国哲学中，代替清楚的概念和公正的研究的是“理智的直观”（intellektuale Anschauung）和“绝对的思维”（absolutes Denken）：使人敬佩和不知所措，故弄玄虚，以及用各种手段在读者眼里撒沙子，成了惯用的手法；主观武断普遍地代替真知灼见贯穿于讲座之中。通过这一切，哲学，如果人们还可以这样称呼它的话，必然越来越沉沦，最终达到最可鄙的地步，大臣的走狗黑格尔为了重新扼杀由康德取得的思维自由，就使哲学这个理性的女儿和真理的未来的母亲沦为国家目标，蒙昧主义和新耶稣会教义的工具，但为了遮丑，同时也是为了最大限度地愚弄别人，他就在上面加上了一堆空话、废话、胡话以作掩护，这种胡话，人们只有在某个时候，才能在疯人院以外的地方听到。

哲学在英国和法国，就总体来讲，还停留在洛克和孔迪亚克（Condillac）遗留下来的那个水平上。被他的出版商柯辛（Cousin）先生称作“我生活的时代的法国第一个形而上学家”的芒·德·毕朗（Maine de Biran）*，在他 1834 年出版的《物理学和伦理学论

---

* 芒·德·毕朗，1766—1824，法国哲学家、心理学家。——译者注

集》(*Nouvelles considerations du physigue et moral*)中表明,他是无限制的意志自由的狂热信徒,而且把它看作全然是不言自明的。德国近代那些拙劣哲学论著的撰稿者们也如出一辙,无限制的意志自由在他们那儿名为"德行的自由",是确定无疑的,就好像上文提到的那些伟大的思想家从来就没有存在过似的。他们认为意志自由是直接地存在于自我意识之中的,并因而是如此的不可动摇,一切反对的理由无非只是诡辩而已。这种异乎寻常的自信纯粹是由于善良的人完全不知道,什么是意志自由和意志自由意味着什么,而是不怀恶意地只把它理解为是我们在本书第 2 章所分析的意志对躯体肢节的控制,对此一个理智的人是绝不怀疑的,而其表述也恰恰是那种"我能做我所想的"。他们十分真诚地认为,这就是意志自由,而且坚持这是不容置疑的。这就是那种不负责任的立场,在如此之多伟大的先驱之后,黑格尔哲学把德国思想的精神推回到了这种立场之中。对于这类人,我们当然可以发出这样的呼喊:

"难道他们不像妇道人家吗?
他们老是只提到他们的第一个词,
尽管别人讲理性已有数小时之久。"[①]

确实,上面提到的神学动机对他们中的某些人可能悄悄地起了作用。

然后又有我们今天医学的、动物学的、历史的、政治的和文学的撰稿人们,他们特别喜欢抓住每一个机会,来谈到"人的自由"、

① 席勒:《华伦斯坦之死》第 2 幕第 3 场(Schiller:Wallensteins Tod,Ⅱ,3)。

"德行的自由"！对此，他们颇有点自鸣得意。他们当然不会想法来弄清这个问题，但如果有人考他们一下，那么就会发现，他们所想的或者是完全的无，或者就是我们那陈旧的、真诚的、很有名气的"无限制的意志自由"，他们也能给它加上十分时髦的套话，也就是一个概念，当然，要使多数人相信这一概念的不成立，一直也没有成功，然而学者们也避免用如此清白无辜的口吻来谈论它。于是他们之中也就有了几个不够自信的人，他们表现得很可笑，他们再也不敢说什么意志的自由，而是用"精神的自由"来取而代之，使之显得更精致，并希望以此能偷偷地溜过去。他们想些什么，我有幸知道并告诉以疑惑的目光注视着我的读者：无，纯粹的完全的无，除此之外，只是用良好的德国方式和手腕表达的一个无关紧要的，归根到底是什么也没有说出来的术语，而对感到空虚和胆怯的他们来说，它倒是一个很好的避风港。精神这个词，实际上是一个形象化的术语，它表达的总是理智的能力（intellektuelle Fähigkeiten），和意志是对立的，这种能力就其作用而言完全是不自由的，而是首先适应、顺从、服从逻辑的规律，然后是它们每次认识的客体，以便纯粹地，也就是客观地把握这个客体，而这绝不是说意志可以代替理由（尤维纳利斯*语，见《诗集》第6首，第223页〔Juvenal，sat.，Ⅵ，223〕）。总之，这个在今天的德国文坛到处游荡的"精神"是一个极其可疑的家伙，因此只要他一出现，人们就应该查一查他的身份证。他的最主要的工作就是替和胆怯连在一起

* 尤维纳利斯，约60—约140，古罗马讽刺诗人，留下讽刺诗5卷16首，各首长短不一，最后一首没有写完。因诗获罪朝廷，年近8旬被遣往埃及（一说不列颠），死于客乡。他的诗歌颇受斯多噶派哲学思想影响。——译者注

的思想贫困作掩护。此外，众所周知，Geist（原意为气息、微风，后来为精神等意思）这个词和Gas（气体）这个词是相近的，Gas源自阿拉伯文和炼金术，意味着Dunst（水汽、云雾）或luft（空气、微风），就好像spiritus、πνευμα、animus这三个词和άυεμοζ意思相近，都有气、风和精神、心灵等意思一样。

因此，如上所述，关于我们的论题，在哲学界以及在别的学术界，是根据上面提到的那些大思想家的全部有关教导在发展的，并一再证明了，在任何时代，大自然只造就了极少数几个真正的思想家作为罕见的例外，而且这几个人本身始终也只是为很少数人而存在着的。正因此，错觉和谬误就一直占据着统治地位。

大诗人的重要作用也在道德问题上得到了证明，他们并不是根据系统的研究来发表见解，但是他们能深刻地洞见到人的本性，因此他们的见解就直接触到了真谛。莎士比亚（Shakespeare）《一报还一报》（*Measure for Measure*）第2幕第2场描写伊莎贝拉请求摄政王安格洛赦免她的被判死刑的兄弟的对话就是一例：

> “安格洛：我不想这样做。
>
> 伊莎贝拉：但是，如果您想要做的话，您能做吗？
>
> 安格洛：看啊，我不想做的事，我不能做。”

在《第十二夜》（*Twelfth Night*）第1幕中：

> “啊，命运，现在你能显示你的权力了：该发生的事总要发生，没有一个人是他自己的主人。”

瓦特·司各脱（Walter Scott），这位深知和长于描写人的心灵及其最隐秘感情的大作家，在他的《圣·罗兰的井》（*St. Ronan's Well*）第3卷第6章中，也揭示了那个深刻的真理。他描写了一个垂死的忏悔的女罪人，她在卧榻上企图通过自白来减轻内心的不安，司各脱让她在自白中说：

“走开，把我交给我的命运吧！我是世上从未有过的最可怜最可鄙的人，我自己也觉得我可鄙至极。因为就在我忏悔的时候，还有什么东西在向我秘密地低声说道，如果我还能是从前的我，我就会把我做过的坏事重做一遍，而且更坏。啊，苍天佑我，消灭这些可耻的想法吧！”

可以为这种文学描写作证的是下面这样一件与这种描写并行不悖的事实。这一事实极有力地证明了性格不变说。它是1845年7月2日《泰晤士报》从法文《新闻报》转载的，我是从《泰晤士报》翻译的。标题是：《奥兰的军事处决》：“3月24日，西班牙人奥古拉，又名艾梅茨被判处死刑。在执行前一天，他在和看守的谈话中说：我并不像人们说的那样的有罪，我被控犯有30件杀人罪，但实际上我只做了26件。从儿童时代起，我就嗜血，7岁半时，我曾刺杀一小孩。我曾杀害一孕妇，后来又杀了一个西班牙军官。结果是我不得不逃离西班牙。我逃到了法国，在法国，在我参加外籍军团前，我又做案2次。在所有罪案中，我最后悔的是，在1841年，我带领一个中队，俘虏了一个特派全权代表，他由一名军曹，一名下士和7名士兵护送着，我下令把他们统统砍了头。这些人的死使我心情十分沉重，我在梦里看到他们。明天，在那些奉命枪毙我的士兵们的身上，我将看到他们。尽管如此，如果我重获自由，我还会去杀人。”

下列歌德《伊菲格尼》(*Iphigenia*)中的对话也有这样的意思：

“阿卡斯：你没有尊重忠告。

伊菲格尼：我乐于做我想做的。

阿卡斯：你还能及时改变想法。

伊菲格尼：这完全不在我们的权限之内。”

席勒笔下的华伦斯坦的一段有名的话也道出了我们的基本真理：

“要知道，人的行为和思想并不像海中盲目运动的波浪。
人的内心世界，他的微观世界是一座深井，它们永远从中涌出。
它们是必然的，就如树之果，
偶然事件不会像变戏法似地改变它们。
一旦我研究了人的内核，
我就知道他的愿望、他的行为。”①

① 《华伦斯坦之死》第2幕第3场结尾。

第 5 章　结论和进一步的见解

在我维护的真理方面的所有那些光荣的先辈中，不但有文学上的，也有哲学上的，我在上面都已很高兴地提到了。哲学家的武器不是权威，而是理由。因此我也只用理由来从事我的事业，并且希望，我已把它说清楚了，因此我现在确实有权利得出不真实就不可能的结论，由此，上文在研究自我意识时直接地和事实上后天证明了的对皇家科学院提出的问题的否定，现在也间接地和先验地得到了证明。原因就是根本不存在的东西，在自我意识中也不会有可以得到证明的证据。

尽管我在此维护的真理可能是属于那些和短视的人们的偏见相左的观点之列，甚至可能遭致懦弱无知者的厌恶，但这一切并不能阻止我，直截了当地、无保留地阐述这一真理。我在这里并不是在和老百姓说话，而是在和一家著名的科学院说话，这家科学院提出它的十分合乎时代精神的问题，不是为了维护偏见，而是为了尊重真理。此外，正直的真理研究者，只要是涉及为了建立真理和信仰真理，就会始终只注重其理由，而不是其结果，好像时间一到，它自己就会建立起来似的。不关心结果如何，只考察理由，不是先问被认识到的真理是否符合我们其余的信念体系，这一切康德早已讲过了，我禁不住想在这儿重复一下他的话："这种做法有力地使已为别人认识和赞赏的准则，在任何一种科学研究中，尽可能精确地、公开地、不受干扰地继续它的进程，而不管在它的范围之外会否和什么东西相背，而是只在它自身范围之内，尽可能真实全面地完成它。不断的观察使我相信，在一件事做到一半的时候，如果我考虑到不相关的其他的学说，有时我就会疑虑重重，但如果我在这件事最终完成之前，不顾这些疑虑，只关注我的事情，那么当我做完这件事的时候，其结果最终会以始料不及的形式和完全不考虑那些学说，对它们不抱任何门户之见和偏见，而自动产生的结果完全一致。只要作家们决心更坦诚地对待事业的话，他们就可以避免某些错误，节省某些不必要的力气（因为它们是以假象为目标的）。"（《实践理性批判》第 4 版第 190 页，或罗森克兰茨版第 239 页。）

我们的形而上学知识总的来讲距离获得这样一种确信确实还是十分遥远的，即我们应该抛弃某种得到彻底证明的真理，因为它的结果和那些形而上学知识不相符合。毋宁说，每一种已经获得的和确立起来的真理总的来讲是知识问题范围内的一个已被征服的部分，是一个放置杠杆的坚固的支点，这根杠杆将推动其他重物，是的，人们从这一部分出发，就可以在有利的情况下，一下子就达到对整体的比迄今已达到的更高的把握。因为在任何一个知识领域，把真理联结起来都可以使一个已完全肯定地把握了个别观点的人，由此出发去把握整体。对于一道数学难题，唯一已知的量具有无可估量的价值，因为它使解题成为可能，同样，对于所有人的问题中最难的一个形而上学问题，对行为由既定性格和既定动机产生的严格必然性的坚定不移的，先验地和后验地得到了证明的认识，就是这样一个无法估量的数据，人们只要从它出发，就可以解开整个问题。因此，一切没有得到牢靠的科学检验的东西在它们阻碍这样一种得到证明的真理时，都必须向它让步，而不是真理向它们让步，真理绝不答应任何适应和限制，以便和没有得到证明的、也许是错误的见解求得一致。

这里，我还要作一一般性的说明。对我们结论的回顾促使我们看到，关于那两个问题，即意志自由和现实与观念的关系问题，它们被描述为是近代哲学最深刻的问题，而古人则相反并没有明确意识到，对于这两个问题，健全但粗陋的知性不仅没有驾驭的能力，而且甚至还有着一种重要的天然的导向错误的倾向，要它摆脱这种倾向，就需要有一种十分发达的哲学。因此对它来讲，在关于认识的问题上，实际上很自然地会太看重客体了，于是就需要有洛克和康德，以便指出认识中有多少东西是源自主体的。关于愿望的问题，它则相反却倾向于极不看重客体，而太看重主体，其做法则是让愿望完全出自主体，而没有很好地考虑客体蕴涵的因素，即动机，而实际上正是动机决定了行为的极其个体的特性，而只有行为的一般的和本质的东西，即行为的基本道德特性是出自主体的。在思辨的研究中，这样一种对知性来讲是很自然的倒置当然并不会使我们感到奇怪，因为它本来就被规定只是为了实际的目的的，而绝不是为了思辨的目的的。

现在，如果我们根据我们迄今为止的论述，完全放弃了人的行为的一切自由，并把人的行为看作是完全服从于极其严格的必然性的，那么我们就达到了这样一点，在这一点上，我们将能把握作为较高级种类的真正的道德自由了。

因此，就还有一种意识的事实，为了不扰乱研究的进程，我至今还一点也没有提到它。这就是对我们的所为极其清楚和肯定的责任感，即对我们的行为有能力负责任的感觉，其基础是不可动摇地确信，我们自己是我们的行为的行为人。由于这种意识，任何一个人，包括深信迄今所讲到的，我们的行为出现的必然性的人，都不能有这样的想法，即用这种必然性为自己的过错开脱，把罪过推到动机身上，理由是动机出现时，行为就必不可免。因为他肯定看到了，这一必然性是有一主观条件的，和在这里，在客观上(根据事实)，即在已有的情况下，也就是在曾经决定了他的行为的动机的作用下，一种完全不一样的行为，一种和他的行为恰恰相反的行为是十分可能的，是可能发生的，只要他是另一个人，事情就完全取决于这一点。由于他是这一个人，而不是另一个人，由于他有着这样一种性格，另一种行为当然是不可能的。但就他自身而言，也就是客观上来看，对他来讲，也是可能的。因此，他意识到的责任，只是在刚开始时和从表面上来看，是符合行为的，但从根本上来说是符合他的性格的，他觉得他应对这种性格负责。而其他人也要他对这种性格负责，这是由于为了确定行为人的特点，他们的评价马上就会舍弃事实：“他是一个坏人，一个恶棍”，或“他是一个小偷”，或“他是一个卑鄙虚伪的小人”，他们就这样评论说，他们把指责也溯源于他的性格。这时，行为及动机，只是作为行为人性格的证据受到考察，但却是此行为人的可靠的特征，因此他就是不可改变的而且是永远固定的。因此，亚里士多德的话是十分正确的：“我们称赞那些完成了一件行为的人，但是行为是性格的标志，因此我们也称赞每一个没有完成行为的人，这是因为我们只是相信，他可能

是有能力去完成它的。”因此，憎恨、厌恶和蔑视并不是针对暂时性的行为的，而是针对行为人，即性格的永驻的特点的。因此，在所有的语言中，形容坏道德的词，即咒骂恶行的词，更多的是人的宾词，而不是行为的宾词。这些宾词是依附于性格的，因为性格必须负责，它要为行为的发生负责。

因为什么地方有过失，什么地方也就必须有责任：因为责任是唯一可以推断出道德自由的事实，因此自由也就存在在那儿，即在人的道德之中，尤其是我们早已确信，当行为在性格的前提下，严格地必然地要出现的时候，不可能在个别的行为中直接找到自由。但性格就如在第3章中指出的那样，是天生的和不可改变的。

因此，现在，在我们从意识的事实中推断出这种意义上的自由，即唯一有事实根据的自由，以及找到了它的所在地以后，我们想对它作进一步的考察，以及尽可能地从哲学上来把握它。

我在第3章中已指出了，人的每一个行为都是两种因素，即他的性格和动机的产物。这绝不意味着，它是动机和性格之间的中介物，即二者之间的妥协，而是充分利用二者，这是由于就其全部可能性而言，它是同时以二者为基础的，即是以起作用的动机碰到了这种性格和这种性格是可以由这样一个动机来决定的为基础的。性格是个别的意志的从经验上加以认识的，持续不变的特性。由于这种性格和动机一样是每一个行为的如此必要的因素，因此我们的行为是出自于我们自己的这种感觉，或那个“我想要”就得到了解释（“我想要”陪伴着我们所有的行为，每一个人由于它而不得不把这些行为看作是他自己的行为，并因而感到要对这些行为负道德上的责任）。而这又正是前面在对自我意识作考察时发现的那个“我想要，和想要的始终只是我想要的”，这一点使头脑简单的人顽固地坚持人的作为的绝对自由，即无限制的意志自由。这无非是说，行为的第二个因素的意识，就这一因素本身来说，单独是完全没有能力引起行为的，而在动机出现的时候，它同样也是没有能力使行为不发生的。但由于这一因素以这种方式行动了起来，它才把它自己的特性告诉认识能力，这时，认识能力本质上是指向外的，而不是指向内的，甚至连自己意志的特性也要从它的行为才能经验地加以认识的。这一进一步的和越来越深刻的认识实际上就是我们称作良心的东西，良心因此也直接地是在行动之后才表现出来的，在此之前至多只是间接的，这是由于在考虑时也许要对已经解释清楚的类似情况进行反思和回顾，而把良心当作一种将来要出现的东西估计进去。

这就是使人要想起上一章提到的，康德关于验知的性格和悟知的性格的关系，以及因此关于自由与必然的统一的论述，这些论述是这位伟大的思想家，也是人们迄今所能提出的最美妙、最深刻的论述。我完全是以此为基础的，在此再重复一遍，就显得是多余的了。但是只要人们有能力的话，从中就可以明白，我们行为的严格的必然性是怎样和为责任感作证的自由并存的，而我们就由于这种自由而成为我们行为的行为人并对此负有道德责任。康德提出的那个验知的性格对悟知的性格的关系是完全以他的全部哲学的基本特点为基础的，即是以现象和自在之物的区别为基础的。在康德那儿，经验世界的完全经验的现实性是和它的超验的观念性并存的，同样地，行为的严格的经验的必然性和其超验的自由也是并存的。因此，验知的性格，如同整个的人，作为经验的对象，就是一纯粹的现象，因此是被束缚于一切现象的形式，即空间，时间和因果关系之中，并遵循其法则的。反之，作为自在之物，独立于这些形式，因此不服从时间差异，因而是持续不变的条件和这全部现象的基础就是他的悟知的性格，也就是他的作为自在之物的意志，当其处于这样一种特点之中时，也就是具有了绝对的自由，也就是独立于（作为一种纯现象形式的）因果法则。但这种自由是超验的自由，也就是不存在在现象之中的，只有当我们不再考虑现象及其全部形式，而达到了处于全部时间之外的，人的自在的内在本质时才存在的自由。由于这种自由，人的一切作为就都是他自己的作品，尽管人的一切作为是源自验知的性格，是在验知的性格和动机相遇时必然发生的，因为这验知的性格纯粹是悟知的性格的现象，存在于我们的依附于时间、空间和因果关系的认识能力之中，也就是我们自我的自在本质向这认识能力表现的方式和方法之中。因此，虽然意志是自由的，但是不是就其自在本身而言的，是在现象之外的，而在现象之中则反之，它就以其所有行为都要依据的某种性格表现出来，因此，如果由于附加的动机而又被进一步规定了的话，它就必然会表现为是这样的而不是那样的。

我们可以很容易地看到，这条路使我们不再像庸俗的观点认为的那样要到我们个别的行为中，而是要到人的全部存在和本质自身中去寻找我们自由的产品，它必须被设想为是人的自由的行动，只是对于囿于时间、空间和因果关系的认识能力才表现为诸多有别的行为，但是正由于用这些行为表现的东西的原初的统一性，它们就都必须带有完全相同的特点，并因此表现为是由引起它们的，而且是详细地规定它们的每一次的动机所严格地强使的。因此，行为出于存在，对于经验世界来说，就是无例外地固定了的。每一事物都按其特性而活动，它的因原因而起的活动又表明了这一特性。每一个人都按他是什么样的人而行动，而据此每次都是必然的行为就每一行为的情况而言，都只是动机所决定的。因此，在行为中不可能看到的自由，必须寓于存在之中。把必然性加于存在和把自由加于行为，在任何时代都是根本错误的，都是把根据和结果加以颠倒。相反地，自由只寓于存在之中，但是从存在和动机中必然会产生行为，从我们的所作所为中，我们认识我们是什么人。责任的意识和生命的道德倾向就建立在这一基础之上，而不是建立在想象的意志的无限自由之上。一切都取决于一个人是什么样的人，他做什么是由此而自动发生的，这是一个必然的结论。任意和原初的意识不可否认地伴随着我们所有的行为（尽管它们是依附于动机的），依靠这种意识，行为才是我们的行为，因此这种意识并不是虚妄的，但是其真正内容绝不止是行为，其发端也更远，这是由于一切行为（在动机的推动下）必然由以发生的我们的存在和本质自身，事实上也包含在其中。正是在这种意义上，我们可以把那种任意和原初的意识，以及伴随我们行为的责任意识比作一根指针，它指向的对象比它好像指向的同一方向上的较近的对象要远。

一言以蔽之：人在任何时候只做他想要做的，而且是必然地去做。但这取决于他已经是他所想要的，因为从他是什么人中必然产生他每次所做的一切。如果我们客观地考察他的作为，也就是说是从外部去考察，那么我们就一定会看到，他的作为就像每一个生物的行为一样，必须十分严格地服从因果律，相反地，每个人在主观上(极内在地)会感到,他始终只做他想要做的。但这仅仅表明,他的作为纯粹是他自身本质的表现。因此,每一个生物,甚至是最低等的生物,只要是有感觉的,都将感觉到这一点。

因此,自由并没有因我的论述而被扬弃,而只是被拽了出来,即从个别行为的领域被拽了出来,在那儿可以证明是不可能有自由的,我把它提到一个更高的,但对我们的认识来说不是那么容易达到的领域,即它是超验的。我正是在这个意义上来理解马勒伯朗士(Malebranche)*的名言:"自由是神秘的。"我的这篇论文就想在这句名言的呵护下试答皇家科学院提出的问题。

* 马勒伯朗士,1638—1715,法国哲学家,唯理主义者,1660年毕业于索尔朋即加入神父修道会,后潜心研究笛卡尔学说。——译者注

附录　对第1章的补充

我在文章开头时，把自由分为自然的、智力的和道德的三种，在对第一种和最后一种自由作了论述之后，现在就还有第二种要加以讨论了，这纯粹是为了文章的完整性，因此就只能简单地说一下。

智力(Intellekt)，或者说是认识能力(Erkenntni Bvermögen)，乃是动机的媒体，也就是说动机是通过这个媒体对意志，即人的真正核心起作用的。然而只有当动机的这个媒体处在一种正常状态之中，它的功能得到正常的发挥，动机因而能够像它们在现实的外部世界里存在着的那样，不受扭曲地供意志加以选择，只有这样，意志才能按照它的本性，即人的个体的性格，作出决定，也就是不受阻拦地，按照它自己本身的本质表现出来，这时人在智力上是自由的，也就是说，他的行为是他的意志对动机作出的反应的纯结果，在外部世界，动机就像存在于所有其他人面前一样，存在于他的面前。因此，他对这些行为就负有道德上和法律上的责任。

这种智力的自由将得到扬弃，或者是由于动机的媒体，即认识能力长期地或只是暂时地受到了破坏，或者是由于外部环境，在个别情况下扭曲了对动机的把握。前一种情况就发生在疯狂、昏迷、疾病发作和睡意蒙眬时，后一种情况就发生在犯了严重的、无辜的

错误时,例如有人把毒品错当药品吃下去了,或者把夜里进来的人当作强盗而杀死了等等。因为在这两种情况下,动机都被扭曲了,因此意志就不能像面对智力正确提供它的那些情况那样作出决定。因此,在这种情况下犯罪也就可以不受法律的惩罚。因为法律是从正确的前提出发的,即意志并不是道德上的自由,和在某种情况下,人们不可能驾驭意志,倒是人要受动机的强制,于是法律就想用更强的反动机,即威胁说要加以处罚来对付所有可能的犯罪动机,而一部刑法也无非是一部对付犯罪的反动机的目录而已。但如果使这些反动机起作用的智力不能接受它们,并用以劝阻意志,那么要它们起作用就是不可能的,它们对它来讲也就是不存在的。这就好比人们发现使机器转动的绳索中的一根被弄断了。在这种情况下,罪责从意志转移到了智力,而智力是不服从惩罚的,倒是法律,还有道德是和意志有关系的。只有意志才是真正的人,智力只是他的工具,是他伸向外部的触角,也就是使动机对他起作用的媒体。

这一类行为在道德上也是不算数的。因为它们不是人的性格的特征,或是他本来想这样做的,结果是那样做了;或是他不可能想到本该阻止他这样做的东西,即让反动机起作用。这就像如果使一种进行化学检测的物质受多种试剂的作用,以便知道它和什么样的试剂最接近,如果在全部试验以后发现,由于意外的障碍,有一种试剂根本就没有起作用,那么这个试验也就是无效的。

此外,智力的自由,我们在这里把它当作是完全被扬弃了的,也可能只是被减少,或部分被扬弃。特别是在情绪激动和心醉神迷时就容易这样。情绪激动是意志的一种突然的、强烈的兴奋,是由外来的，变为动机的表象引起的，这种表象有一种活力能使所有其他可以成为反动机的表象都黯然失色和不会清楚地被意识到。这些反动机大多只具有抽象的性质，纯粹是思想，而那个表象却是直观的、眼前的，这时，这些反动机并不能马上就启动，因此也就不能像英语里所说的那样 fair play（公平比赛）：在它们起反作用之前，行为业已发生。这就像在决斗中，一方在公证人号令之前先开了枪。这时，不但是法律的责任，还有道德的责任，根据情况的特点，也是或多或少地，然而总是部分地被扬弃了。在英国，一个人在仓促之间没有经过一丝考虑，因极度而突然的愤怒杀了人被称作为 manslaughter（误杀），只受很轻的处罚，有时甚至完全不受处罚。心醉神迷是一种易于导致情绪激动的状态，这是由于它会使直观表象变得越发强烈，使与之相反的抽象思维变弱，并增强意志的力量。这时，为心醉神迷本身负责就代替了为行为负责，因此他在法律上是不能原谅的，虽然这时智力的自由是部分地被扬弃了。

对于这种智力的自由，即在思维方面的自动性和非自动性，亚里士多德在《欧德穆斯伦理学》第2卷第7章和第9章已讲到过了，虽然讲得十分简单和不够充分，而在《尼各马可伦理学》第3卷第2章中讲得较为详细。智力的自由指的是，如果法医学和刑事司法机关问：罪犯是否是处在自由的状态之中，并因此在刑事上是否有责任能力。

因此，一般地讲，当人们在犯罪时，或者是不知道自己是在做什么，或者根本就没有能力去想一想那应该阻止自己的东西，即行为的结果的话，这时的一切罪行就都应该被看作是在智力的自由不存在的情况下所犯下的。因此，在这种情况下，罪犯可以不受惩罚。

相反地，有些人认为，由于不存在道德的自由以及由此产生的一个既定的人的任何行为都是不可避免的，所以就没有罪犯要受处罚了，他们的这种看法是出于错误的刑罚观，即刑罚就其自身来讲就是打击犯罪和出于道德的原因就是以恶制恶。但这样一种做法，虽然康德曾经这样教导过，可能是荒谬的、无意义的和完全不公正的。因为一个人怎么有权自命是他人在道德方面的绝对的法官，并因他的罪行而责罚他呢！倒不如是法律，即惩罚的威胁，其目的就是成为针对还未发生的罪行的反动机。如果在个别的情况下，法律失去了它的这一作用，那就必须加以执行，因为不然的话，在将来的各种情况下，它也会失去这种作用。就罪犯这方面来说，在这种情况下，他受到了处罚，完全是由于他的性格属性，他的这种性格属性和作为动机的环境和他的使自己看到逃避惩罚的希望的智力联合在一起，使他不可避免地做了那件事。在这方面，只有在下述情况下，他会受到不公正待遇，那就是如果他的道德特点不是他自己的作品，即他的智力的行为，而是另一个人的作品。行为及其结果的这样一种关系在下列情况下也会发生。如果他的罪恶行为的结果不是按照人的法则，而是按照自然法则出现的，例如，如果因轻佻放荡而传染上了可怕的疾病，或者如果他在企图偷窃时，因意外而遭遇不幸，例如，他在夜里闯进了猪圈，想牵走它的普通的住客，结果碰到的不是猪，而是熊，它的牧人是傍晚时分光顾这家客栈的，熊张开双臂迎着他过来了。

有奖征文

道德的基础

（没有获得哥本哈根丹麦皇家

科学院褒奖〔1840 年 1 月 30 日〕）

道德，鼓吹易，证明难。

——叔本华：《自然界中的意志》第 128 页

丹麦皇家科学院提出的问题及其前的引文

由于德行的原初理念，或关于最高道德准则的基本概念，以其固有的而绝非逻辑的必然性，不但出现在那个目标为阐明对道德的认识的科学之中，而且也出现在实际生活之中，在这实际生活之中，它又部分地出现在对我们自己行为的良心的评判之中，和部分地出现在我们对他人行为的道德评价之中；此外，还由于许多和这一原初理念密不可分的，由它引发出来的道德基本概念，如义务的概念、责任的概念等也以同样的必然性和在同样的范围内起着作用；以及由于我们时代的哲学研究所走过的道路表明重新研究这个课题看来是十分重要的；因此，科学院希望下述问题能得到深刻的思考和阐述：

道德的来源和基础可否在直接蕴涵于意识（或良心）之中的德行的理念中和在对其他由此生发的道德基本概念的分析中探得，抑或可否在另一个认识根据中探得？

第 1 部分

前　　言

第 1 章　关于问题

“为什么哲学家们对道德学的首要的基本原则的意见很不一致，但在他们从那些原则推导出来的种种结论和种种义务上却很一致呢？”这个问题是由哈尔勒姆荷兰皇家科学院 1810 年提出的有奖征文题目，已经由 J. C. F. 迈斯特(Meister)解决了。同我们面前这一任务相比，该问题不过是小菜一碟。因为： 145

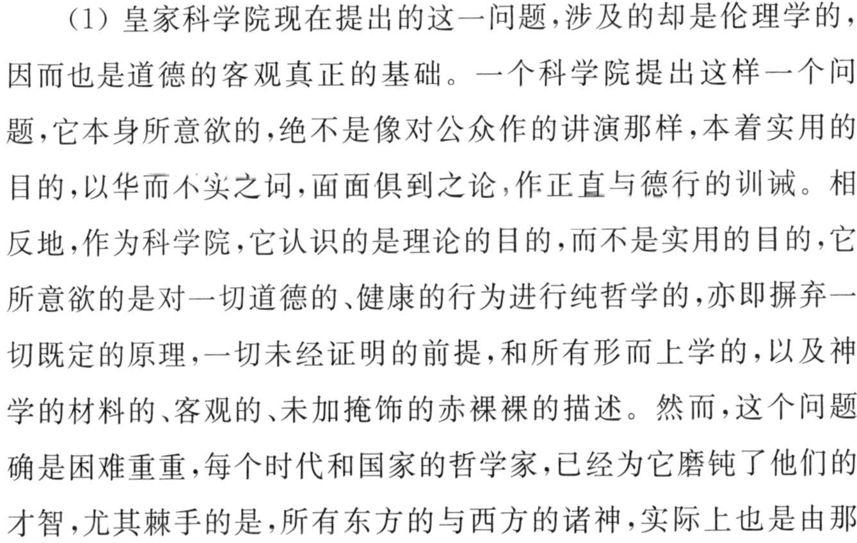

(1) 皇家科学院现在提出的这一问题，涉及的却是伦理学的，因而也是道德的客观真正的基础。一个科学院提出这样一个问题，它本身所意欲的，绝不是像对公众作的讲演那样，本着实用的目的，以华而不实之词，面面俱到之论，作正直与德行的训诫。相反地，作为科学院，它认识的是理论的目的，而不是实用的目的，它所意欲的是对一切道德的、健康的行为进行纯哲学的，亦即摒弃一切既定的原理，一切未经证明的前提，和所有形而上学的，以及神学的材料的、客观的、未加掩饰的赤裸裸的描述。然而，这个问题确是困难重重，每个时代和国家的哲学家，已经为它磨钝了他们的才智，尤其棘手的是，所有东方的与西方的诸神，实际上也是由那里得到它们的实存的，所以，如果科学院能利用这一机会解决这个难题，它的奖金肯定不会白花。

(2) 除此之外，对伦理学基础进行任何理论的考察研究，必将遇到特殊不利的条件，因为这类研究很容易令人疑惑，好像是企图破坏伦理学的结构本身，使之全面崩溃。事实上，对这一问题，我们颇有把实际目的同理论密切结合起来的倾向，以致使前者的善意热忱很难遏制其不合时宜的干预。每个人也不是全有能力把追求净化一切利害，甚至习以为常道德之客观真理的纯理论探索，和对内心神圣信念的无耻攻击严格区别开来。所以那位在这里着手这项工作的人，为了鼓舞自己，必须永远牢记，只有这个科学院的僻静之处与庇护所，才能远离大众的日常琐事，远离市场的嘈杂忙乱，在那里没有任何人世间的噪声，在那里，只能看到俨然耸立于雕像座上的唯一上帝真理，那独一无二、突儿崇高的真理。

从上述两个前提得出的结论是，必须允许我有完全的言论自由以及怀疑一切的权利；此外，如果我对这一难解问题确实有所贡献，不论多小，那么那一贡献必将是重要的。

但是，还有阻碍我前进的种种其他困难。皇家科学院要求写出一简短伦理学专著，完全靠其自身陈述伦理学的基础；这意思是说，它应脱离与一般体系，即任何哲学的实际形而上学的联系。这样的要求不仅一定会使这一研究更加困难，而且必然使研究成果不够完善。很久以前 C. 沃尔夫(Wolff)在所著《实践哲学》(*Philosophia Practica*)第 2 篇第 28 节论道："只有形而上学之光照耀实践哲学时，才能驱散其中的阴暗。"而且康德在《道德形而上学的基础》(*Grundlegung zur Metaphysik der Sitten*)的前言中说道：

“形而上学必须先成立，而且如果没有它，就根本不会有道德哲学。”因为，正如世界上每一种宗教一样，只要它教以道德，就不能依靠道德本身，而要以整套教义加以支持(其首要目的正是要成为道德意识的支柱)；对哲学也是一样，不管伦理学的基础是什么，它本身必须附属于这一或那一形而上学体系，并从中谋求支持，也就是说，在一种事先假定的关于世界以及关于一般实存的解释中寻求支持。其所以如此，是因为对宇宙本质的最终而真实的结论，必然与涉及人类活动的伦理学意义的结论密切相关；并且是因为，在任何情况下，那被表述为道德基础之物，如果它不纯粹是一个高浮云中脱离现实世界的抽象公式的话，它必须是在客观宇宙中，或在人的意识中，可以被发现的某一事实；但是，就这点而论，它自身只能是一种现象，因此，像一切其他现象一样，它需要进一步的一种解释，而这种解释是由形而上学提供的。哲学的确是这样一个互有联系的整体，以致如果不联系到一切其他部分，就不可能彻底讨论任何一部分。因此，柏拉图曾十分正确地说道：“那么你认为，不同时了解全体的本质，即事物的全体性，就可能真正充分地了解灵魂的本质吗?”(《斐德罗篇》第371页)自然的形而上学、道德的形而上学，以及美的形而上学，彼此互为前提，仅当把它们视为互相联系时，它们对事物之真正所是，以及对一般实在的解释才能完整无缺。因此谁要准确地追溯这三个形而上学中任何一个的终极起源，就必定要在解决这问题时借重于其他二者；正像要绝对清楚而彻底了解世界上任何单个事物，就意味着要对其他一切事物的完全了解一样。

现在，如果我们从一给定的，假定为真的形而上学体系作为出

发点，我们会用综合方法达到一个道德基础，并且这一基础，好比说，是从下面建立起来的，就会为这样产生的伦理学结构提供一个可靠的根据。但在现在情况下，鉴于这问题的条件强使伦理学脱离一切形而上学，那就只剩下分析的研究方法了，不是从外在经验的事实就是从意识的事实出发。不错，这样一来，后者的终极来源可能回溯到人类的精神，可是，那时必须把这一来源看作一基本事实、一原初现象、一种不能从任何别的事物派生的东西，结果是，整个解释仍然只是一种心理学的解释；它与任何一般形而上学观点的联系，充其量也只能说是辅助性的。另一方面，如果我们首先能研究形而上学，然后用综合方法从其中推导出伦理学的话，那么，在人类的本质中找到的这基本材料，对伦理学的首要现象，均能依次得到说明与解释。不过，这就意味着等于构造一个完整的哲学体系，从而将超越所给定的问题的界限。所以，我不得不在由这问题本身之孤立的狭隘性所规定的这些界线内，回答这给定的问题。

最后还有以下诸种考虑。这里打算置伦理学于其上的基础，将证明是个很小的基础，结果是，我们只将查明，人类许多合法的、可赞成的以及值得称赞的行为，其中的少数源自于纯粹道德的动机，而大多数必须归诸于其他根源。这使人们不太满意，因为它没有像比如说，一个定言命令那样炫人眼目，它永远准备着发命令，只有它本身才可以命令应该做什么和不应该做什么；而其他完全是物质性的基础只能沉默不语了。

所以，我只能提醒读者记起圣经《传道书》(第 4 章第 6 节)的话："手满了一把，得享安宁，强如满了两把，劳碌捕风。"在一切知识中，真正的、经得起检验的、牢不可破的系数，永远是不大的；正如地球的金属层中 100 磅石头内才藏有几英两黄金一样。但是，是否别人宁可要——像我一样——有保证的所有物，而不要显得庞大的所有物，即宁要最后留在坩埚里的少量黄金，而不要和它一块儿取出来的大量物质；或者，是否人们倒要指责我，没有给伦理学提供一个基础，却去掉伦理学的基础，因为我证明人类合法的与可称赞的行为，时常并没有一点儿纯粹道德价值，而且在大多数情况下，只有极少行为的原来动机，不是最后应该归之于行为者的自私心的；所有上述情况，我暂且不作决定；并且我这样做，不但感到忧虑，而且感到无可奈何，因为我长期以来抱有和 J. G. 冯·齐默尔曼(Zimmermann)一样的想法，当他说道："请确信，直到你快死的一天，你才知道世界上最罕见的就是一位好裁判官。"(《论孤独》*Ueber die Einsamkeit*，第 1 篇第 3 章第 93 页。)

对一切真正和自愿的正义，对一切仁爱，对一切高洁来说，这些品质不论可能在什么地方发现，我的理论仅能指向一个很小的基础；而我的反对者却蛮有自信地为伦理学建构宽阔的基础，它们造得强固，足可承受一切可能的重担，同时又把它强加于每个怀疑者的良心，伴以威吓的目光斜视他自己的道德。同上述情况相比，我自己的处境确实是苦恼可悲的。这就像在李尔王面前的克尔戴莉雅的困境，她用平淡无力的话语保证她对父亲的孝心，而她两个口才好的姐姐则感情奔放地断言如何如何尽孝。* 因此，似乎需要一种从猎智场采用的某格言提供兴奋剂作为鼓励，例如，"伟哉真理的力量，真理必胜。"但对一个一生艰苦劳作的人来说，即使这

* 参见《莎士比亚全集·李尔王》(人民文学出版社 1984 年版)。——译者注

一格言也不会给很大鼓舞。与此同时，我愿意同在我一边的真理一起冒这次险；反对我也将同时是反对真理。

第 2 章　一般的回顾

就普通人而论，道德发生于神学并且是以作为上帝特殊旨意的神学为根据的。另一方面，我们看到，哲学家们几乎没有例外，都竭力设法完全排除这种基础；的确，只要他们能躲开它，他们甚至宁愿用诡辩论来回避。这种对立来自何处？无疑问地，想象不出任何比神学的基础能更直接生效的伦理学基础了；因为谁会如此大胆敢于反对全知全能上帝的旨意呢？当然，没有人；若是这一旨意以权威性的法定方式宣布（如果可以这样说的话），根本不给留有任何怀疑的余地就好了。然而，恰恰是不允许这种情况出现；采取的却是相反的方法，即人们设法把宣布的法律归于上帝的旨意本身，用说明法律是和我们自己独立的，因而是自然的道德观念相一致的方法，以便使这些观念看来像是更直接的与确定的。但是这还不够。我们察觉到，一种完全为避免惩罚和获取奖赏的行为，表面看来似乎真有道德；因为，毕竟这种行为其根源本来在于自私心，只是每次在感到或多或少是受骗以后，才终于明白原来是这么回事。现在看来，不是别人，正是康德摧毁了直到他时代认为不可动摇的思辨神学的基础。思辨神学迄今一直支撑伦理学，并且为给前者取得某种实存，即使是个想象的也好，他希望从相反的方向开始，使伦理学支撑思辨神学。因此现在想把伦理学建在神学上，就更加不可能了；因为再也没有人能知道，这两者中哪个应

是支持者,哪个应是被支撑者,这结果是个循环论证。

正是通过康德哲学的影响;通过同期全部自然科学空前进步造成的效果,就此而论,过去任何时代和我们自己时代相比,都似乎是幼稚的;最后,通过梵文文献的知识,以及那些最古老,传播最广泛的婆罗门教与佛教的知识,从时间空间来说,它们是人类最重要的宗教体系,而且事实上,是我们本民族的,现在公认为是亚洲人血统的我们民族的原初宗教,他们从异国他乡跨越几个世纪,再一次送来一个启示;——我说,因为上述这一切,欧洲学术界的基本哲学信念,在最近50年中经历了一场变革,这也许许多人仅仅勉强地承认,但却是否认不了的。这种变化的结果是:伦理学的旧支承物已证明是腐朽了,但对伦理学本身永远不会毁坏的确信仍存;从而便产生一种信心,认为必然存在着一种不同于迄今提供的,但适合当代进步观念的伦理学基本原理或基础。人们越来越感到这种需要,我们无疑从中了解到,皇家科学院要用现在这重要的问题当作有奖征文题目的道理。

在每个时代,都曾传布很多的好道德,但对其存在的理由的说明总是困难重重。总的来说,我们可以看到,人们一向在事物的本质中以及人的本性中两方面,努力寻求某种客观真理,以便从中能够按逻辑方法推导出伦理道德的训谕和指令;但都是徒劳的。这结果总是一样的。人们发现,每一人类个体的意志完全受他个人福祉的吸引,完全的福祉的观念被称为"幸福";而这种对自我状况满足的追求,导致人类走上一条根本不同于道德很愿意指向的道路。人们于是又努力设法把幸福和德行等同起来,把它说成是德行的后果与效应。以上两种尝试总是失败;而这种失败并非因为缺乏诡辩术。然后只好又求助于人为的种种公式，有纯粹客观的与抽象的，也有后验的与先天的，不一而足，认为从那些公式无疑地能推衍出正当的道德行为。但是在人的本性中，根本找不到任何东西能给这些公式提供一个基础，使它们在面对人的立志作用之自私自利倾向时，真正能帮助指导他的意志的斗争。我认为，为了证实以上所述的一切而描述并批评迄今仍存在的每一道德的基础，似乎是多余的；这不但因为我也抱有奥古斯丁（Augustine）的意见，即重要的是关于一件事情的真相，而不是人们对它的意见；而且也因为那会像往纽卡斯尔（Newcastle）运煤一样，根本无此必要；因为皇家科学院十分清楚过去为伦理学建立基础诸种尝试的情况，而且提出这一征文的问题正表明已了解那些尝试不适当。任何不太了解这些情况的读者，可以在加尔夫（Garve）的《伦理学主要原理概观》（*Uebersicht der vornehmsten Principien der Sittenlehre*）以及在斯陶德林（Staüdlin）的《道德哲学史》（*Geschichte der Moralphilosophie*）两书中，读到对以往尝试虽非全面但很细心的论述。回顾过去，与生活关系这么密切的伦理学，遭到形而上学这门深奥科学一样的不幸命运，而且它的第一原理从苏格拉底（Socrates）时代以来从未间断探索，然而仍待寻觅，令人感到非常沮丧。再者，我们应记住，伦理学中包含在它的根本命题内的本质的东西，比其他任何科学中的要多得多；推论也很简单，它们会自行出现。因为所有它的命题都能得出结论，但是很少能进行判断。而这正是为什么冗长的教科书与关于德行的论文，既空洞无物又令人厌烦的原因。与此同时，如果我能以熟悉所有以前的伦理学基础为前提，我的任务将会减轻。任何人看到古代与现代的哲学

153

家(教会的信条就足以满足中世纪需要),为了公认的道德需要提供一个能证明的基础,曾如何诉诸极不同的与非凡的论证,以及他们如何还是不得不承认失败;他将能够估量这问题的困难,从而评价我的贡献大小。并且有谁已认识到迄今走过的道路都未能达到目的的人,他必将更愿意和我一起踏上一条与它们根本不同的途径——这条途径直到现在不是没有人注意,就是人们不屑一顾而过;也许因为它是条最自然的途径。① 事实上,我对这个问题的解答将提醒许多人想起哥伦布的鸡蛋的故事。

我只将专门对最近给伦理学提供一个基础的尝试——我是指康德的道德学——提出个批判的考察。对此考察我将更加彻底,部分因为康德的伟大道德学改革,给了这一科学一个比以前的那些确实优越的基础;并且部分因为它仍然是这一领域中唯一的,重要的意见;因此康德道德学迄今被普遍接受,并且普遍地施教,虽然对它的说明与术语因不同修饰有某些变化。它是最近60年的伦理学体系,在我们步入另一途径之前,必须将它排除。进一步讲,我对康德的基础批判,也将给我一个机会考察与讨论伦理学的大部分基本概念,其考察结果将成为我以后论述的出发点。此外,由于用对立物实例说明彼此,彰明较著,这一方针正是达到我自己的见地之最好准备与导向,确是条直通路,我的主要观点与康德的

① “我不知道是什么狡诈的恶作剧者,
或确切地说是什么命运,
引导人们相信谎言
甚于明显纯粹的事实。”
——卡斯蒂(Casti)

是正相对立的。所以一开始如果略去下面的批判，立即转向我自己阐述的正面部分，这会是非常错误的，那样一来恐怕我的阐述只能有一半好理解。

无论如何，传讯一次道德学到法庭受彻底审查的时候确实已经到来。在半个多世纪里，它一直悠闲地躺在康德为它布置的软垫上——实践理性的定言命令的软垫上。当今这个命令大多是以一个比较平和且不太夸张的名称介绍给我们的，这一名称已传布较广。其名曰"道德法则"；这样命名以后，它向理性与经验鞠着躬，便悄悄溜进屋里去了。一旦进屋，它又吩咐又命令，没完没了；而以后永远也不能要它说明理由。康德，作为这一事物的发明者，尤其当他用创造的手段，暂缓考虑更加明显的谬误时，他总会对他的创造感到满意，这是正常的，确实不可避免。但是，不得不旁观并且看到愚人们在他准备好的舒适软垫上嬉戏，并且在他时代以后，这软垫已越来越遭践踏，已被踩平了——这真是难以忍受。我是指日报的陈腐编辑人员，他们以愚蠢的狂妄自信认为，如果他们只要诉诸据说是我们理性固有的那个"道德法则"，他们便已经给伦理学一个基础了；于是他们在这上面得意地编织如此紊乱、范围广泛的成套空洞词句，以致他们竟能使最清楚与最简单的生活关系变得不可理解：而所有这一切，他们从来连一次也没有认真自问，事实上是否确实真正存在像一个合适的道德法典，铭刻于我们头脑与心灵中那样的一个"道德法则"。

因此，我感到特别高兴，能着手从道德学那里移开它的宽绰的休息软垫，并且毫不保留地宣布我的意图，是证明康德的实践理性与定言命令是完全没有保证、没有根据和虚构的假设；我还将进一

步说明,康德的整个体系,和他的先驱者们的那些体系一样,缺乏一种坚实的基础。所以,道德学仍将被置于其从前完全无依无靠的状况,保持原状,直到我终于证明人类本性的真正道德原则——一个无可辩驳地有效的,其根源就在我们存在本身中的原则。然而,后者没有像上述软垫那样的宽绰基础;所以,毫无疑问,那些习惯于办事从容不迫的人,除非他们彻底意识到,他们舒适的老座位下的基础已破坏得多么严重,他们是不会舍弃那个座位的。

第 2 部分

对康德道德学基础的批判

第 1 章　序言

康德对道德科学的伟大贡献是，他清除了这门科学中的一切幸福论。对古人来说，伦理学是关于幸福论的学说；对现代人来说，它的绝大部分一直是一种救世学说。前者想要证明德行与幸福是等同的；但这就好像有两个图形，不管怎样摆放，彼此永远不能重合。后者则曾设法把两者联结起来，不是用同一律，而是用因果律，从而使幸福成为德行的结果；但要做到这一点，他们不得不求助于诡辩，不然就假定一个任何感官都不能感觉到的世界的存在。

古人中仅有柏拉图是个例外：他的体系不是幸福论的，而是神秘论的。甚至犬儒派与斯多噶派也只不过是幸福论的一种特殊形式，要证明这一点并不缺乏资料与证据，但我现在工作的性质不允许我占用篇幅多讲。[①]

那么，古代人和现代人一样地（柏拉图是唯一例外）同意把德行仅仅当作达到目的的手段。确实，严格地说，甚至康德从道德学

① 整个说明，请见《作为意志和意象的世界》，商务印书馆版第一篇 §16 第 136 页及其后。

中排除幸福论，也是表面多于实际，因为他在德行与幸福之间仍留有一定的神秘联系；——在他关于最高善的学说中两者连接发生的一段，很晦涩难懂；可是，明显的事实是，德行的发展进程和幸福的发展进程背道而驰。但是，略此不提，我们可以说，康德认为，道德学原则似乎是根本不依经验及其教训为转移的某种东西；它是先验的，或形而上的。他承认，人类行为具有超越经验的一切可能性的重要意义，所以实际上是引向他称之为悟知的世界、纯智所思的世界、自在之物的世界。

康德的道德学赢得的名声，不只是由于它所达到的这一更高水平，也是由于它的结论之道德纯洁性与高超。大部分人正是被后者所吸引，没有太注意那以一种很复杂、抽象与虚构的形式提出来的基础；而康德自己则需要他的所有锐敏能力与综合能力，使该基础有个牢固的外观。幸而他把他的道德学和对其基础的说明分开了，专门为后者著有《道德形而上学的基础》一书，我们将发现，其主题恰恰和我们的这一有奖征文的一样；因为他在序言第 8 页这样说道："本论文不过是在探求并确立道德的最高原则。这一探索，就其欲达目的而言，是完整的，并且应该与其他一切道德的研究分离开。"就是在这本书里，我们发现这基础，更确切地说，他的道德学的要义，阐述得准确透彻，简明而有系统，这在他的其他著作中极为少见。再者，它的很大优点在于，它是康德的第一本道德著作，仅仅比《纯粹理性批判》晚 4 年出版，* 因此它出版时他虽然

* 《道德形而上学的基础》于 1785 年出版，《纯粹理性批判》第 1 版，1781 年出版。——译者注

已 61 岁，但尚看不到老年对他智力的不利影响。另一方面，这种不利影响在《实践理性批判》中显然可见，该书出版于 1788 年，或者说是在不当修订的《纯粹理性批判》第 2 版 1 年之后，他的不朽杰作显然在这一版被毁坏了。对此问题的分析，可见于新版中由罗森克朗茨（Rosenkranz）所写的序文。[①] 我自己的研究对此完全没有不同的意见。《实践理性批判》的主要内容，包括上述《基础》中一样的材料；不过后者的形式更为简明严格，而在前者中，这一课题讲得冗长啰唆，多有离题，甚而为了加深印象，用些道德上夸张的辞藻。当康德撰写这一书时，他已经终于在晚年赢得了无愧的声誉；因此他深信会得到无限关注，便听任老年的饶舌喋喋不休。

但是，《实践理性批判》包括两节，则是它所特有的。第一，关于自由与必然性两者之间关系的阐述（第 4 版第 169—179 页，及罗森克朗茨版第 223—231 页）。这一节受到无尽赞扬，无疑是早年写就的，因为它与《纯粹理性批判》中处理这同一个课题的方法，完全协调一致（第 560—586 页；罗森克朗茨，第 438 页以后各页）。第二，道德神学，越来越终于被认识到这是康德考虑的真正目标。在他的《道德学的形而上学原理》（*Metaphysische Anfangsgründe der Tugendlehre*），这一写于 1797 年，这可悲的科学的姐妹篇中，老年的衰弱乏力终于完全占了上风。根据这些理由，我现在的批判将主要涉及首先提出的专题论文，即《道德形而上学的基础》，并请读者了解，凡未说明出处的所有页码数字全

① 我的分析实际上是出自我自己，但在这里我借用罗森克朗茨的。

是指《基础》这本书的。其他两本书仅作为辅助的或次要的参考材料。本批判为了彻底探索康德的道德学，是针对并且主要涉及这《基础》的，为能适当理解我的批判，我希望读者能细心再通读它，使思想上对其内容有个十分清楚与新鲜的印象。那不过是第128页正文与第14页前言的事(在罗森克朗茨版一共才100页)。我将引用1792年第3版的文句，并加上由罗森克朗茨出版的新的完全版本的页码数字，其前标以罗字。

第 2 章　论康德道德学的命令形式

康德的第一个错误步骤在于他对道德学本身的概念，可以看到，这一点在第 62 页(罗，第 54 页)说得很清楚："在一门实践哲学体系中，我所关注的并不是要找出发生之事的理由，而是要找出关于纵然从未发生，仍应当发生之事的法则。"我们立刻就可知道，这是明显的窃取论题。谁告诉你，存在着我们行为应该遵守的法则？谁告诉你，那应当发生但事实上从未发生的事情？你有什么理由一开始就提出这一假设，并且以后把一个用立法命令词语表述的，作为唯一可能的道德学体系，强加给我们？我认为，与康德所说的相反，研读伦理学的学生和一般哲学家完全一样，必须以此为满足：即阐明与解释那给定之物，换句话说，那实在是或发生的事物，以便获得对它的一种理解，并且我进一步认为，在这个方向上要做的事情很多，比数千年来迄今已做的事情要多得多。根据上述窃取论题，康德未作任何事前研究，立即在前言(它完全谈这问题)中假设，纯粹道德的法则存在；而且自此以后这一假定一直保持不变，形成他的整个体系的真正基础。然而，我们宁愿首先考察由"法则"这词所指谓的概念。这个词真正的、原初的意义，只限于像公民之间的法律；它是罗马人的 Lex(法)与希腊人的 υσμos(习惯，法律)，一种人类的法规，而且依赖于人类的意志作用。当应用于自然界时，它有一种另外的、派生的、比喻的、隐喻的意义，大自然

的作用，部分由先天而知，部分由经验学得，而且恒常不变，我们称为自然的法则。这些自然法则中只有极少部分能先天地认知，康德以极妙的精确性，把它们归入名之为“自然的形而上学”一类。当然，只要人类属于自然，也还存在一种关于人类意志的法则；并且这一法则是绝对可证明的，不容有例外，是不可违反，像山一样不可动摇的，它不像定言命令那样，本来意指一种似必然性，反而意味着一种完全的与绝对的必然性。它是动机形成的法则，是因果作用法则的一种形式；换言之，它是以知性为中介产生的因果作用。它是人类意志本身所服从的唯一可证明的法则。这一法则意指：所有行为没有充分的动机便不能发生。像一般因果律一样，它是一种自然法则。另一方面，道德法则，除人类规则、国家法令或宗教教条以外，被设想为不用证明即存在，这是错误的。所以，康德认为这样的法则是理所当然的，便犯了以假定为根据的错误，尤为冒失的是，他立刻又补充说（前言第 6 页），一项道德法则应该意含“绝对的必然性”。但是“绝对的必然性”的特性表现在任何地方都是不可避免地产生一连串后果；那么，这样一个概念怎么能连接到这些所谓的道德法则上去（他提出“你不该说谎”当作道德法则一个例子）？谁都知道，康德本人也承认，这样推理上的联系大概不会发生；确实，与此相反则是常事。

在科学伦理学中，除意志作用法则外，我们要承认其他支配意志的法则——那些原初的和不以人的命令为转移的法则——以前，我们必须首先证明并且推定它们的实存；也就是说，只要是在伦理道德事物方面，我们不仅涉及推荐诚实，而且涉及实践诚实。直到给出那一证明，我将只承认一个可以追溯到关于法则、戒律、义务的概念所由输入到伦理学的来源。这一来源与哲学无关。我意指摩西十诫。确实，上述康德提出的第一个道德法则例子中“Du sollt (sic) nicht lügen”(“你不该说谎”)中，du sollt 的拼法，自然地泄露了这个来源。然而，除去表明这一来源外根本没有其他来源的一个概念，不经进一步审察，没有权利这样强行闯入哲学的伦理学。除非提出人们信为合格的证明，人们将拒绝接受它。因此，康德一开始在这一课题就犯了他第一个窃取论题的错误，而且不是个小错误。

于是，我们这位哲学家在他的序言中，便这样武断地干脆认为，这道德法则是给定的，而且毫无疑问是存在着的；他又以完全同样的方法对待与之密切相关的义务概念(第 8 页，罗，第 16 页)。没有对它做任何进一步检验，他径直承认它为道德学的一个正当附属物。但在这里，我不得不又提出异议。这样被无条件地拿来使用的这一个概念，完全和法则、命令、责任等类似观念一样，其来源在神学道德学，而且只要它未能提供从人的本性或从客观世界得出的充分可信凭据，它将一直是哲学道德学的局外之物。直到那时我只能承认十诫才是所有这些互有关联的概念的来源。自基督教兴起，毫无疑问，哲学伦理学已经不知不觉地为神学伦理学所塑造。并且因为后者本质上是独断专横的，前者便以戒律和义务的灌输形式出现，完全天真的、毫不怀疑地认为，这种角色首先需要进一步支持；相反，它却真认为那就是正常的本然形式。所有的民族、时代与信条，以及甚至所有哲学家(真正唯物主义者除外)，都已不可否认地承认，人类行为的道德意义是一种形而上学的意义，换句话说，这种意义超越这个现象世界的实存而达到永恒，这

固然是事实；但同样这也是真的，即使用命令与服从、法则与义务等措辞对这个事实的陈述，根本不是它的本质部分。进一步说，这些概念脱离它们的渊源、神学的假设，便在现实中失去一切意义，而企图用与康德关于绝对的责任和无条件的义务的谈论，以代替前者的尝试，是用空话满足读者，不，更有甚者，是让他消化一个形容词与其形容物结合的矛盾。

一切责任的观念与意义，纯粹、完全来自于它对威胁性惩罚和允诺的奖赏的关系。因此，早在康德以前，洛克说道："因为，既然假定对人的自由行动订出规则，而不在规则上附加某种善与恶以强制他的意志，这是徒劳的；无论何时，我们假定一项法律，我们就必须也设定某种奖惩于该法律以利实施。"(《人类理解论》卷 2 第 33 章第 6 节)所以应该去做的事情必然是由惩罚或奖励决定的；因而，用康德的语言说，它本质上，不可避免地是假言的，正如他主张的那样，绝非定言的。如果我们不考虑这些条件，责任的概念便变得没有意义；所以，绝对的责任确确实实是一个形容词与其形容物结合的矛盾。一个命令的声音，不论它发自内部或来自外部，只可能被想象为一种威胁或指望。因此服从这种视情况不同而可能是聪明或愚蠢的命令，总还是受自私自利驱动的，所以道德上并无价值。

这种关于一个无条件的责任概念，是康德道德学的根基，其不可思议与谬误，以后在这体系本身，即在《实践理性批判》中出现：像有机体内某种毒质，不可能永远隐藏不露一样，迟早必定显示出来。因为这种责任，说是这样没有条件的，可是在背后却设定不止一个条件；它设定一位授奖者，一种报偿，以及受奖者个人的不朽。

如果一个人真地把义务与责任当作伦理学的基本概念，这当然是不可避免的；因为这些观念本质上是相对的，而且它们的重要意义全靠可能的惩罚和允诺的奖赏而定。那被假设为德行所储备的报酬足以清楚地表明，德行仅仅从表面上看，才不是为了得到什么而工作。然而，这一报酬是蒙上了薄纱，庄重地以最高善的名义放在人们面前的，最高善即德行与幸福的合一。但是从根本上说，这只不过一种其源头为幸福的道德，是建立在自私自利上的道德。换句话说，它是幸福论，它已经被康德视为一个擅入者郑重其事地从他的体系前门推出去了，反而以最高善的名义又让它从后门爬进来。这就是这无条件的绝对责任的假定，隐藏着它事实上隐藏的一个矛盾，如何报复自己的仇恨的。另一方面，有条件的责任当然不能是任何伦理学的第一原则，因为凡是出于考虑奖惩的行为，必定是一种利己主义的交易，这种交易本身根本没有任何真正道德价值。这一切都清楚地表明了，如果我们确是认真想真实地说明人类行为的重要意义——一种超越现象之外而永恒的意义——的话，确实需要对伦理学有一种更高尚而更广阔的看法。

正如一切责任完全依赖于一种条件一样，一切义务也是如此。这两个概念密切相关，确实差不多是完全等同的。它们唯一的差别可以说是：通常责任可以建立在纯粹强制上，而义务则包含有意承担责任的意思，诸如我们看到的主人与仆人、首长与下级、统治者与被统治者之间那样的义务。并且，因为任何人都不会无偿地承担一项义务，每项义务也意味着一种权利。奴隶没有任何义务，因为他没有任何权利；但是他受一种建立在纯粹强制上的责任之支配。在随后的一部分，我将解释义务这一概念在伦理学中最适当的意义。

如果我们使伦理学以一种命令的形式出现，使之成为一种义务的学说，把人类行为之有无价值视为尽义务与否，我们应记住，这种对义务以及对一般责任的观点，无可否认地纯系来自神学的道德观念，主要来自十诫，所以它在本质上是牢固地建立在人之依存于另一个意志的假设之上，这一意志向他发布命令，宣布奖励或惩罚。但是，关于这样一个意志的假设在神学中越是肯定与精细，就越不应该不露声色、毫不疑惑地把它介绍到哲学道德学中来。因此我们没有权利事先假定，这命令的形式，这命令、法则与义务的规定，是哲学道德学的一个要素和当然的事情；而且，用“绝对的”或“定言的”这种词，去代替与这样概念的真正本质密不可分的外在条件，这是个极其拙劣的变动：这样一来，便产生了像上面解释过的那种形容词与其形容物结合的矛盾。

康德于是立即或未加仔细研究，便从神学道德学中借来这个道德学的命令形式。前者（换言之，即神学）的诸种假设确实深深扎根于他的体系中，而且实际上唯有这些假设给他的体系提供一些意义或观念，所以确实是暗含在他的体系中，不能把它们从它那里分离出来了。这样做了以后，当他已经详细说明他的见解时，再从他的道德学研究发展出一种神学——这著名的道德神学——，就很容易了。因为这些概念隐含在他的命令中，并且隐藏于他的道德学基础内，只需要把它们提出来，并明确地表述为实践理性的公设就可以了。于是，为了给世人以巨大启迪，一种纯然依赖于道德学，实际上确实是从那里推导出来的一种神学出现了。其所以如此，是因为这道德学体系本身是建立在隐蔽的神学种种假设上的。我不是要嘲笑才这样比较，但这处理过程的方式，真仿佛在那里有一个人在变戏法，准备让我们大吃一惊，他给我们变啊变出一件东西来，实际上是他事先施他的技巧藏在那里的。康德的操作步骤抽象地加以描述是这样：他使那应该是他的第一原则或假定的东西（即神学）成为结论，而把那应该推演为结论的东西（即定言命令）当做他的假定。但是在他已经颠倒了这最要紧的事以后，没有人，甚至他自己都辨认不出它实在是什么了，即那过去人所共知的神学道德论体系。这一把戏究竟如何搞的，我们将在本部分第 6 章与第 7 章加以考察。

伦理学自然时常以命令的形式表述，而且在康德以前的哲学中，也被看作一种义务的学说；但它当时总是以一个上帝的意志为基础，上帝的存在已用不同方法证明，所以没有不合逻辑的问题。然而，一旦有人像康德那样，尝试给伦理学一个独立于这个意志的基础，并且不用形而上学的假设把它建立起来，而用“你应该”和“那是你的义务”的词语（那就是命令的形式）当作伦理学根据，而不首先从其他根源推演出其真实性，这就再也没有什么正当理由了。

第3章　专论对我们自己义务的假定

康德很欢迎这种形式的关于义务的学说，但在他拟订的意见中，没有涉及这一问题。因为，有如他的先驱者一样，他也把对我们自己的义务和对别人的义务列在一起。不过，我完全反对这一假定，并且由于没有其他更好的机会谈这问题，我就在这里附带地解释一下我的观点。

对我们自己的义务，正如所有其他的义务一样，必须是建立在正当或建立在爱的基础上。而我们自己的义务建立在正当基础上是不可能的，因为有这样一条不证自明的原则：意志所准，所为无害。因为我所做的事总是我决意做的事，因而可以说我对我自己做的事，绝不是我不愿意做的事，所以它不能够是不公正的。其次，论到建立在爱的基础上的对我们自己的义务。伦理学发现在这里它已无事可做，它来得太晚了。违背自爱的义务之不可能，这也由基督教道德学的第一条法则设定了："爱人如己。"根据这一法则，每个人对他自己怀有的爱当然被看作是一切其他爱的最高限度和条件；而其逆陈述，"爱己如爱人"，却永未另外提出过；因为每个人都会感到，后一陈述并没有充分表达他的要求。进一步说，自爱是一项要求超出义务要求以外需要完成的唯一的义务。康德自己在《道德学的形而上学原理》第13页（罗，第230页）中说："每个人必然自愿的事情，不属于义务的概念。"不过，这种关于对我们自己义务的观念仍然享有信誉，确切地说，它大多得到特殊的偏爱；对此我们无须感到惊奇。但确令人好笑的是，有的情况下，人们也开始对他们的身体安全表示焦虑，十分认真地谈到自我保存的义务；这时，我们可以很清楚地看到，恐惧会马上让他们撒腿逃跑，他们绝不需要任何义务法则的帮助，他们就知道向前跑了。

在对我们自己的义务中，一般是把不自杀的义务放在首位，为此所采取的论辩的方针，充满偏见，而且是建立在最浅薄根据上的。人和动物不同，他不仅承受短暂即逝的肉体痛苦，而且也要受那些萦绕过去与未来的循环往复、无比沉重的精神痛苦的折磨；而大自然，作为补偿，只赋予人能够按他自己的意愿在自然本身为之规定的时期以前，结束他生命的特权；因此，尽管动物能够活命多久就必然活多久，人则只要愿意活多久才需要活多久。

他是否应该根据伦理学的理由放弃这一特权，是个困难的问题，无论如何都不能用平常的肤浅的道理来决定。康德认为并非不值得提出的反对自杀的论据(第 53 页，罗，第 48 页及第 67 页，罗，第 57 页)，从良心上说，我只能说它们是可鄙的，根本不值得回答。认为这样一种想法就能够从伽图，从克娄巴特拉(Kleopatrc)*、从科西阿斯・纳尔娃(Koccius Nerva)**或从拜托斯(Paetus)的妻子阿莉娅(Arria)的手里，夺下自杀的匕首，这确实是太可笑了。如果真正存在着不自杀的道德动机的话，它们一定埋藏得很深，靠一般伦理学的测锤是无法探知的。它们属于对事物的

* 埃及著名女王(公元前 69—前 30)，当罗马派渥大维征埃及后自杀。——译者注

** 罗马皇帝(96—98 年在位)，罗马有名的五贤王之一。——译者注

一种更高的观点，甚至为本篇论文见解所不及。[①]

一般地说，在对我们自己的义务章节标题之后，可列出两部分，一部分是关于处世本领通则，一部分是关于卫生保健规定；但是这两类都不属于本来意义上的道德学。目录的最后便是对非自然色欲的禁律——手淫、鸡奸与兽奸。这些色欲中手淫主要是幼年时期的恶习，反对它的武器应该以营养学，而不是以伦理学为主；因此我们发现，旨在反对手淫的书的作者，都是医生（例如蒂索特〔Tissot〕等），而不是道德家。在营养学与保健学尽其所能，以不可辩驳的道理，把这一恶习打倒以后，如果伦理学想继续做这件工作，它也找不到有什么它可做的事情了。此外，兽奸实属非常少见的情况；它极为反常、特殊而这样令人恶心，有悖于人性，以致它自身，胜于所有论证的理由，对其自身加以评判而深恶痛绝这一奸行。至于其他，由于这种奸行是人性的一种后退，它实际上是触犯人类本身的行为，并且在理论上也是如此。所以在我们正谈到的这三个性变态行为中，伦理学应当研究的只有鸡奸问题，在研究公正问题时涉及这一恶行。因为它侵犯公正，在这一事实面前，"意志所准，所为无害"这一箴言，不适用了。这一不公正行为在于，诱奸较幼小的、没有经验的人，使他（她）们的身体与道德两方面受到严重摧残。

① 自杀有禁欲主义的理由，可见于我的主要著作《作为意志和表象的世界》，第4篇§69。

第 4 章　论康德道德学的基础

道德学的命令形式，我们在第 2 章已证明是一窃取论点，它是直接与康德偏爱的一个观点相联系的，对此，我们可以原谅，但是不能采纳。有时我们见到一位医生因使用一定药物取得明显疗效，便几乎对所有疾病都开这一药方；可以把康德比做这样一位医生。在人类知识中，他把先天的东西和后天的东西分开，这是他对形而上学堪以夸耀的最为显赫而富有意义的发现。彼时以后他便设法到处应用这一方法。这两种形式分开的方法，遂而也使道德学包括两部分，一个纯粹的，即一个先天可知部分，和一个经验的部分，这有什么奇怪的呢？他认为，为了给道德学奠基，这两部分中的后者是不可靠的，应予摈弃。《道德形而上学的基础》的目的，就是勾画出前者的轮廓，并且单独地加以展示，于是他把这部著作表述为一门纯粹先天的科学，使用的方法完全和他陈述《自然科学的形而上学原理》的一样。事实上他在断言，他没有根据、不经推演或任何证明而设定存在的道德法则，还是一个先天可知的，不依任何内在或外在的经验为转移的法则；它"完全建立于"（他说）"纯粹理性的概念上；而且应被认为是一个先天综合命题。"（《实践理性批判》第 4 版第 56 页；罗，第 142 页）但是根据这一定义，立即可推得这一含义，即这样一项法则，像任何其他先天可知的事物一样，只能是形式的，因此和行为的形式有关，和它们的本质无关。

请想想这是什么意思！他又强调地补充说(《基础》前言第6页；罗，第5页)，“不论主观地在人的本性或客观地从外界状况中，寻求它都是没用的，”并且(同上书前言第7页；罗，第6页)说：“与它有关的不论什么东西，都不能从对于人的知识，即从人类学借取丝毫。”在第59页(罗，第52页)他重复说：“我们切不可以任何理由，错误地又企图从人性的特殊性质推导出人的道德原则，”在第60页(罗，第52页)，他又说：“从人的特殊自然禀赋，或从某些感情与癖好，或甚至从人性独具的，而不必定视之为每一个有理性者的意志之特殊倾向推导出来的任何原则，”都无法为道德法则提供一个基础。这绝对肯定地表明，康德并不说这所谓的道德法则是能用经验证明的一个意识的事实——这就是后来自称的哲学家们，个别或集体地希望如何把它搪塞过去的方法。他在抛弃每一个道德的经验过程中，拒绝接受一切内在的经验，而且更加断然拒斥一切外部的经验。于是他把他的道德原则——我特别指出这一点——不建立于任何可证明的意识事实上，诸如一个内在的自然禀赋，也不建于外部世界事物任何客观关系上。不行！那样一来就成为一个经验的基础了。与此相反，纯粹的先天概念，即迄今不包括任何得自于内在或外部的经验之诸概念，因而纯粹是没有肉核的空壳——则被用来构成道德的基础。让我们仔细考虑一下这种见解的全部意义。人的意识和整个外部世界，以及它们所构成的一切经验与一切事实，都完全从我们脚下扫除净尽。我们无物可站于其上。并且我有什么可依附或坚持之物？什么也没有，只不过几个完全抽象、完全非实体的概念，和我们自己完全一样地在空中游荡。一项道德法则就从这些概念，或者更正确地说，从它们和做出的判断的关联之纯粹形式中，被宣告产生了，这一法则根据所谓的绝对必然性被认为是有效的，力量强大的，足以对人欲的汹涌聚集，对情感的激动，对自私心的巨大力量，加以控制和约束。我们将要看看情况是否如此。

康德的另一个偏爱的观念是密切地与这一先入之见相联系的，即认为道德学的基础必然而严格地是先天的，完全和所有经验的事物无关。他说，他设法要建立的道德原则，是一个由纯粹的形式内容组成的先天综合命题，因此，仅仅是个纯粹理性的问题；从而，就这点而论，不只对人来说，而且对一切可能的有理性者来说，都被认为是有效的；确实，他宣布"单纯由于这个原因"这道德原则就适用于人类，即，因为偶然性，人类才归入有理性者的范畴。他不把道德原则建立于感觉上，而建立于纯粹理性(它只不过了解其自身及其反题的陈述)上，其原因就在这里。这样，这种纯粹理性便不是按它实在地与唯一地所是——一种人类的智能——看待，而是按一个自存的实在的本质看待，可连最小的权力也没有；这样的榜样和先例的有害影响，已充分在当今可怜的哲学中显露出来了。确实，这种不是为了作为人的人而存在，而是为了一切有理性者而存在的道德学观念本身，对康德来说，是一个如此牢固确立的原则，一个如此喜欢的观念，以致他一有机会就再三讲它，从不感到厌倦。

但相反，我则坚持认为，我们绝没有资格把我们仅仅在单一的种中知道的东西，提升到一个属。因为我们能带进我们关于这属的观念，只不过是我们从这一个种中已抽象出来的东西；因此，我们断言为这属的属性，终归只能被理解为是这单一的种的。而如果我们企图从思维中除掉(没有任何根据)人类的特殊属性,以便形成我们的属,我们也许应移开这准确的条件,利用这种条件,才使剩余的属性可能实体化为一个属。正如我们承认一般智力是动物性存在物的一个属性,因而认为它存在于动物本性之外,并且独立于动物本性,是绝不对的;同样,我们承认理性是人类独具的属性,但也毫无权利设想理性存在于人类之外,并随而创立一个属,叫做"有理性者",不同于其单一的众所周知的种"人类";我们更没有理由为这样想象的理论上的有理性者制定法则。谈论外在于人类的有理性者,就像谈论外在于物体的重的存在物一样。人们不能不怀疑,康德当时正有点儿想到可爱的智慧天使,或者至少期望它们能使读者信服。无论如何,这一学说心照不宣地假设,有一种完全不同于敏感性格与植物的性格之有理性的性格,它死后仍然存在,而彼时确实不过是理性而已。但是在《纯粹理性批判》中,康德自己已经明确而精心地除去了这最超验的实体。然而,通常在他的道德学中,尤其在《实践理性批判》中,似乎背地里总有这种思想逗留徘徊,即人的内在的与永恒的本质是由理性构成的。关于这一个只是偶尔出现的问题,我简单地表示一下相反的意见就行了。理性,确实就智能整个地说来,是次要的,是现象的一种特性,实际上是由有机体所制约的;其实人之中的意志才是他的真正自我,是他的唯一的属于形而上学,因而是不可毁灭的部分。

康德把他的方法应用于哲学理论方面,获得了成功,这导致他也把这一方法扩充到实践方面。在这里他也力图把纯粹先天知识和经验的后天知识分开。为了这一目的,他设想,正如我们先天地知道关于空间的、时间的与因果性的诸法则一样,我们也同样地或以类似的方法，得出了我们行为的道德准绳，它是在我们所有经验以前就给予我们的，并且是在一个定言命令中显示出来的，一个绝对的“应该”。但是，在这个所谓的先天道德法则和我们关于空间、时间与因果性之先天的理论知识间的区别，是多么大啊！后者只不过是我们智力的诸形式，即诸功能的表述，只有靠它们我们才能够把握一个客观世界，而且只有在那里，它才能得到反映；所以世界（正如我们认识它那样）是绝对地受这些形式制约的，并且所有经验必定总是准确地和它们相一致——正如我透过一片蓝色玻璃看到的一切东西，必定看来是蓝的一样。可是，前者，通常所说的道德法则，则是经验在每一步都要嘲笑的东西；确实，正像康德自己说的，人们在实践中是否真正有一次曾遵循道德法则，都是可疑的。在这里通统被归类于先验性概念下的这些事物，是多么完全不同啊！此外，康德忽视了这一事实，按照他自己的教言，在理论哲学中，恰是我们关于时间、空间与因果性的知识的先验性——因为这是独立于经验的——严格地把这种知识仅限于现象，即仅限于反映于我们意识中的世界的图景，并且使知识，对于事物的真正本质，即对于任何独立于我们理解它的能力而存在的事物，则完全无效。

同样地，当我们转到实践哲学时，康德所谓的道德法则，如果它在我们自己之内有一个先天的根源，那么它也必定是现象的，而且完全不触及事物的主要本质。不过，这一结论则与事实本身发生极尖锐的矛盾，与康德的对事实的看法发生极尖锐的矛盾。因为正是我们之内的道德法则，他到处（如《实践理性批判》第 175 页；罗，第 228 页）都表述是与事物的真正本质联系最密切，甚至是直接与它接触着的；并且在《纯粹理性批判》所有章节中，只要这神秘的自在之物稍微清楚地一出现，它便显示它是和意志一样的在我们之内的道德法则。但是他对此未加以重视。

在本部分第2章，我已说明康德如何从神学的道德实践或教诲，大量接收来的伦理学的命令形式，即关于责任的、法律的与义务的概念；并且说明了与此同时他如何不得不留下这一问题而不论，即在神学领域，唯一能使这些观念有力量、有意义的，究竟是什么。但他感到这些观念需要有某种基础，于是他甚至于要求，义务概念本身也应当是履行义务的根据；换句话说，它自身应是它自己的强制力。一个行为，他说（第11页；罗，第18页），除非是单纯地当作一种义务，为了义务的缘故，不是感觉喜欢它而去做的，便没有真正的道德价值；并且，如果一个人，他心中没有同情心，对别人的痛苦漠不关心，在气质上对人冷漠无情，尽管如此，只要他完全出于可怜的义务感而施惠于人，只有这种性格才开始具有价值。这一断言，它是违反真实的道德情操的；这种把无爱尊为至上，它恰恰是和基督教的道德教义相反，后者把爱置于万事之首，并教导说，没有爱，仍然与我无益（《新约》《柯林多前书》第13章第3节）；这种愚蠢的道德迂拙之论，席勒曾用适切的两首讽刺短诗加以讥讽，诗的题目是《良心的顾忌》（*Gewissensskrupel*）与《决定》（*Entscheidung*）。

似乎是，完全与这方面相配合的《实践理性批判》的一些章节，是引发席勒这两首诗的直接原因。这样，例如，在第150页（罗，第211页）我们得知："服从道德法则，一个人感到义不容辞，这不是建立在自发的爱好上，也不是建立在甘愿努力做上，没经任何必须

服从的命令，而是建立在一种义务感上。”是的，必须命令！多么奴性的道德！又在第 213 页(罗，第 257 页)说：“怜悯的感情与温柔的同情，实际上会使思想正确的人感到烦难，因为这些情绪扰乱了他们审虑中的格律，所以意欲逐渐发展以摆脱它们，而只服从能立法度的理性。”现在我毫不犹疑地主张，支配上述(第 11 页；罗，第 18 页)漠不关心别人痛苦的、无爱的施惠者的，只不过是(如果他没有另外动机的话)对诸神的奴性的恐惧，不管他称他的崇拜物是“定言命令”或菲茨利普兹里(Fitzlipuzli)[①]，都是一样。因为除恐惧外，别的还有什么能打动铁石心肠呢？

再者，在第 13 页(罗，第 19 页)我们发现，根据上述观点，康德认为，一个行为的道德价值，不在于导致这一行为的意向，而在于行为遵循的格律。而我，与此相反，请读者考虑，只有意向才决定行为之道德价值的有无，因此同一个行为，可根据决定做出行为的意向，应得到惩罚或赞赏。所以无论何时，人们讨论涉及道德上相当重要的行事做法，总要考察行动的意向，并且只有根据这一标准，才能判断这一问题；有如同样地，如果一个人认为他的行为被误解，他只能在行为的意向方面寻求正当理由辩护，如果他的行为结果有害，他也只能以此寻求宽宥。

在第 14 页(罗，第 20 页)我们终于看到义务的定义，它是康德的整个道德学体系的基础概念。“义务是出于对法则的敬畏的一个行为之必然性。”但是，必然的事物绝对确定地要发生的；而以纯粹义务为基准的行为，则一般根本实现不了。而且还不

① 更正确地说，应是 Huitzilopochtli：一个墨西哥神。

止此；康德本人承认（第25页；罗，第28页），完全出于纯粹义务决定的行为，我们举不出任何确实的范例来；在第26页（罗，第29页）他说："从经验中绝不可能确实知道，是否的的确确曾有过一个唯一实例以显示：一个行为虽然也出于义务，便是纯粹建立在义务的观念上的。"在第28页（罗，第30页）与第49页（罗，第50页），也有类似的话。那么，在什么意义上必然性能被归因于这样一种行为？鉴于对一位作者的词语总要给予最有利的解释，才是公正的，我们愿设想他的意思是，一个出于义务的行为客观上是必然的，但主观上是偶然的。只有这种解释才能自圆其说；因为，这一客观必然性的目标究竟在哪里呢，其结果大半，也许甚至永远不能在客观实在中实现？我不愿抱任何成见，但不能不认为，这一表达式——一个行为的必然性——只不过是对"应该"一词的一种强行隐藏、很不自然的释义。如果我们注意到，在同一定义中用"敬畏"这个词代替本应是"服从"的意思，这一点就看得更清楚了。与此相类似，在第16页（罗，第20页）注释中，我们读到："Achtung（敬畏）仅意谓我的意志服从一项法则，法则之直接决定意志，以及这样被决定的意识——这就是敬畏的意义。"用什么语言？在德语中，应当用的词是Gehorsam（服从）。但是，用敬畏这词来代替服从这词，实际上很不恰当，这样做总不能是没有理由吧。这样做必定适合某一目的；显然这不外是掩盖这个命令形式及义务概念，都是得自神学的道德观念这一事实；正如我们在前面已看到的"一个行为的必然性"，用这个表达式代替"Soll（应该）"一词是多么勉强而别扭，但却单单选用它，因为"Soll"是《圣经》十诫的准确用语。上述定义："义务是出于对法则的敬畏的一个行为之必然性，”因此应该用自然的，不伪装的，明白易懂的语言解释为：“义务意谓出于服从法则而应该做的一个行为。”这就是“这狮子狗的原形”。*

那么现在谈谈这个法则，它是康德道德学的真正基石。它包括些什么？并且它是写在什么地方的呢？这是我们要探究的主要之点。首先请注意，我们研究两个问题：一个与原则有关，另一个与道德学的基础有关——两件完全不同的事情，虽然它们时常而且有时甚至有意地被混为一谈。

一个道德体系的原则或主要命题，是它所规定的行为路线的最简短、最准确的定义，或者，如果它没有命令的形式，就是它认为具有真正道德价值的行为路线的最简短、最准确的定义。因此，它包括以一般术语对一单一原则的阐明，即从该体系推演出来的、循德行之路而行的指向：换而言之，它是德行之所是（ö，τ，德行的原则或本质）。而任何道德学的理论基础是德行之所以然 διότι（德行存在的理由或其根本原因），应尽责任的理由，给予劝诫或称赞的理由，不论其理由能在人性中，或在世界的外在条件中，或在任何其他事物中找到都可以。正如在一切科学中那样，在道德学中也必须清楚地把所是与所以然加以区别。但是大部分道德学教师却故意混淆这一区别：很可能是这所是（是什么）很容易说明，而这所以然（这理由）是极难说明。所以他们喜欢设法以前者之丰，以

* “这狮子狗的原形”，见歌德《浮士德》，第一部，《书斋》。叔本华意指，他的分析已揭明康德用语的真义，正如浮士德用他的驱妖术，迫使装作狮子狗的梅菲斯特（Mephistopheles）恢复他的原形。——译者注

补后者之欠，使富者与贫者喜结良缘，[①]把它们一同放进一个命题里。其做法一般是：从能够表述这熟悉的所是或原则的简单形式中，把这所是或原则取出来，并且强把它放进一个人为的公式，从该公式中，它反而被推演为已知前提的结论；于是这种做法使读者错误地感到，似乎他不仅已了解这事物是什么，而且也了解了它的原因。我们通过回忆所有极为熟悉的道德学原则，可以很容易使我们自己相信这一点。然而，因为在下文中，我无意模仿这种卖艺者的把戏，而想以全部诚实坦率进行论述，我绝不能把道德学的原则和它的基础等同起来，必须使两者截然分开。因此，这所是——即这原则，这基础命题——对其本质来说，所有道德学的教师看法确是一致的，尽管他们很可能给它穿上不同的服装，我将立即用我认为可能是最简单、最正确的形式表述，即：不要害人；但应尽力帮助人。说实在话，这就是所有道德写作家竭尽全力试图说明的命题。它是这些人得出的深度、广度大大不同的推论之共同结果；它是仍被探寻的这所是之所以然；这结果，它的原因还没有。因此它自身只不过是所与，需要知道的与它有关系之物，则是所有道德体系，也是本有奖征文的问题。解决这一谜将揭示道德学的真正基础，它像哲人石一样，亘古以来人们就一直求索。前面我对这所与，这所是，这原则的解释，是最正确的表达，这一事实可以由此说明，即它支持道德学的一切其他训诫为已知前提的结论，因此构成它所想达到的目标；所以一切其他道德命令，只能被视为上述简单

① 叔本华肯定正想到柏拉图的《会饮篇》(*Symposium*)中第23章的著名神话，爱神Eros被描绘为贫(πευία)与富(πόρος)的后代，他们在阿佛洛狄忒(Aphradite)的生日，于宙斯(Zeus)的花园中结婚。——译者注

命题的释义，视为其间接的或伪饰的陈述。例如，这甚至可适用于那老一套但显然是基本的格律：你不愿意别人如何待你，你也勿要如何待人。[①] 这里的缺点是，这种措辞仅涉及法律加给的义务，与德行所要求的义务无关；——这容易补救，去掉“不”和“勿”即可。这样改动以后，这句话的真正意思不外是：不要损害人，但要尽力帮助人。但是这种意义仅仅是通过转弯抹角的词句得出来的，这公式从表面上看似乎已显示它自己的终极基础，它的所以然 διότι；然而，情况并非如此，因为一点也不能由此得出，如果我不愿意别人如何待我，我就不应该如何对待别人。上述情况也适用于道德学迄今提出来的所有其他原则或最主要命题。

如果现在我们转回到前面提出的问题：根据康德，义务是出乎对法则的服从，这法则的内容是什么？并且它是建立在什么基础上？——我们将发现，我们这位哲学家，像大多数其他人一样，已经以一种极虚伪的方式，把道德学原则和它的基础紧密地连接在一起。我再请读者注意一开始我曾考察的事情，即康德主张：道德学的原则必须是纯粹先天的和纯粹形式的，确切地说，是个先天综合命题，因此不能包含什么物质之物，也不依赖于什么经验之物，不论客观地是外在世界中的，或者主观地是在意识中的，诸如什么情感、爱好、冲动，等等。康德完全意识到这一主张的困难所在；因为在第 60 页（罗，第 53 页）他说：“在这里我们将看到，哲学确实已处于一个不稳固的立场；尽管它的立场无论在天上或是地上，均无

① H. 格劳修斯(Grotius)认为，这句话是罗马皇帝塞维鲁(Severus，193—211 在位)说的。

所依傍或凭借，它却应当是稳固的。”所以，我们将以更大的兴趣与好奇心，等待他对自己提出的问题所给的答案，即某物是如何从无中产生，也就是说，从不包含任何经验或物质之物的纯粹先天概念中，有形的人类行为的法则是如何发展出来的。这一过程，我们知道，可以当作化学的象征，在化学中，从三个无形气体（氮、氢与氨），就这样在显然空无一物的地方，却在我们眼前产生了固体的氯化铵。

然而，不论康德或是愿意或是能够将他完成这一困难任务的方法解释清楚，我愿意比他解释得更加清楚。我的说明之所以更加必要是因为人们似乎很少正确认识他做了什么。几乎所有康德的追随者都错误地认为，他直接把他的定言命令表明为一意识的事实。但在那种情况下，它的根源应是人类学的，而且，由于建立在经验上，虽然是内在的，他本应有一经验的基础：这一见解直接违背康德的观点，而且他再三加以驳斥。例如，在第 48 页（罗，第 44 页）他说：“是否任何这种定言命令到处存在，是不能够从经验决定的”；在第 49 页（罗，第 45 页）又说：“这定言命令的可能性，必须完全以先天为根据加以研究，因为我们在这里用任何经验的证据，都无助于了解其真实性。”甚至于赖因霍特（Reinhold），他的第一个门徒，都忽略了这一点；因为我们看到他所著《19 世纪初期哲学评论》（*Beiträge zur Uebersicht der Philosophie am Anfange des 19. Jahrhunderts*）第 2 期第 21 页上写道：“康德设想这道德法则是一直接而确定的实在，一原初的道德意识的事实。”但是如果康德曾真想把这定言命令当作一意识的事实，从而给它一经验的基础，他无论如何一定是能够就照这样提出来的。可是他恰恰

永远没有这样做。就我所知，这定言命令第一次是在《纯粹理性批判》(第 1 版第 802 页，第 5 版第 830 页)中出现，完全出人意料，没有任何初步事实，便只用一个完全不合理的“所以”把它和前一个句子连接起来。只是在《道德形而上学的基础》——我们在这里特别注意的一本书——中，才第一次明确、正式地介绍这定言命令是一定的概念的一个推论。而我们在赖因霍特的《与批判哲学一致的准则》(*Formula concordiae des Kriticismus* 一文，见前著第 5 期，它是关于批判哲学最重要的杂志)第 122 页，我们竟读到以下句子：“我们把道德的自我意识与经验分开，前者作为一个超越一切知识的原初事实，是和后者在人类意识中分不开的；并且我们根据这种自我意识，把义务的直接意识，也即我们不得不承认——不管令人愉快或是令人不愉快——的意志的合法性，理解为刺激以及为其自己运作的尺度。”

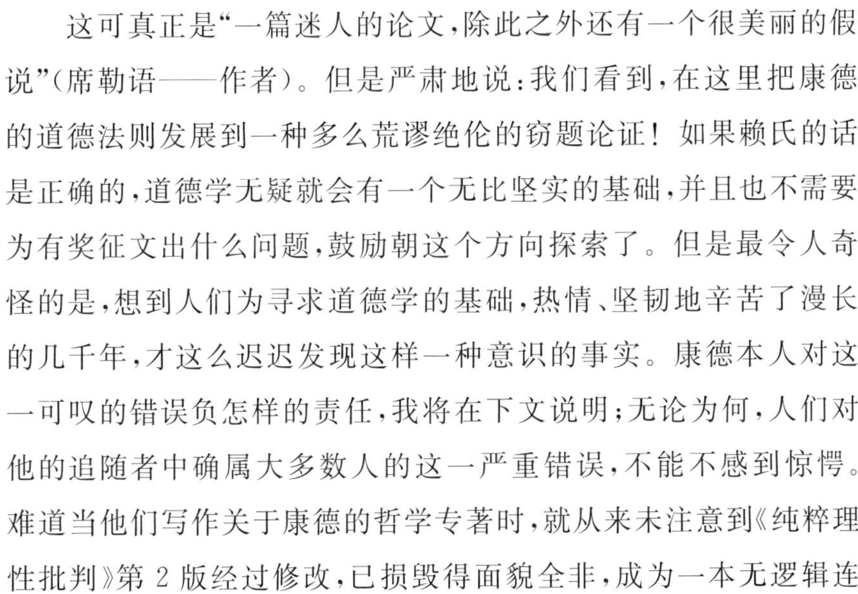

这可真正是“一篇迷人的论文，除此之外还有一个很美丽的假说”(席勒语——作者)。但是严肃地说：我们看到，在这里把康德的道德法则发展到一种多么荒谬绝伦的窃题论证！如果赖氏的话是正确的，道德学无疑就会有一个无比坚实的基础，并且也不需要为有奖征文出什么问题，鼓励朝这个方向探索了。但是最令人奇怪的是，想到人们为寻求道德学的基础，热情、坚韧地辛苦了漫长的几千年，才这么迟迟发现这样一种意识的事实。康德本人对这一可叹的错误负怎样的责任，我将在下文说明；无论为何，人们对他的追随者中确属大多数人的这一严重错误，不能不感到惊愕。难道当他们写作关于康德的哲学专著时，就从来未注意到《纯粹理性批判》第 2 版经过修改，已损毁得面貌全非，成为一本无逻辑连贯的，自相矛盾的著作吗？这种情况似乎现在才明朗化；并且我认为，这一事实已由罗森克朗茨所编康德著作全集第2卷的前言，正确地分析过了。可是，我们应记住，许多学者不停地忙于教师与作家的工作，没有什么多余时间从事私人的和精深的研究。可以肯定，我从教书中学习并非是无条件地真的；确实我们有时候试图把那句话歪改为：总教书，我什么都学不到；甚至狄德罗(Diderot)借拉摩(Rameau)* 的侄子之口说出的话，也并非全没有道理："'而就这些教师来说，你认为他们懂得他们教授的科学吗？一点儿不懂，我亲爱的先生，一点儿不懂。如果他们拥有教授它们的足够知识，他们便不教它们了。''为什么？'因为他们会宁可一辈子去研究它们。"——(歌德的译文，第104页。)利希滕贝格(Lichtenberg)也说："我看到的却是，有专门职业的人时常恰恰是学问并非最好的人。"但是回到康德的道德学：大多数人，只若得出的结论与他们的道德感情相宜，便立刻认为，在结论推导中不会找到任何缺点；而如果这推证过程看来困难的话，他们也不为此自找许多麻烦去研讨，而是愿意相信学术专业团体。

因此，康德给予他的道德法则的基础，绝不是能以经验证明的一个意识的事实；他既不把它奠基于道德感情，也不奠基于以其美妙的现代之名称为"绝对的设准"(absolutes Postulat)掩盖下的窃题论证。宁可说这一基础是由一种很精巧的思想方法制作成的，康德在第17页与第51页(罗，第22页与第46页)两次提出这一

* 拉摩(1683—1764)，18世纪法国著名音乐理论家、作家，其羽管键琴曲(古钢琴曲)流传至今。主编《百科全书》的卢梭与狄德罗等作家，起初是拉摩音乐的热心支持者。——译者注

方法或过程，现在我将着手把它弄清楚。

请注意，康德嘲讽意志的一切经验的刺激，于是首先摈除了本来能成为决定意志的活动之经验法则的一切事物，不论是主观的或客观的。结果是，他把他的法则的内容或实质剥落得一干二净，仅仅剩下了它的形式。于是这只能是合法则性的抽象概念。但这合法则性的概念是由对所有人都同样有效的事物建立起来的。所以这法则的实质由普遍有效事物的概念组成，那么它的内容自然只不过是它的普遍有效性而已。因此这一公式读作："始终依据你能同时意愿其成为一切有理性者的普遍法则的那项格律而行动。"于是，这就是康德为他的道德观念原则，因而也是为他整个道德体系建立的——大多被极严重地误解——真正的基础。请也对照《实践理性批判》第 61 页(罗，第 147 页)；注 1 的结尾部分。

我诚挚地钦佩康德在实行这一精巧绝技中显示出来的巨智，但我继续以全部严肃的精神，根据真理标准，考察他的见解。我只想评论理性——以后我还要提出这一点——在他的见解中，因为理性做出以上所说明的特殊的推论，而获得实践理性之名。那么，实践理性的定言命令便是从这一思想方法或过程产生的法则。所以实践理性一点也不是大多数人，甚至包括费希特曾视为之物——一种无法踪迹其来源的能力，一种隐藏的特性，一种道德本能，很像赫奇森(Hutcheson)的"道德感"；但是它和理论理性完全相同(正如康德自己在他的前言第 7 页，罗，第 8 页以及其他地方很多次所说的那样)——事实上，就后者做出我已描述的推理过程而言，实践理性就是理论理性自身。应注意的是，费希特称康德的定言命令为一绝对的设准(《全部知识学的基础》*Grundlage der*

gesammten Wissenschaftslehre，图宾根，1802，第 240 页，注释）。这是窃题论证的现代的，更加显眼的表达式，因此我们了解到，他也正式接受了这定言命令，从而必须把他也包括在那些犯了我以上批评的那种错误的人们之内。

这一康德的道德基础之所以立即遭到直接反对，是由于：这样一项道德法则的根源是不可能在我们之内的，因为它假设，人会自动地忽然产生念头，要到处寻找他的意志甘愿服从，且能决定他的行为的一项法则。无论如何，这一程序不能够自动地被他想起；至多在另一个道德刺激已向那里补充了头一个刺激与动机以后，才可能产生这种思想程序；而且这样一种刺激应该是积极有效的，实际存在的；并且应显示自身是，不但能自发地影响心灵，甚至能把其在场强加于心灵。但是这类事都与康德的假设相冲突，根据上述一连串的推理，这一假设被认为是本身即所有道德概念的根源——事实上，道德的显著特征。因此，只要没有这种前在的鼓励因素（因为根据假设，除已解释过的思想过程以外，不存在任何其他道德刺激），必定只有利己主义继续作为人的行为准绳，作为动机形成法则的指定路线；必定只是纯然经验的与霎时间的利己动机，毫无抑制地，决定每一不同事件中人的行动；既然根据这一假设，没有任何声音吓止他，无论什么理由也不存在，为什么他竟要注意询问，更不用说焦急地寻找，一项会限制与支配他的意志的法则呢。可是只有以这种假定为条件，他才可能想出来上述惊人的心理诈术。不管我们多么想要严格准确地说明这一康德的过程，或者是否我们宁可把它轻描淡写为某种模模糊糊感觉到的思想活动，这都无关紧要。对这过程的任何修饰，绝破坏不了这些根本真

理:无中不能生有;结果必有其因。道德的激励,像每一动机使意志产生一样,必须在一切情况下,能使人自动地感到它,认识它,遂而必产生一种积极作用,所以是实在的。因为对人来说,唯一具有实在性的事物是经验的事物,不然就是认为可能具有经验的实存的事物,所以结论必然是:道德的激励不能不是经验的,并且自动地照这样显示其自身;而且不等我们开始我们的搜寻,它必然到来,强加于我们,其用力之大,至少能使它克服那些竭尽全力和它对抗的种种自私自利动机。因为道德学研究的是实际的人的行为,不是研究先天的纸糊楼阁——这一做法,其结果是,人们在严酷的人生重负与战斗中,永远不会求助于它,并且在面临我们感情沸腾将失理智时,这种做法差不多和在一场大火中一个注射器一样,毫无用途。

我在前面已经提及,康德如何认为他的道德法则完全建立于抽象的,纯粹先天的概念上,因而建立于纯粹理性上,乃是它的特殊优点;得自于那里的道德法则的有效性,(他说)不但适用于人,而且适用于所有有理性者本身。我们越发不无遗憾地认为,纯粹、抽象先天的概念,没有实在的内容,又没有任何种类的经验根据,在任何情况下,是绝不能激动人的;对其他有理性者,我当然不能谈及。其次,康德的道德学基础中第二个缺点,就是它缺乏真正的实体。迄今人们一直未注意到这一点,因为大半只有极少数康德道德学的热情宣传者,完全理解他的基础的真正本质。这第二个缺点,我再说一遍,完全没有实在性,因此完全缺乏可能的功效。这结构飘浮于空中,像一个毫无内容的、最微妙的诸概念之网;它建于无物之上,所以无物能赖以支持,无物能被激动。可是康德还给这一结构加一重担，即关于自由意志的假设。尽管他时常公开声称，他确信自由在人的行为中绝对没有地位；从理论上说，连它的可能性都是不可思议的（《实践理性批判》第168页；罗，第223页）；如果我们能准确地知道一个人的性格以及影响他的一切动机，那么我们就能够推算出他的行为，像推算月食那样准确无误（同上书，第177页；罗，第230页）：然而他用他的出名的结论："你能够行某事，因为你应该行某事，"使自由成为一个悬设（虽然仅仅理想化，并且作为一个设准）；并且这是凭借他的宝贵的道德学基础的力量，而这一基础，有如我们了解的那样，是漂浮于空中，无影无踪的。但是如果曾一旦清楚地认识到，一事物不存在，并且不能存在，所有这一切设准到底有什么用呢？抛弃这设准建于其上之物，肯定是更为有用，因为它是一个不可能的假设；这一过程可以用这规则证明是合理的：从不可能性证明非存在是有效的（即，一物之不可能性使其非存在成为一个可靠的结论。——译者注）并且用归谬法证明，使这定言命令也会成为泡影。这是把一个错误学说而不是定言命令建立在另一个错误学说之上。

人们不会承认由几个全然抽象空洞概念构成道德学的一个基础，这一点康德自己肯定暗地里明白。因为在《实践理性批判》中，（正如我前面说过的）他写作不很严格，也缺乏条理，而且我们从中发现，他因已成名变得更为大胆，令人惊异地看到，道德学的基础如何竟逐渐改变其性质，他几乎忘掉该基础仅仅是一个抽象观念之网；事实上，似乎他显然渴望使它变得比较实体的。因此，例如，上述著作第81页（罗，第163页）这样说过："这道德法则稍微是一个纯粹理性的事实。"人们怎么考虑这一特殊的表达式呢？在所有其他地方，凡属事实之物都是和由纯粹理性认知之物相对立的。同样在第 83 页（罗，第 164 页）我们读到“一个直接决定意志的理性”；等等。

可是让我们记住，康德准备提出他的基础时，特意一再地反对一切人类学的根据，一切本能证明定言命令为一意识事实之物，因为这种证明会是经验的。尽管如此，他的后继者却很受上述较不重要发言的鼓舞，大胆地走得太远了。费希特在所著《伦理学体系》(*System der Sittenlehre*)第 49 页，特意警告我们“不要自己被误导入歧途，而去设法说明并从外在来源推衍出我们有义务的意识，因为这样一来定会有损于这法则的尊严与绝对性”。多好的一个借口！他又在第 66 页说：“道德原则是建立在智力的绝对能动性的理智直观之上的，是由纯粹智力直接、自动地构思出来的。”多么华丽的辞藻掩盖这种胡说乱语的无助！不论谁愿意认识康德的门徒，如何一点一点地完全忘却并忽视他们师长最初给予道德法则的基础与推论的真正本质，他应该读一读载于赖因霍特所著《19世纪初期哲学评论》（第 2 期，1801 年）中一篇很有趣的文章。在该文第 105 页与第 106 页，这样主张：“在康德的哲学中，自律（它和定言命令是一样的东西）是一意识事实，并且不能进一步往后追溯，因为它以一直接的意识显示它自身。”

但是在这一情况下，自律是有一个人类学的，因而是经验的基础的——这一见解和康德的公开的，不断出现的言论完全相反。在第 108 页我们又读到：“不但在批判的实践哲学中，而且在整个纯粹化的或更高度的先验哲学中，自律乃是完全由其自身建立的，而且是以其自身为基础之物；它既不可能是任何其他的基础，也不

需要任何其他的基础；它是其自身为绝对原始的，真正的与确实之物；第一真理；最卓异；绝对原则。所以，不论谁要为这个自律想象、要求或探寻外在于其自身的任何基础，他只能被康德学派视为缺乏道德意识；[①]不然就被视为由于在他的思考中，错误地使用主要原则而未能正确解释这一意识。费希特与谢林学派挖苦这种人智力迟钝，不能成为哲学家，并且养成丑恶下等人的和呆滞愚蠢人的特性，或者（用谢林的更隐蔽的说法）无知大众与胆小牲畜的特性。"所有人都将明白，这样一个企图靠这种轻蔑与武断的措辞支持的学说，能够有多少真理。同时，我们应该毫不犹豫地说明，康德的追随者则重视这些言辞，以真正幼稚的轻信接受这定言命令，并立即把它看作一个无争论余地的问题。事实是，在这种情况下，对一理论断言提出的任何反对意见，很容易和道德上不老实相混淆；结果是，每个人，虽然在他自己思想中对这定言命令，没有很清楚的想法，却宁可保持沉默，他暗自相信，很可能别人境况较好，已经成功地形成了对它更清楚、更具体的认识。因为没有人喜欢把他的良心翻出来。

因此在康德的学派中，实践理性及其定言命令，似乎越来越像一个超自然的事实，像一座人的灵魂中的特尔斐神庙，虽然由它的幽暗神殿所发出的神谕，可惜！未宣告将要发生的事，但却确实宣告应当发生的事。这种实践理性的学说，一经被接受为，或更确切地说，以诡计加挑衅被提出为一直接的，直观的事实，不久便不幸

① "正和我想到的一样！如果他们给不出什么理性的回答，很快便把理由改变：他们说，良心出了毛病。"——席勒：《哲学家们》(*Die Philosophen*)

地也扩展到理论理性；而这也不出所料，因为康德自己曾常说，二者不过都是同一个理性(例如，前言第 12 页；罗，第 8 页)。一旦允许在实践领域中存在一个从特尔斐神坛发布的，即有权威的理性，也把这同样的特权给予理论理性，这一步很容易，因为后者与前者密切相关——确实，和它是同质的。因此这一个就被宣称正像另一个是直观的一样，这样做的好处可真算既明显又很大。

于是，所有冒充的哲学家及好散布幻想的人，以 F. H. 雅可比(Jacobi)——无神论的斥责者——为首，簇拥地来到他们根本料想不到给他们开的方便之门。他们想到市场去兜售他们的小商品，或者无论如何要拯救康德的教导可能摧毁的，他们最重视的古老传家宝。有如一个人一生中，单是年轻时的一个错误常毁掉整个事业一样，当康德提出那关于实践理性的错误假定时，也是这样，他给实践理性提供全然超验的凭据，以及(像最高上诉法院那样)“无根据”判决的权力，结果是，从朴质庄重的批判哲学中却演变出一种性质完全和它不同的讲授方法，我们听到这样一个理性，它最初仅仅模糊地“在揣度”，而后清楚地“在理解”“超感觉”之物，而在最后被赋予对它的一种纯然的“理智的直观”。每一个梦想者现在均能够把他的内心怪念头，散播为“绝对”之物，即由官方发布的对这个理性的判决与启示。如果这新的特权已被充分利用的话，我们也不必惊讶。

那么，这就是康德以后迅即出现的那种哲学方法的根源，这种方法是由空话，由神秘化，由蒙骗，由扬沙迷人耳目的做法，拼凑而成的。这个时代终有一天在哲学史上以“不诚实时期”而闻名。因为这一时期，再也看不到所有以前哲学家著作中凸显的那种诚实、那种与读者一样追求真理的特点了。这些冒充的哲学家的目的，正像每一页文章所证实的，不是要教育而是去愚弄他们的听众。最初，费希特与谢林当这一时代的英雄很出色；追随他们的那个人则和他们很不相称，才能又远不如他们——我是指那愚蠢而笨拙的江湖骗子黑格尔。这合唱队由一伙各种各样哲学教授组成，他们煞是庄严地对他们的公众谈论永久、绝对以及其他许多他们自己也绝对一无所知的事情。

为了把理性提升到它的先知的宝座，实际上在讨论中插入一个可怜的戏谑语，利用它当作一个踏脚石。据断言，由于 Vernunft（理性）这一词来源于 vernehmen（理解），所以理性意指一种理解所谓“超感觉”之物的，或子虚乌有境界的能力。这一漂亮的意见得到无限赞同，在德国极令人满意地不断沿用历时 30 年之久；确实它成了哲学手册的基础。然而如日在中天那么清楚，理性当然来源于 vernehmen，但仅仅因为理性才使人优于动物，以致他不仅能听，而且也能理解（vernimmt）——绝非子虚乌有境界发生的事——别人说的事情，有如一个有理性的人对另一个有理性的人所说的事情那样，所说的话被听者理解（vernommen）；而这种能力称为理性。

这便是所有的民族、时代与语言，对理性一词做出的解释。人们一向认为，它意谓拥有一般的、抽象的、非直觉的观念，称为概念，这些概念凭借字词表示与限定。说实在的，单单这种能力才给人以胜于动物的优越性。因为这些抽象的观念或概念，亦即许多零散事物综合组成的心理印象，是语言的条件，并且通过语言是实际思想的条件；再通过语言，这些概念不仅决定现在的意识（动物也有)，而且也决定像过去与将来这样的意识；于是可以说，它们是清楚回忆的，周密思考的，先见的以及意向的模型；是有系统的、合作的、民族的。贸易、艺术、科学、宗教与哲学的发展之恒常因素，简而言之，是使人类生活截然异于动物生活的一切事物发展之恒常因素。动物只有由直觉得知的观念，所以也只有直觉的动机；因此它们选择行为的步骤依赖动机，是很明显的。对于人说来，有这种依赖性也一样是个事实；他也(考虑到个人性格差异，容有不同)在最严格的必然性法则条件下，受种种动机的影响。不过，这些动机大部分不是直觉的而是抽象的观念，亦即种种概念或思想，不过它们仍然是先前的直觉知识，因此还是外在影响的结果。可是，这给他一种比较的自由——比较的，即同一个动物相比较而言。因为他的活动不是由当时直觉感知的环境决定的(一切其他动物是这样)，而是由他从经验推衍或从教育获得的思想决定的。所以，这动机，他也必然受其支配，旁观者并非总能立即从他的行动看出来；它隐藏于头脑之中。就是这种动机，使得所有他的活动，以及他的行为与整个工作具有一种特性，它和一般可见于动物的习惯特性迥然不同。看来他仿佛由更细微的，见不到的思路所引导，从而他的所有行动都带有深思熟虑的标志，这样取得使它们充分有别于动物活动的，看似独立的外观。然而，所有这些巨大差别完全源出自抽象的观念、概念的能力。因此这种能力是理性的本质部分，亦即人类独具的能力的本质部分，其名曰理性。如果有人问我，理性与知性(Verstand)有何区别，我会这样答复：后者是动物在不同程度上也具有的认识能力，而在我们人类之内则发展到其最高程度；换句话说，知性是对因果性法则的直接意识——一种先

于一切经验的意识，由知性的根本形式构成，其基本本质事实上已包含在知性之内。知性首先依赖对外在世界的直觉感知；因为感觉单独地只能有印象的能力，这种印象远远不是直观的感觉；确实，前者不过是后者的质料：心灵看，心灵听；其他一切聋而盲。直观感觉是我们直接把感官的印象归因于其起因的结果，这种现象，正因为这智力活动，在我们特有直观模式下，即空间中，呈现为一外在的对象。这可证明，因果性法则是我们先天地认知的，不是从经验产生的，因为经验自身，由于它以直观感觉为先决条件，只有通过这同一法则才是可能的。所有更高质的理智，所有聪明、睿智、洞察力和敏锐，是和人们用以把握因果性在其一切关系中的作用之准确、充分成正比的；因为一切关于事物关系的知识，从关系一词最广泛意义上说，是建立在对这一法则的理解上的，并且人们理解它的清晰与准确程度，是衡量一个人对另一个人在知性、精明与妙计方面优越性的尺度。另一方面，“有理性的”这个形容词都是应用于形容这样的人，他不允许自己受直观印象而受思想与概念的指导，所以他总是在适当反思与预想以后，才着手合逻辑地工作。这类行为在任何地方，都被认为是有理性的。并不是说这种行为一定意味着正直和对自己同胞的爱。相反，很可能是以最有理性的方式，就是说，根据科学地推导的结论，斤斤计较掂量；可是却遵循最自私、不公正和甚而邪恶的格律。所以在康德以前，从来没有任何人曾把公正的、善良的和高尚的行为，和有理性的行为等同起来；这两条行为路线一直是完全分开的，保持区别的。一个视动机作用的种类而定，另一个视基础原则的区别而定。只是在康德以后（因为他教导，德行来自纯粹理性），有德行的人或行为和有理性的人或行为，才变成纯一的和一致的东西，不顾所有语言对这些词已经采取的惯用法——一种惯用法不是偶然形成的，而是普遍的，所以是人类一致的判断成果。“有理性的”与“邪恶的”这两个词搭配得很好；确实，重大的，影响极坏的罪行，没有两者的联合，根本不可能。同样地，我们时常看到“非理性的”与“心地高尚的”相联系；例如，如果我今天把自己的东西给予需要的人，实际上我明天比他更迫切需要这东西；或者，如果我因深受感动，以致把自己要还债主的钱，送给一个受苦的人；像这样的事例不胜枚举。

我们已看到，这种把理性拔高为一切德行源泉的说法，由两个断言支持。第一，把它当作实践理性，说成像个神谕一样，断然发布纯粹先天的命令。第二，把它与《纯粹理性批判》对理论理性的错误解释联系起来看，它被描述为基本上与绝对有关的某种能力，正如在三种所谓的理念[①]中表明的那样（这智力同时先天地觉察它们的不可能性）。并且我们发现，这种见解，正如“滥用最好的即是最坏的”那样，领导着我们的头脑糊涂的以雅可比为其首的哲学家们每况愈下。他们把理性说成直接领悟“超感觉”之物，并荒谬地宣称，它是某种本质上与超越一切经验之物，即与形而上学，有关系的精神特性；而且它直接地、直觉地认识一切事物的终极原因，以及一切存有、超感觉、绝对、上帝等的终极原因。那么，如果人们真曾希望运用理性，而不是崇拜它的话，像以上这样的断言，一定在很早以前就遭到这一直率的评论：如果人类，凭借一种特别

① 这三种理念是：(1)心理的；(2)宇宙论的；(3)神学的。见《纯粹理性批判》第 2 编第 2 卷第 1 章“纯粹理性之误谬推理”。——译者注

器官，配备了他的理性，为解决世界之谜，拥有一种仅待发展的生而俱来的形而上学；在那种情况下，对形而上学的问题就一定会像对数学与几何学的真理那样，意见完全一致；这样一来，世界上就完全不可能存在许多根本不同的宗教，以及更多得多的根本不同的哲学体系了。的确，我们倒可能猜想，如果发现任何一个人的宗教或哲学的观点和别人的不同的话，他一定会立刻被认为是精神病理学研究的对象。以下这朴实的意见也不会不出现：如果我们发现有一类人猿，有意为打仗或建筑或任何其他目的而准备了工具，我们会马上承认，这类人猿是天生有理性的；另一方面，如果我们遇到没有任何形而上学或没有任何宗教的野蛮人（而确有这样的人），我们不会根据这一点便否认他们没有理性。那一证明为其号称的超感觉知识的理性，由康德的批判才被置回适当界限以内；但雅可比的不可思议的理性，那直接领悟超感觉之物的理性，他本应想到它确实是根本不配批判的。同时，某种与此同类的傲慢专横似神谕的理性，在各大学，仍然是我们纯洁青年思想的桎梏。

注　　释

如果我们希望弄清楚这个实践理性假设的真正起源，我们必须稍微向前追溯它的世传情况。我们将发现，这一假设是源自一种学说，康德已彻底证明它是错误的，然而就此而论，它仍然隐藏于他关于一实践理性及其命令与其自律的假定之底层（确实他并没有意识到这一点）——使人联想到一种从前的思想模式。我意思是指所谓的理性心理学，据它说，人是由两种完全异类的实体组成的——实质的躯体与非实质的灵魂。柏拉图是第一位明确说明这一武断之见的，并竭力证明它是客观真理。不过却是笛卡尔以科学的准确性精心设计这一见解，充分加以发展完善。而正如由斯宾诺莎、洛克与康德陆续证明的那样，这正暴露了这一见解错误的真相。斯宾诺莎证明它是错误的；因为他的哲学主要是反驳他的大师的双重二元论，而且因为他断然否定笛卡尔的这两个实体，并以下列命题作为他的主要原则："思维的实体与广延的实体两者乃是同一实体，它有时包含于后者的属性（即广延性）中，有时包含于前者（即思维的属性）中。"（《伦理学》，Ethica 第 2 部分，命题 7，绎理。）洛克证明它是错误的；因为他反对天赋观念论，主张一切知识来自感觉，并教导说物质会思想这并非是不可能的。最后，康德在《理性心理学批判》（*Kritik der Rationalen Psychologie*）第 1 版论证它是错误的。莱布尼茨与沃尔夫是错误一方的战士，这给莱布尼茨带来不应有的荣誉，人们把他与伟大柏拉图相比，而柏拉图实在和他很不相同。

但是不宜在这里详述。根据这种理性心理学，灵魂从本源及其本质上说，是一种知觉实体，而只是作为从那里产生的结果，它才变得拥有了立志作用，按照灵魂不断进行其活动的这两种模式，知觉与立志作用，（并且是完全以本身）和躯体或精神相结合，这样灵魂便有了一较低级或较高级的知觉能力，以及与此类似的立志作用的能力。这有高级能力的非实质的灵魂，完全独立活动，不需要躯体合作。在这种情况下，灵魂是纯粹的智性，由完全属于它自身的诸概念以及由意志的相应活动组成，这两者都是绝对精神上的，在它们范围内没有任何感觉的东西——感觉的东西来自躯体（"纯粹的认识是与任何躯体形式毫无关系的认识。"见笛卡尔《形而上学的沉思》〔*Meditationes de Prima Philosophiae*〕第188页)。所以它觉察到的不外是纯粹抽象物、共相、固有概念、永恒真理,等等;也因此它的立志作用完全受像这些纯粹精神的概念所控制。另一方面,灵魂的低级的感觉与立志作用的能力,则是它与躯体不同器官一致作用与密切结合的结果,从而对它未混杂物的精神的活动,产生一种有害作用。一切直观的知觉都被认为属于这种低级能力,因此它一定是模糊混乱的,而能把对象和它的特性分离开的抽象的知觉,却会是清楚的!由这样受感觉控制的知觉决定的这一意志,形成低级的立志作用,并且它大部分是坏的;因为它的行为受感官冲动的引导;而另一意志(高级的)是不受约束的,由纯粹理性引导的,并且只与非实质的灵魂有关。对这种笛卡尔学派的学说,德拉福热(De La Forge)在所著《人类思维论》(*Tractatus de Mente Humana*)曾给以最好的解释,第23章中我们读到:"它只不过是同一个意志,当它根据感官知觉刺激作出判断活动时,称为感觉的欲望;在另一个时候,当心灵独立于属于感官及与之混杂一起的思想,作出关于它自己固有观念的判断活动时,称为合理的欲望(即理性的欲望);这些思想是心灵的倾向的原因……其所以应该把这两种不同意志的癖好,看作两种截然不同的欲望,是因为这一欲望时常与另一欲望相对立,心灵根据它自身固有的知觉建立起来的意向,和由躯体的爱好向心灵提示的思想,并不总是一致的;于是它(心灵)时常被迫欲求某物,而它的理性却使它另选某物。"

从这样观点的模糊记忆中,终于产生了康德的关于意志自律的学说,它作为纯粹的,实践的理性的代言者,为一切有理性者本身制定法则，并且只承认形式的动机，反对实质的动机；后者只决定低级的欲望能力，对此高级的欲望能力持有敌意。至于其他，这整个理论虽然直到笛卡尔时期，还没有真有系统地提出来，无论如何，远溯至亚里士多德就已经有了。在他的《论灵魂》(*De Anima* Ⅰ. 1)，对此有充分的说明；柏拉图在《斐多篇》(Phaedo，第 188—189 页)以毫不含糊的暗示，已为此铺平了道路。经笛卡尔的学说精心发挥，臻于非常完美，一百年后我们发觉，它已变得胆大有力，占据着首要地位；但恰恰因为这个原因，它的真实本质终被揭示。对当时甚为流行的这一观点，在穆拉托里(Muratori)* 的《论想象力》(*Della Forza della Fantasia*)第 1—4 章与第 13 章，叙述简明卓越。在此著作中，想象力被视为一纯粹实质的，有形的大脑之器官(低级的知觉能力)，它的作用是根据感觉的所与，直观地理解外在世界；留给非实质灵魂的，除思维、反思与决定的活动以外，别无他物。我们一定会感到，这种见解是多么显然地使这整个讨论的课题困惑不解。因为如果质料能够对错综复杂的世界进行直观的领悟，可它不能够也使这个直观抽象化，这是不可想象的；一切其他事物会由是接着发生。当然抽象不过是为了一般概括，而排除不必要的事物属性，换句话说，即个体的与特殊的差异。例如，如果我无视或者抽掉绵羊、公牛、雄鹿、骆驼等所独具的特点，我就可获得反刍动物的概念。通过这种操作办法，这些观念便失掉其直观性，并且仅仅作为抽象的，非直观的观念或概念，它们需要用言

* 穆拉托里，Ludovico Antonio，1672—1750，意大利神学家和历史学家。——译者注

语文字把它们牢置于意识中，并容许可以适当运用它们，所有以上所述都表明，当康德提倡他的实践理性及其各种命令的时候，他仍然受到那古老学说后效的影响。

第 5 章　论康德道德学的主要原则

在前一章我们已经检验了康德道德学的基础，现在转而检验奠基于其上之物——他的主要的道德原则。后者和前者的关系非常密切；确实，从某种意义上说，它们是一同发展起来的。我们已看到，表述这原则的公式读如下："只按照你能同时意愿也能成为一切有理性者的普遍法则的那项格律去行动。"这可真是个奇怪的行事方法：一个人，根据假定，正在寻找决定他应该做什么和应该不做什么的法则，却被教导首先要去探寻一个适合于管理一切可能的有理性者行为的法则；但我们愿意放过那个问题。只要注意这一事实就足够了：康德提出的上述指导规则中，显然我们并没有得到道德法则本身，得到的仅仅是个指路牌，或应向何处去找寻它的指示。打个比方说，钱尚未支付，但我们握有它的一张汇票。那么谁是出纳员呢？马上告你实情吧：关于这事的一个发款员，人们当然根本意料不到，他不多不少正是利己主义，我下面即将说明。

据说，这一戒令，是我能够意愿它是所有人的行为指南的，它本身就是真正的道德原则。我所能意愿之物是已给的指示赖以旋转的枢纽。但是真正我能意愿什么，不意愿什么？显然，为了决定关于正讨论的我能意愿什么，我还需要另一个标准；因为没有这种标准，我永远找不到理解这来得像密令一般的教导的钥匙。那么，在哪里可以发现这个标准呢？当然不在别处，只能在我的利己主义中，它是一切立志作用的离我们最近的，永远现成的、原始的和活的标准，并且在任何情况下，它有权居于一切道德原则之首。寻找真正道德法则的方向，它是包含在康德的定则中的，事实上，是建立在这心照不宣的假设上，即我只能意愿那对我最为有利之物。于是，因为我在架构一个要人们普遍遵循的戒令，我不能把我自己看为总是积极的，而必须考虑我偶然地和间或扮演一消极角色；所以我的利己主义是根据这一观点作出对公正与仁爱有利的决定的；不是出于什么要实践这些德行的意愿，而是因为它很想要体验或感受它们。这使我们想到有这么一个守财奴，在听了一个劝人行善的说教以后，喊道：

> “想得多好，好极了！——
> 我几乎要喜欢乞讨了。”

这便是理解埋置于康德的道德学主要原则中的指向之不可缺少的钥匙；他自己本来也不能不提供这钥匙。只是在他提出他的戒令，唯恐我们会感到震惊时，他才没有这样做。为了防止这一事实真相立即暴露，他在正文较后适当的远处，最后才在那里表明，不顾他的堂皇的先天建筑，利己主义正坐在审判官席上，手持天平。进一步说，直到他根据偶然消极的方面的观点做出决定以后，才感到这一见解对积极的角色也一样适用。因而在第 19 页（罗，第 24 页）我们读到：“我绝无法意愿有一项说谎的普遍法则，因为那样人们就不再相信我，要不就会报复我。”在第 55 页（罗，第 49 页）又读到：“这样一项法则的普遍性，即是说，每个人均可承诺他喜欢承诺之事，而无意信守诺言，定会使承诺本身以及承诺时可能怀有的其他目的，成为不可能；因为没有人会相信它。”在第 56 页（罗，第 50

页)关于冷酷无情的格律,我们发现以下的话:“一个决定这么做的意志,会自相矛盾;因为毕竟可能发生这些情况:此人需要他人的爱与同情,而由于他凭借一种从他自己意志所产生的自然法则,将使自己完全无法寄希望于他所期待的协助。”同样地,在《实践理性批判》(第 1 部卷 1 第 2 章第 123 页,罗,第 192 页)中读到:“如果人人都对他人的疾苦熟视无睹,而且你属于这样一个制度下,那么你的意志会同意你安居其中吗?”人们能回答说:“我们多么轻率,批准一项不公正的法律,我们将自食其果!”(贺拉斯:《讽刺诗集》〔Satire〕卷 1 第 3 章第 67 页)这些段落充分表明,应如何理解康德公式中“能意愿”这一短语的意义。但是在《道德学的形而上学原理》中,他的道德学原则的这种真正本质陈述得最为清楚。在第 30 节我们读到:“因为每个人均希望有人帮助。可是,如果他用言辞表达他不愿意帮助别人的定则,那么所有的人拒绝帮助他,就应当是合理的。因此这个自私自利的定则自相矛盾。”应当是合理的,他说,应当是合理的！于是,就在这里,再明确不过地宣布了,道德责任是纯粹而且完全地建立在预先假定的互换利益上的;因此它是完全自私的,只能以利己主义解释,这种利己主义在互利互惠条件下,作出一种妥协,聪明得很。如果这是制定国家-组织的基本原则的问题,这种做法是很适当的,但是当要构建道德学的基本原则时,这种做法就不合适了。在《基础》第 81 页(罗,第 67 页)有这样的话:“始终按照你能同时意愿其普遍性为法则的那项格律去行动,这是唯一使一个意志永远不会自相矛盾的条件。”依据上述,“自相矛盾”一词的真实含义,显然可以这样解释:如果一个人赞成不公正与无同情心的格律,设若他扮演一消极角色,他就会因

此而想起这一格律，于是他的意志会与其自身矛盾。

从这一分析可以看得十分清楚，康德著名的重要原则不是——像他不遗余力再三坚持认为的那样——一个定言的，而实际上是一个假言的命令；因为它暗含地预设这一条件，即确定我做什么的这法则——因为我使它普遍化——也将是一个人们对我做什么的法则；并且因为在这种条件下，我作为较偶然地非积极的参与者，不可能意愿不公正与无同情心。但如果我勾销这一附带条件，而也许信赖我超群的身心力量，自认为总是积极的，永不消极的；那么在我选择可能普遍有效的格律时，如果除康德的以外不存在道德的基础，我完全有理由意愿不公正与无同情心，应该是普遍的定则，并且因此命令世人

"根据这简单的计划，
谁有权力照理可以攫取，
并且谁能保留照理可以保留。"

——华兹华斯(Wordsworth)*

前一章我们已证明，康德的道德学主要原则，缺乏一切实在的基础。现在可清楚地看到，在这个别缺点上，必须加上另一个缺点，纵然康德的明确辩护与此相反，即这一原则的隐蔽的假言的本质，在于它的根据原来不过是利己主义，后者是它所包含的指向的秘密解释者。进一步说，把它纯粹当作一个公式，我们发现，它只是对这一著名定则"你不愿意别人如何待你，你也勿要如何待人"的一个释义，一种模糊而伪装的表达方式；说得更精确些，假若我

* 华兹华斯，William，1770—1850，英国诗人，又译渥兹渥斯。——译者注

们取消“不”与“勿”这种限制，并把由爱教导及法律规定的义务包括进去，就是了。因为显而易见，这是我能意愿其应当规范所有人行为的唯一格律（当然，这是从我可扮演的可能消极角色观点说的，在那里，关系到我的利己主义），这一定则也不过是“不要损害人，但要尽力帮助人”这一命题的绕圈子的说法，或者如果喜欢的话，称之为其前提，这一由我设计的命题是关于一切道德体系一致要求人们应有行为的最简最纯的定义，即“不要损害人，而就你所能帮助人”。道德信念与原则的真正而实在的本质就在于此，而绝非任何他物。但它以什么为基础呢？给予这个命令力量的又是什么？这是人们今天仍然面对的这古老而困难的问题。因为，在另一方面，我们听到利己主义高声喊叫：谁也不要帮助，如果损害别人会给你任何好处，宁可损害他们；不止如此，而且邪恶则用另一种方式向我们说：宁可就你所能损害一切人。把一个相当于或稍优胜于利己主义和邪恶加在一起的竞争对手，列入名单——这是一切道德学的任务。这里是罗德斯岛，你就在这儿跳吧！*

人们长期以来承认人类义务分为两类，无疑这两分法起源于道德自身的本质。我们有(1)法律所规定的义务（又称为完全的、应尽的、较狭隘的义务），还有(2)那些由德行规定的义务（又称为不完全的、较宽泛的、善意的义务，或者说是由爱教导人们去履行的义务更好）。在第 57 页（罗，第 60 页）我们发现，康德想要进一

* 意即：“这里是试验的地方，让我们就在这里看看你能做什么吧！”此拉丁谚语得自《伊索寓言》。一个吹牛者自夸有一次在罗德斯岛跳跃，曾跳到令人惊奇的高度，并要求目击者出来作证。于是，旁观者喊道：“朋友，如果这是真的，你不需要目击者证明；因为这里就是罗德斯岛，你就在这儿跳吧！”——译者注

步证实他提倡的这一道德原则，试图从它导出这一分类法。但这一尝试是如此勉强，如此明显地糟糕，以致看来它不过是极力地否证他的见解的正确性而已。因为按他说，由法令规定的义务是建于戒令之上的，与之相反者，被当作一项普遍的自然法则，被宣告称绝无法没有矛盾；同时把德行谆谆教诲的义务当作依赖于一项格律，其对立面能（他说）被视为一项普遍的自然法则，但却是不可能期望的。我请读者考虑，不公正的定则，有强权无公理的统治，这在康德看来甚至无法想象为一自然法则，但实际上，事实上，这不仅是动物界，而且在人类中，也是占统治地位的状况。文明民族中确实已经设法凭借国家政府的一切手段，减少这种状况造成的有害后果；但只要这些尝试，不论于何处，或属于什么性质，一旦中断或放松，自然法则马上恢复其支配作用。确实，国与国之间，这种状况绝未停止过；谁都知道，关于公正的常见口号不过是外交官方的辞令；实际主宰者是野蛮暴力。另一方面，真正的，即自愿的公正行动，毫无疑问，也确实出现，但这不过是普遍法则的例外而已。进一步说，康德想用上述分类方法作为例证，确立法律所规定的义务，首先（第 53 页，罗，第 48 页）通过所谓的对自己的义务——如果痛苦多于愉快，个人不应自动结束个人生命的义务。因此，自杀的通例甚至看作不能够想象的一项普遍的自然法则。与此相反，我认为，既然这里不可能有政府管理的干涉，恰恰是这个通例可证明为一项实际存在的，未受抑制的自然法则。因为绝对无疑的是（正如日常经验所证明），绝大多数情况下，当人们固有的维持生命本能的巨大力量被沉重痛苦压倒时，他们便径直诉诸毁灭生命本身。如果认为有什么思想，在如此强有力而又与一切

生物本性紧密相关之死亡恐惧以后，会起一种阻止作用，这种想法已表明它是无力的；换而言之，认为存在一种比这一恐惧更有力量的思想——是一种鲁莽的设想，当我们看到，这一思想是如此难以发现，连道德学家尚未能精确确定它究为何物时，那就更是鲁莽的设想了。无论如何，这一点是肯定的，康德在这一上下文关系中（第 53 页，罗，第 48 页，及第 67 页，罗，第 57 页）提出反对这类自杀的论据，迄今一直未能阻止任何厌世的人自杀，哪怕是一会儿呢。这样一来，一项无可辩驳存在而且每天都在起作用的自然法则，却被康德宣告为根本无法没有矛盾的，而且完全是为了使他的道德原则成为诸义务分类的根据！在这一点上，我不能不承认，我是以满意的心情，期待我以后将对道德学的基础加以阐明。从这一基础十分自然地产生由法律规定的义务，以及由爱教导人们应尽的义务，或者，分为公正与仁爱的义务更好，这一区分原则仍然是由论题本质决定的，完全出于其自身具有鲜明的分界使然；所以我将提出的道德基础，实际上我已准备好交来那一证明，而康德为了支持自己的见解，对该证明提出的是一种毫无根据的主张。

第6章　论康德道德学主要原则的推论形式

众所周知，康德用另一种十分不同的形式，直接表述他的道德学主要原则；第一种形式是间接的，确实，不过是表明如何寻找这原则的指示而已。从第63页(罗，第55页)开始，他采用对目的与工具的概念，提出虽说不上是歪曲的，但也算非常奇怪的，模糊的定义，为他的第二个公式准备条件；它们的定义可以更简单正确地这样表述：目的就是意志活动的直接动机，工具是间接动机：简明性乃是真理的标志。然而，康德轻快地滑过他的奇妙阐述，而达到这一陈述："人，确实，每一个有理性者，均作为目的自身而存在。"对此，我必须评论说：作为目的自身而存在，是个不可思议的表述，是画蛇添足，自相矛盾。既是一个目的，它就意味着是立志作用的对象。每一目的仅能相对于一个意志而存在，意志的目的，即(如上所述)它是意志的直接动机。只有这样，"目的"这观念才有意义，一旦中断这样的联系，它就失去意义。但这种对这事物必不可少的关系，却必须排除每一"自身"。"目的自身"正像说"朋友自身；——敌人自身；——叔父自身；——北或东自身；——上或下自身；"等等。从根本上说，"目的自身"和"绝对应该"情况一样；同样的思想——神学的——秘密地，确实，不自觉地深藏于各自的根基作为其条件。即使想把"绝对价值"加到这一所谓的，虽然不可思议的"目的自身"上，情况也不会好多少。也必须毫无遗憾地指出，

它的特征是画蛇添足，自相矛盾。每一“价值”是通过比较产生的一种评价，其关联必然是两方面的。第一，它是相对性的，因为它为某一物而存在；第二，它是比较性的，因为是同其他某物比较，才得估价的。这“价值”概念脱离了这两个条件，便失掉全部含义与意义，这显而易见不用进一步说明。但还有一点：正如“目的自身”与“绝对价值”这两个词汇违反逻辑，第 65 页（罗，第 56 页）的陈述也同样违背道德，即无理性者（即动物）是物，所以应当仅仅看作工具，可是工具并非目的。为与此取得一致，康德在《道德学的形而上学原理》第 16 节特别宣称：“一个人除去对他的同胞以外，对任何存在物不能有任何义务；”而且以后在第 17 节我们读到：“虐待动物同人对自己的义务相冲突；因为这样做使对痛苦中动物的同情变得麻木，这样就削弱一种自然倾向，这种倾向，考虑到与其他人的关系，对道德是有用的。”所以一个人只是为了练习，才怜悯动物，可以说，它们就是病理学的剖视图，凭它训练一个人对人的同情！和没有受伊斯兰教（它和犹太教相同）影响的整个亚洲一样，我认为这种原则可憎，令人作呕。在这里，我们又一次看到，这种哲学的道德，正如前面所述，仅仅是伪装的神学的道德，实际上是如何完全依赖圣经的伦理学。例如，因为基督教的信仰与原则根本不考虑动物（关于这一点以后冉多谈），所以在哲学的道德观念中，它们当然马上被宣布为不合法；它们仅仅是“物”，纯粹是达到任何种类目的的工具；所以它们只能对活体解剖，对猎鹿、斗牛、赛马等有用，并且当它们苦苦拖着沉重运货车前进时，可能被活活鞭打致死。真丢脸，竟是这样一种适合贱民、下等人与外化人的道德；这种道德未能认识到，内在于一切有生命之物的永恒实在，它

带着深邃的意义，从一切能看到太阳的眼睛里，闪闪向外发光！这是一种只知道、只重视珍贵的人类使之产生的道德；其特征——理性——它造成一个存在者可以是道德关怀对象的条件。

经由这条崎岖不平的途径，于是——确实，不管好歹，康德总算达到第二个形式，以此他表述他的道德的基本原则："你要如此行动，即无论在你的人格还是其他每个人的人格中的人，你始终同时当作目的，绝不只当作工具来使用。"这样一种陈述是下面这句话十分矫揉造作兜圈子的说法："不要就考虑你自己，也要考虑别人；"这也是这句话的一个释义："你不愿意别人如何待你，你也勿要如何待人。"而后者，我已说过，不过是包括了一切道德学与一切道德教化的真正、最终目标之这一结论的前提：不要损害人，而要尽力帮助人。像所有美好的事物一样，这一命题看来毫无遮掩。不过请注意，康德有意把所谓对自己的种种义务，强拉硬扯到他的这第二个命令中。当然必得给这些义务找个正当位置（对这些所谓的义务已在本部分第3章讨论过）。

对这一公式还能提出另一个反对意见，即被判死刑的极恶犯罪分子只是当作工具而不是当作目的对待，这是十分合情合理的；因为对他执法以维护法律的威慑力量，从而他是达到法律遏制犯罪目的不可缺少的工具。

但是，如果这第二个定义根本无助于建立道德学基础，如果它甚至不符合作为其主要原则的要求，更确切地说，作为道德各个戒令的合适而确实的总结的话，无论如何，它却有一个优点，即包括了对道德心理学的一个精致概要，因为它以极具特征的标志标明了利己主义，这值得我们在这里更加仔细探讨。说起来，我们每个人都充满这种利己主义，为了掩饰这可耻的一面，我们已发明了礼貌，但它无时不在掩盖它的每一件薄纱幕后隐约出现，特别可以从这一事实察觉到它，即：指导我们与所有人交往的目标就是，似乎出于本能首先设法寻找一个可能的工具，用以达到我们永在热衷的许多目的中的任何一个目的。当我们交一位新相识，我们第一个想法通常是，这人是否多少对我们有用。如果他不能做任何对我们有利的事，一旦我们认识到这一点，一般地说，他本人对我们也就变得无足轻重了。从所有其他人那里寻找一个可能达到我们目的的工具，换句话说，使他们成为我们的手段，这几乎是人的眼睛真正本能的一部分；至于这手段在使用中是否必将受到或多或少的痛苦，这种思想很晚以后才会出现，有时根本不会出现。我们设想别人有类似倾向，这种心理用许多方法可以证明；例如，当我们向任何人打听消息或征求意见时，我们一发现他对此事可能有某种利害关系，虽然很小或很间接，我们就完全失去对他的话的信任。因为那时我们马上理所当然地认为，他将把我们当作他的目的的一个工具，因而不按照他的认识，而是按照他的意愿提出他的忠告，而且，坚持这样想法，不管对方的认识多么正确，或者似乎涉及对方的意愿多么少；因为我们非常了解，一立方英寸的意愿比一立方码的认识要重得多。相反地，当我们在上述情况下问："我应该做什么？"通常我们的顾问不会想到别的事情，只会想到应如何使我们的行动适合他自己的目的；他将立即答复，表示这个意思，仿佛是无意识地，连想都未想到我们的目的；因为直接命令这答复的是他的意志，或者这问题可能老是在他的真正判断裁决以前提出来。因此，他设法使我们的行动不出乎他自己利益的框架，甚至

连这一点都未意识到，而当他认为他是根据自己丰富的认识说话时，他不过是他自己意愿的代言人；确实，这种自欺甚至可能导致他撒谎，他却没有意识到这一点。意志的影响胜过理智的影响竟这么大啊。所以，不是我们自己意识的证据，而就大部分情况而论，是我们自己利益的证据，才能决定是否我们的语言同我们的认识一致，或是同我们的意愿一致。举另外一个例子。假定，一个人被许多敌人追逐，眼看有生命危险，碰到一个小贩，问他有没有偏僻小路可以逃跑；小贩可能回答的是："你要买我的什么货吗?"当然这并不意味着总发生像这样的事情。与此相反，常看到许多人表示一种直接而真正地参与别人的福与祸，或者(用康德的话说)把他看作一个目的而不是看作一个工具。每一个人把他的邻人至少有一次当作目的看待，而不是(像通常那样)当作一个工具看待，这一行为看来好像自然到什么程度，或者与此相反不自然到什么程度，——这是存在于性格与性格之间重大道德差异的标准；并且最终建立于这标准之上的同情的道德态度，将是道德学的真正基础，也是本论文第 3 部分的主题。

因此，康德在他的第二个公式中，以一种十分独特的特点区别利己主义与其对立面，我已格外高兴而很清楚地提出这一优点，并加以说明，因为在他的道德学基础其他方面，我能够承认有效的很少。

康德提出他的道德原则的第三个而且最后的形式，是意志的自律："每一个有理性者的意志对一切有理性者是普遍地有立法权的。"这当然是从第一个形式推导出来的。然而，作为第三个形式的结果，要求我们相信(第 71 页；罗，第 60 页)，定言命令的特殊特征在于，当出于义务感行动时，意志摆脱一切兴趣的吸引。所有以前的各种道德原则因此就都（他说）完全崩溃了，"因为这些道德原则一致地把人类的行动，从根本上解释是由某种兴趣造成的，不论产生于强迫，或产生于愉悦的诱惑——可能是自己的或他人的一种兴趣。"（第 73 页；罗，第 62 页）。（"他人的"：请特别注意这一点。）"于是，一个有普遍立法权的意志，必须规定全然不依据兴趣的，而仅依据义务感而去做出的行动。"请读者想一想这句话的真正意义。事实上，只不过是没有动机的立志作用，换言之，无因之果。兴趣与动机是可以互相置换的观念；兴趣不就是对我重要之物么？而且，一句话，不就是任何能激动我的意志，并且使其运动之物么？因此，除去是一个作用于意志的动机以外，一项兴趣还能是什么呢？所以，一有动机动摇意志，意志便有一种兴趣；但只要意志未受动机任何影响，事实上，意志就不能起作用，有如一块石头不被推或拉，就不会移动一样。任何受过教育的人都不会要求对此作什么证明。由此可见，每一行动，因为它必然一定有一个动机，也必然预先假设一种兴趣为条件。然而康德却提出另一全新门类的行为，这些行为，没有兴趣，即没有动机就产生了。并且这些行为全是——公正与仁爱的行为！可以看到，这种荒谬的想法，要加驳斥，只要还其本来意义就行，因为其意义被他玩弄的"兴趣"一词所掩盖了。与此同时，康德通过建立一个称为目的王国的道德乌托邦，而称赞（第 74 页以下；罗，第 62 页）他的意志自律的胜利，居住在那里的全是想象出来的有理性者。这些人，人人都永远在意愿着，却没有对任何实际事物的愿望（即无兴趣）；他们仅仅意愿一件事：他们全都能够永远按照一项格律而意愿。"不写讽刺诗

不行了。”（尤维纳利斯:《诗集》I.30）

但是，康德还被他的意志自律导向另一件事；它比渺小纯洁的目的王国，包含更为严重的后果，目的王国完全无害，可以不去理它。我指的是关于人之所以为人的尊严的概念。原来他把这个“尊严”完全建立在人的自律之上，并且这“尊严”就在于他应该遵守的法则乃是他自己制定的，因此他与这法则的关系和立宪政府的臣民与政府法令的关系，是一样的。这种理论，作为对康德道德体系的装饰性雕琢，毕竟可以略过不论。只不过这一表达式“人之所以为人的尊严”，一旦由康德说出来，便变成所有头脑空空，茫然困惑的道德学家们的陈词滥调了。因为在那引人入胜的公式背后，他们隐藏着的，虽说不上是他们缺乏真正道德学基础，但也根本是缺乏任何可理解的意义的基础；认为他们的读者看到他们自己身受这样一种“尊严”，就会感到十分满意，[①]这可算是想得够聪明了。不过，我们还要稍加仔细地了解一下这一概念，把它付诸于实际检验。康德在第79页（罗，第66页）把“尊严”定义为“一种无条件的，无可比拟的价值”。这种虚张声势的解释，使得人们一时没有勇气逼近地加以审视；否则，我们就会发现它也不过是一种空洞夸张罢了；在那里面，好像有个蛀虫，“形容词和其形容物结合中的矛盾”，在偷偷剥食着。每一种价值均是一物同另一物比较以后的估价；因此它是一个比较的概念，所以是比较性的；并且正是这种比较性或相对性形成该观念的本质。根据第奥根尼·拉尔修

① 似乎G.W.布洛克(Block)在所著《道德哲学新基础》(*Neue Grundlegung der Philosophie der Sitten*,1802)中，是第一个把“人之所以为人的尊严”一词当作专门、唯一的伦理学的奠基石，于是他把伦理学完全建在这一基石之上。

(Diogenes Laertius)称，这已经由斯多噶派学者正确地讲授过。他说，“他们教导说，‘价值’是一物经过测定以后的当量值，一位专家可以把该价值规定为任何东西；例如，像用小麦交换大麦与一匹骡子。”诸如康德宣布为是一种无可比拟的，无条件的，绝对的价值之“尊严”，因此是，像哲学中很多其他用字词陈述的思想那样，确实不可想象；正如“最高的数字”与“最伟大的空间”，谁知道它们是什么意思呢？

“哪里概念一失灵，
哪里便用词糊弄。”

对“人的尊严”这个表达式来说，也是一样。一个最受欢迎的词便流传开了。每一个通过这种那种义务，以及各种各样诡辩术，编造出来的道德体系，都在那上面找到了一个宽泛的基础；从那里，它能坦然自若、道貌岸然、喋喋不休地进行道德说教。

康德在他的阐释的最后(第 124 页；罗，第 97 页)说道：“但是纯粹理性如何能不靠其他动机(它们可能取自其他什么地方)，凭自身能是实践的？也就是说，作为纯粹理性法则的一切格律的普遍有效性之单一原则，如何能不靠意志先对任何对象产生兴趣，能凭自身提供一个动机，并且能产生一种可称为纯粹道德的兴趣？或者换句话说，纯粹理性如何能是实践的？——要解释这一问题，一切人类理性都完全无法说明，而为此付出的一切辛劳与努力，都是徒劳的。”且请记住，如果任何人主张，一个甚至不能想象为可能的东西是存在的，那么，证明这东西是一个现实的实在，便是他的义不容辞的责任；然而，康德特意地提出，实践理性的定言命令不是个意识的事实，也不是另外建立在经验上。更正确地说，我们总是被提醒，不要企图诉诸经验的人类学去解释它。（例如，前言第 6 页；罗，第 5 页；及第 59—60 页；罗，第 52 页）。再者，还一再要我们确信（例如，第 48 页；罗，第 44 页），“没有例子能够证明，也即没有任何经验的证据，能确定任何这一类的命令到处存在。”此外，在第 49 页（罗，第 45 页）我们读到：“定言命令的实在性不存在于经验中。”那么，如果我们把以上这一切都放在一起来看，我们不能不怀疑康德是在嘲弄他的读者们。但是虽然这种做法，现在的德国哲学界可以容许，而且在他们看来还认为不错，可是在康德的时代，这种做法并不这么行时；此外，道德学当时像一向那样，恰恰是最不宜于开玩笑的课题。因此我们必须继续坚持这一信念：人们既不能想象为可能的东西，也不能证明为实在的东西，是缺乏证实其存在的一切凭据的。并且，如果我们竭尽我们想象之力，尝试设想这样一个人，他仿佛被其形如一绝对应该的恶魔附身，他只用定言命令讲话，并且，与他的愿望与爱好相对抗，自称是他的行为永久的控制者；在这一形象中，我们看不到任何对人性的，或者关于我们内在生活的真实描绘；我们真正辨认到的，却是一种人为的神学道德的代替物，它与前者的关系完全像一个木制假腿和一个真腿的关系一样。

所以，我们的结论是，康德的道德学，同一切先前的体系一样，是没有任何确实可靠的基础的。正如我一开始对它的命令形式考察中所表明的，这一结构从根本上说，不过是一种神学道德的倒置，包藏在非常抽象的，虽然源自于先天的诸公式中。更可肯定地说，这一伪装是最似真、最难识别的，因为康德极诚实地，实际上他自己被它欺骗了，遂而相信自己能够独立于一切神学，并以先天纯粹理智为基础，建立那些关于法则以及义务的命令的诸概念（这些概念，除去在神学伦理学中，根本没有任何意义）；而我已经证明，对他来说，它们是没有任何实在基础，只在太空飘荡。然而，假面具终于在他自己的工作室消失，神学伦理学无遮掩地站向前面，他的关于最高善的训诲、实践理性的诸设定，便是明证；最后是他的道德神学。但是这种展现，既未使康德，也未能使公众摆脱对事物真实情况的幻想；相反，他和他们却都感欣喜地看到，所有那些迄今被信仰神圣化的训谕命令，现在已由道德学认可，并且确定下来了（虽然仅仅是理想化的，而且为了实际目的）。实际是，他们极其诚恳地把结果当成了原因，原因当成了结果，因为他们未能认识到，在这个道德体系的基础那里，所有所谓的结论，是以绝对必要的设想的形式（虽然是不言而喻的，隐藏起来的）推导出来的。

在这一严肃的，也一定会使我的读者感到厌烦的考察完了以后，也许可以允许我提出一个打趣的、实为轻浮的比较，来轻松一下。我想把康德在他的自我迷惑中，比作这样一个人：他在一个舞会上整晚和一个戴面具的美人调情，希望赢得爱慕；直到最后，她匆匆脱下她的伪装，显示身份——原来是他的妻子。

第7章　康德关于良心的学说

这所谓的实践理性连带其定言命令，显然与良心联系非常密切，不过，它与良心的本质区别有两方面。第一，这定言命令，起命令作用，必然是在行动之前说出来的，而良心直到以后才有所表示。在行为之前，良心至多也不过间接地表示意见，即凭借反省，向良心举出记忆中曾遭良心反对的类似行为的事例。我觉得，Gewissen（良心）这词的词源是以此为根据的：因为只有已经发生的事才是确实的（gewiss）。毫无疑问，通过外在引诱与激发的情绪，或者因为内在的坏脾性的不协调，在所有人中，甚至最好的人中，都会产生不纯洁、卑鄙的思想以及邪恶的欲望。但是一个人对这些思想欲望是没有责任的，不需要当作良心的负担；因为它们仅仅表明，那是人类而不是想到它们的个人，能够做的。其他的动机，如果不是同时，可也差不多立即出现于他的意识中，并和无价值的爱好相抗争着，阻止它们永远不能成为具体化的行动；这样就使它们和一个行动委员会中得票少的少数派相似。每个人只有通过行动，才能获得对自己的知识不亚于对别人的知识，正因为只有行动才使良心负有责任。这是因为，这些行动与思想不同，不是或然的；相反，它们是确实的（gewiss），它们是不能变易的，并且不仅是想到的，而且是已经做出来人们知道了的（gewusst）。拉丁字conscientia（意识到做错了事，想到犯罪而脸变得苍白）与希腊文

συνείδησις（＝Consciousness，意识到行为之正当或错误）的意义相同。因此良心就是一个人对于他已做之事的知识。

在所谓的定言命令和良心之间的第二个区别是，后者永远从经验中取得其材料；这一点前者做不到，因为它是纯粹先天的。不过，我们可以合理地假定，康德关于良心的学说，将对他提出的“绝对应该”的这个新概念，给予某些解释。他的学说在《道德学的形而上学原理》第 13 节，讲述得最为完全，在我以下的批评中，我假定读者参阅包括他这一学说的不多几页论述。

康德对良心的解释给人一种异乎寻常的强迫作用，在良心面前，人们习惯于以敬畏对之，对它表示异议，更感到缺乏信心，因为沉重的心头，无时无刻不在害怕把理论上的异议认作为实践上的异议，并且，如果否定康德的观点的正确性的话，又害怕被认为是没有良心。然而，用这种方法是不能够把我诱入歧途的，因为在这里，这问题是属于理论的，而不是属于实践的问题；而且我不涉及道德的说教，只涉及对根本的道德学基础的严谨研究。

我们立即可注意到，康德完全使用拉丁法律词汇，然而，这些词汇似乎并不适于反映人类心灵最秘密的激动。可是，康德自始至终一直使用这一语言，这种处理此课题的审判方式，似乎对此事来说，乃是必不可少的，完全适当的。于是我们发现，把整个一个法庭，带有诉状、审判官、原告、被告与判决，应有尽有，全都搬上我们内在自我的舞台。那么，如果这种由康德描绘的法庭，确实存在于我们内心的话，若能发现有一个人这么傻，我不说他这么坏，以致要违背他的良心行动，那可真是令人惊讶了。因为设立在我们意识中这样一种属于特殊种类的超自然法庭，在我们最内部存在的阴暗深处，召开这样一种秘密法庭——像另一个费姆法庭(Fehmgericht)，* 每一个人面对超人诸神的可怕威胁，这么近又这么清楚地听到它们说话，一定会引起他对诸神的恐惧，使他真正放弃攫取短期的、暂时的利益的念头。与此相反，在实际生活中，我们看到，普遍认为良心的作用已逐渐消失，以致一切民族都自己想用积极的宗教加以挽救，或甚至想完全用宗教代替良心。再者如果良心确实有这种特性的话，皇家科学院绝不会想到要为这一问题发起这次有奖征文。

但是，如果我们更仔细地看看康德的说明，我们将发现，他把良心给我们自己下道德裁决，归因于良心的特殊、本质的特点，因此才产生良心的强制作用；实际上根本不是这样一种形式。这种比喻式的审判法庭，不论对于道德的自我反省来说，或是对于所有其他关于我们已做与不应做的根本不涉及伦理问题的反思来说，都不适用。因为，与这一样的控告、辩护与裁决的程序，不仅确实是偶尔由那显然是纯粹根据迷信的，做作的，虚造的良心呈现的面貌，例如，像当一个印度人自责曾杀害一头牛，当一个犹太人忆起曾于安息日在家抽烟斗感到不安，就属于这种情况；而且甚至不是由于道德缘故，甚至根本不属于道德范围，而引起的自省，也确实常以这种形式出现，下述情况可作为证明。假设我出于好心但欠考虑出面为一朋友作保，并且假设，到晚上我才真正感到自己承担的责任沉重——这种责任很可能

* 有名的威斯特伐利亚的秘密法庭，约于 1220 年步入兴盛时期。1335 年国王查理四世指定科隆大主教为威斯特伐利亚费姆(Fehme)所有法官之首领。其审判情况也许和英国史中的星法院的差不多。——译者注

使我陷入麻烦，而明智的古谚语早预言告诫："提防作担保！"；于是在我内心立刻出现了控告者与被告的律师彼此对质的意象。后者竭力掩饰我如此仓促作保的轻率，说明是迫于环境或人情债，或者说是办这件事太简单率直；也许他甚至以赞许我心术好为我辩白。最后审判官来了，他毫不宽容地判决："糊涂虫干的事！"我则感到心慌意乱，不知所措。

对康德这么喜爱的这种司法方式，我就只说这些；他的其他表达方式，大部分也逃不脱这一样的批评。例如，在上一段落开头部分，他把他归之于良心的那种特性，也一律应用于其他一切心理的迟疑顾虑，它们完全是另一种不同的性质。他说："它（良心）很像影之随形，他想摆脱也摆脱不掉。他可能因愉悦与开心而轻松沉醉入睡，但他不能不时而清醒；马上又意识到这可怕的语声，"等等。显然，这也正好可以逐字逐句地理解为，某一具有私财的人的内心暗自的意识活动，他感到他的日用开销，入不敷出，日渐蚀本，恐有一天消耗净尽而忧心忡忡。

我们已看到，康德强烈指出使用法律术语对这一论题的重要意义，并且他自始至终使用这种术语；我们现在注意看一下，他是如何为了下述精心设计的诡辩使用这同一笔法。他说："把一个受良心谴责的人和审判官等同起来，用这种方法描写法庭，是荒谬可笑的；因为在那种情况下，控告者一定会败诉的。"为了阐释这一陈述，他还加上一个非常模糊不清的注释。他的结论是，如果我们不打算陷入矛盾，我们必须把这（在我们内心演出的司法的良心一戏剧中的）审判官想象为是与我们不同的，事实上，是另外一个人格；不但如此，而且想象为一个对人心无所不晓者，他的命令谁都要听从，而且对执行机关的每一个目的来说，他有无限权力。* 这样他经由一条十分平坦的路径，从良心始而以迷信终，使后者成为前者的必然结果；与此同时，他暗自确信，由于读者最早就受到训练，肯定已熟悉这些观念（如果不是已使它们成为他的第二天性的话），他必将更加愿意听从他。于是康德在这里发现一件很容易的工作——一件他本来应该鄙视的事情；因为他不仅应该关心道德说教，而且也应该关心自己说话的真实性。我彻底反对前面引述的语句，以及随之产生的所有结论，并且我宣告，它不过是蒙混人的伎俩。当被告和审判官是同一人时，控告者并非必定总是败诉；至少在我们内心的审判法庭情况并非如此。在我前面所举一个人给另一个人作保的例子中，控告者败诉了吗？或者在这一事例中，如果我们想避免矛盾，就也真地像康德那样，采取一种拟人法，不得不充当另一个人格客观地考虑，可能发出那些可怕的话的语声："糊涂虫干的事！"吗？真的可称为一种活灵活现的墨丘利（Mercury），罗马神话中的传信神？或者，也许是荷马（《伊利亚特》，XXIII.313以后）所推荐的关于狡黠的活喻法？但这样一来，我们便像从前一样，被带到迷信的大道上，是的，而且还是异端的迷信。

康德在这一章节简述了他的道德神学，确实很简单，却没有遗漏其所有极重要的论点。他格外小心不赋予道德神学以任何客观的有效性，而宁可把它描述为只不过是一种主观上不可避免的形式，这一事实，即使他宣称对人的意识来说有其必然性，并不能消

* 康德以伟大的天才，是诉诸共存于人内的两种性格的理论（验知的性格和悟知的性格），才逐渐达到这一见解的。这两种性格，一种在时间之内，另一种无时限；一种严格受因果律制约，另一种不受任何制约。——译者注

除他用以构造这种神学的武断任意性。他的框架或体系，正像我们已看到的，是建立在连篇毫无根据的假设上的。

那么，如此之多是肯定的。这整个形象化的描述——一出法院裁决剧的描述——是康德用以描绘良心活动的，它完全是非本质的，而且绝不是它具有的特点；不过他直到最后都一直继续使用这一借喻形象，似乎它正适合这个题目，以便最后能从中得出某些结论。其实这种形象是十分普通的形式，当我们考虑实际生活中任何事情时，我们的思想很容易采取这种形式。它大多是由于时常涌现的对立动机的冲突引起的，并且这些动机不断地经受我们反思理性的斟酌与检验。在斟酌度量过程中，并不区别这些动机在其本质上是道德的或是利己主义的，也不区别我们的思考是关于过去的或是将来的某一行为。现在如果我们把康德的阐释剥去其法律比喻的外衣（它仅仅是一个任意选用的戏剧性附加物）的话，那么，周围的光环连带全部它的强制作用，也就迅速消失不见了，在那里剩下来的不过是这一事实，即有时当我们思考我们行为时，我们有些对自己的不满，这种不满显然具有特殊的特点。我们不满意的是对我们的行为本身，而不是对行为的结果，并且这种感觉不像我们因自己行为愚蠢而后悔的所有其他事例那样，是由于自私自利。因为在这些情况下，我们不满意的原因，恰恰是因为我们已经是太自私自利，因为我们已太为我们自己着想，为我们的邻居着想得不够；或者也许甚至因为，我们已经把别人的痛苦不幸本身当作一种目的，却没有得到由此产生的任何好处。我们可能对我们自己不满意，也可能因为我们使人遭受而非自己经历的痛苦而悲哀，这本来是一种普通的不能否认的事实。这一事实和能经

受适当检验的唯一的道德学基础的联系，我们将进一步考察。但是康德，像一个聪明的特别的申辩者那样，企图竭尽全力夸大并且修饰这一原始资料，以便为他的道德学与道德神学准备一个很广泛的基础。

第8章　康德关于悟知的与验知的性格学说·关于自由的理论

为了真理，我对康德的道德体系的抨击，并不像我的先驱者那样，仅触及其表面，而是深入其最深根源的。所以，似乎这样才算公正，即在我最后讨论我的题目的这一部分以前，我应提请大家记起，康德对道德科学还是做出了卓越的、显赫的贡献的。我是指他的关于自由与必然共存的学说。这一学说最初见于《纯粹理性批判》(第1版，第533—554页；第5版，第561—582页)；但在《实践理性批判》(第4版，第169—179页；罗，第224—231页)中解释得更加清楚。

意志活动的严格而绝对的必然性，当它们出现时由动机决定，这首先是由霍布斯说明的，以后由斯宾诺莎、休谟，也由D.冯·霍尔巴哈(Holbach)在他的《自然体系》(*Système de la Nature*)中说明；最后普利斯特里对此给予最完全而准确的说明。这一要点，确实，被如此清楚地证明，并且被置于毫无疑问的地位，以致必须把它计入完美建立的真理之数字内，而且只有无知之极才能继续谈人的个体行为中的自由，会是一种无拘无束、无所计较的选择。康德，由于他的先驱们的不可辩驳的理论，也毫不迟疑地认为，意志是紧紧受必然性锁链束缚的，他认为，这一问题无需进一步争论或质疑。这可以由他只从理论的或思辨的观点谈到的自由的所有章节所证实。尽管如此，我们的行为确实是伴随有一种独立的意识和原初的直觉，它们使我们认知这些行为是我们自己的行为，并且每一个人均以不能排除的确实性感到，他是他的行动的真正的做出者，并且在道德上为该行动负责。但是因为责任意指已经以不同方法行动的可能性，该可能性指的就是某种程度的自由；所以在责任的意识中也间接地与自由的意识有关。解决这种由这事实本质产生的矛盾的关键，终于被康德找到了：他以深奥的机智，划出现象和自在之物的区别而解决了这一矛盾。这一区别是他的整个哲学的真正核心，也是他的哲学的最伟大功绩。

这一个体，连带他的不变的、内在的性格，他的一切表现形式都是由因果性法则确定的，这一法则以理智为中介而起作用，在这里称之为动因，——这样构成的个体不过只是现象，构成这一现象基础的自在之物是在时间与空间之外，因此没有一切连续性与众多性，而是一，和不变的。它的构造本身是悟知的性格，这一性格同样地呈现于个体的所有行为中，像在一千封缄上盖的印记那样，牢牢地在每个行为上打上标记。现象的验知的性格——显露于时间内与连续性行为中的性格——因此是由悟知的性格决定的；所以，作为现象的个体，在他所有的由动机促动的表现形式中，必定显示一自然法则的不变易性。由此产生的结果是，所有他的行动都是受严格的必然性制约的。可是人们一般习惯于主张，一个人的性格能够求助于理性的道德训诫或忠告而改变；但是当一旦划分出悟知的性格和验知的性格的区别以后，由此得出，有思维力的人经常观察到的那种验知性格的不可改变性及僵硬化的解释，并且找出一个合乎理性的根据，因而被哲学接受为一确立的事实。这样一来，后者与经验是这么颇为协调一致，在普遍的智慧面前不

再感到羞愧不安了，这普遍智慧很早以前就以西班牙谚语，道出真理之言："凡是和儿童的便帽一起进来的东西，必定和裹尸布一块儿扔出去。"或者："凡是和牛奶一起喝进的东西，必定还要从裹尸布里倒出去。"

这种自由与必然性共存的学说，我认为是人类智慧最伟大的成就。它与先验感性论一起，构成了康德的荣誉花冠上两颗巨大明珠，永在人间闪烁。谢林在他的关于自由的论文中，显然是以释义方式将康德的教导加以炮制，由于它描述简明，活泼生动，对许多人来说更为易懂。如果其作者肯诚实说出他是凭借康德的智慧，不是凭自己的智慧写出这篇论著的话，这一工作是值得称赞的。可实际上，哲学界相当一部分人依然认为，全部功绩应归于谢林。

这理论本身，以及关于自由本质的全部问题，如果我们能结合一个普遍真理来考虑的话，人们会了解得更加透彻；我想，这一普遍真理可以最确切地用经典论著中常出现的一个公式表述，即：什么花结什么果，什么人干出来什么事。换句话说，世界中每一事物是根据它之所是或本质运作的，根据它的内在本质运作的，因此，它的所有表现形式都已潜在地包含在其本质中了；而当由外在原因诱发时，它们才实际表现出来；所以外因乃是这事物的基本构造借以显露的方法。并且由此产生的表现形式形成验知的性格；而它的隐蔽的、终极的基础，经验是不可能理解的，则是悟知的性格，也就是所论及的个别事物的实在本质自身。人构不成自然界其余部分的例外情况；他也有一种不变的性格，不过，这种性格在每一事例中都是极为独特不同的。这种性格就我们能够了解它来说，当然是经验的，所以也仅仅是现象的；而悟知的性格则是任何可能是这个人的真实本质的东西。他的全部活动，既然它们的外在构造是由动机决定的，只能根据这不能变易的个人性格而形成。什么样的人，就必然怎样行动。因此，对于每一单独事例中的某人来说，绝对只有一种可能的行为：什么人就必然干出来什么事。自由只属于悟知的性格，而不属于验知的性格。某个人的行动必然是外在地由动机决定的，内在地由他的性格决定的；所以他做的每一件事，都是必然地发生的。但是，在他的本质（即在他之所是）中，在那里，我们发现自由。他本可以成为不同的某种人；功或过系于他的本质。由此得出一个简单的推论：他的所有行动是根据他的本质产生的。通过康德的学说，我们避免了把必然与本质（一个人之所是）以及自由与行动（一个人之所为）联系起来的大错。我们才意识到，这是一种术语的误置，恰恰是术语相反的安排才是正确的。因此看来很清楚，一个人的道德责任，纵然它首先显而易见自然涉及他的所为，可是从根本上说，却涉及他的本质或他之所是；因为，他之所是乃原初的资料，他的行动，当动机一产生，绝不能采取任何其他不同于现实正采取的途径。但是，就个人而论，虽然行为是由动机诱发的这种必然性是很严格的，尚没有任何人想到——甚至确信这种必然性的人也未想到——因为这个缘故，而免除自责并归罪于动机；因为他很知道，客观地考虑，任何既定的环境以及其原因，完全允许采取一个十分不同甚而完全相反的行动路向；不但如此，这样一种行动路向实际上是会发生的，只要他能够成为一个不同的人格。他正是像他的行为所显示的那样一个人，而不是别的什么人——他感到自己应该对之负责的就是这个；

薄弱之处就在于他的本质(他之所是),在那里,良心的针砭容易深入。因为良心是对一个人自身的谙识——一位从本人实际行为模式得来的,而且越来越亲密的相识。这样,实际受良心谴责或控告的是本质(人之所是),而行动(人之所为)则提供控告的证据。既然我们只能通过责任感才意识到自由;所以责任所在之处,自由也必定在那里;在本质(在一个人之存在)中。受必然性支配的是行动(人之所为)。但是我们只能够通过经验认识我们自己与其他人;我们没有对我们性格的先天知识。当然我们天生的倾向应该对我们性格抱有高度评价,因为这一格言:"我们认为每一个人都是好的,直到证明情况相反",对于内心的法庭与世间的法庭来说,也许甚至更加适用于前者。

注　释

凡是能够识别一种思想的本质部分的人,纵然这种思想披着一种不同于他平常熟悉的外衣,他也将和我一样,认识到康德的关于悟知性格与验知性格的学说,早是柏拉图已有的一种洞见卓识。不同之处在于,康德是把它升华到一种抽象的清晰度;柏拉图则把它神秘化,并且同灵魂再生联结起来,因为当他没有察觉时间的理念性时,他只能以一种时间的形式描述它。如果我们读一读波菲利(Porphyrius)对柏拉图神话十分清楚准确的说明与例证,那么,就可非常清楚地看到这个学说和另一个学说的一致,该神话和康德的抽象语言的一致,显露得一清二楚。J. 斯托巴乌(Stobaeos)在他的《有关自然与伦理学说选录》(*Eclogae Physicae et Ethicae*)第 2 卷第 8 章,第 37—40 节,为我们保存下来波菲利全部遗失著作中专门评论上述神话的那一部分，正是柏拉图在《理想国》第10卷后半部所讲的神话。整个这一片段特别值得一读。我将征引短短的第39节作为一个样本，希望能引起对此有兴趣的读者自己去研究斯托巴乌。那么真相立刻大白：柏拉图的这个神话不过是对这一深奥真理的一个比方，康德以其抽象的纯正，把这一真理陈述为关于悟知性格与验知性格的学说，因此可以说，在几千年以前柏拉图就已经取得了这一学说的要义。确实，这一观点似乎还可以更往早追溯，因为波菲利认为，柏拉图的观点得自于埃及人。当然，我们也在婆罗门的轮回教义中发现这同样的理论，埃及教士完全可能是从印度的这一原始资料得来他们的智慧的。第39节如下文：

总括地说，柏拉图说的意思似乎可以表述如下。灵魂（他说）有自由的力量，在进入躯体和不同的存在模式以前，能够选择这一种或那一种生命形式，它们将以某类实存进入这些生命形式，并且进入一个与之相适应的躯体之内。（因为一个灵魂可能选择一个狮子的存在形式，同样也可以选择一个人的存在形式。）但是，这一自由的选择力量，随着它进入这样或那样生命的形式的同时，也就被除掉了。因为当灵魂一旦降入躯体，并且代替不受羁绊的灵魂变成有生物的灵魂以后，它们便获得在所有情况下都属于相关生物的那份自由力量。在一些形式中，如在人类中，这种力量很有智力又充满活力；在一些形式中，如在差不多所有其他动物中，它几乎没有什么能力，而且本性简单。进一步说，这种自由力量是这样依赖于有机体，以致尽管它的活动能力完全由它自身产生，但它的冲动却是由有机体内产生的欲望决定的。

第9章　作为康德道德学错误放大镜的费希特的伦理学

学生们在解剖学与动物学中对于种种标本和自然生成物有许多事情都不是像在雕刻中那样看得清楚明白，因为雕刻中有些夸张；所以如果有任何人看到上述批评以后，仍然不完全满意我所说的康德的道德学基础毫无价值的话，我愿介绍他读一读费希特的《伦理学体系》，一定能使他消除一切疑惑。

在古老德国的木偶中，一个小丑总是陪伴皇帝或英雄，为的是他以后能够随便对他们说过什么话或做过什么事，大加渲染。同样，在伟大康德的背后，站着这"知识学"（Wissenschaftslehre）的，不，一个真正的"无知识学"（Wissenschaftsleere）的作者。费希特为了谋得自己与家庭的幸福，以难以捉摸的神秘化方式，构成了创造一种感觉力的观念。考虑到德国哲学界的本质来说，这是一个非常合适而合理的计划，他极妙地执行这个计划，处处都超越康德。他看来像是活着的十全十美的康德，他十分拙劣地模仿康德的哲学，夸大它的所有主要论点。他的道德学也并没有逃开同样的处理方法。我们在费希特的《伦理学体系》中看到，康德的定言命令发展成一种专制命令；而绝对的"应该"，制定法则的理性，以及义务的训谕，已经发展成一种道德的宿命，一种深不可测的必然性，要求人类严格按照某些格律行事。从这种夸张炫耀判断（第308—309页）来看，相当多的地方必须依靠这些公式，可是人们绝没有真正发现它们究竟是什么。就只这么些才似乎是清楚的。正如蜜蜂生而有一种终生共同建巢室、筑蜂房的本能，人（据说）也禀赋有一种冲动，导引他们共同表演一出伟大的，绝对道德的，囊括世界的喜剧，他们的角色仅仅是扮演傀儡——如此而已。但是蜜蜂与人有这样重要的区别。蜂房确实是被建成了；而演出的，事实上，不是一出道德的世界喜剧，而是一出极不道德的世界喜剧。于是我们在这里看到，康德道德学的命令形式，道德法则，以及绝对的“应该”被一步一步地扩展，直到逐步演变成一种伦理宿命论体系，这种体系制定出来以后，往往陷于滑稽可笑的地步。[①]

如果我们在康德的学说中能找到一些道德的迂腐之论；费希特的这种迂腐则达到了荒谬地步，并且为讽刺提供了充分的材料。

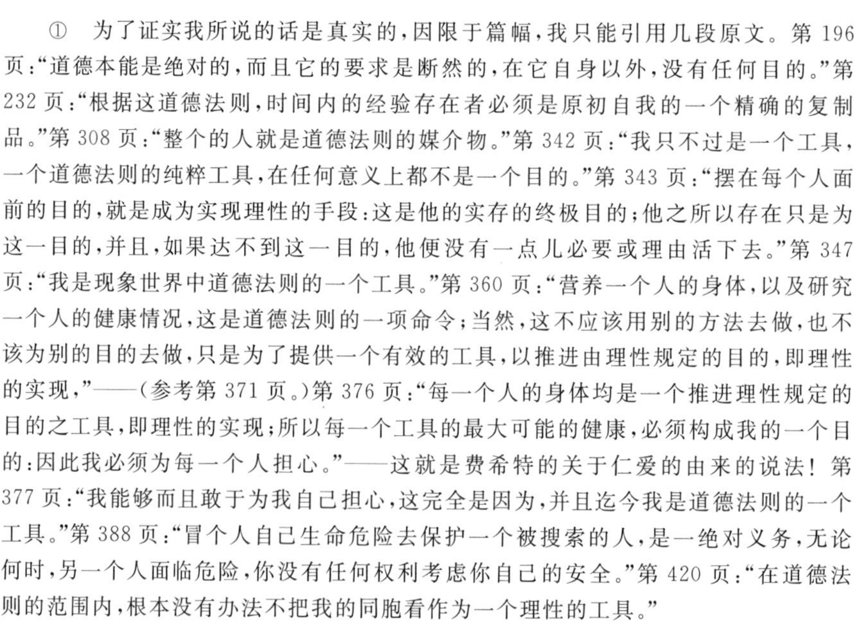

① 为了证实我所说的话是真实的，因限于篇幅，我只能引用几段原文。第196页：“道德本能是绝对的，而且它的要求是断然的，在它自身以外，没有任何目的。”第232页：“根据这道德法则，时间内的经验存在者必须是原初自我的一个精确的复制品。”第308页：“整个的人就是道德法则的媒介物。”第342页：“我只不过是一个工具，一个道德法则的纯粹工具，在任何意义上都不是一个目的。”第343页：“摆在每个人面前的目的，就是成为实现理性的手段：这是他的实存的终极目的；他之所以存在只是为这一目的，并且，如果达不到这一目的，他便没有一点儿必要或理由活下去。”第347页：“我是现象世界中道德法则的一个工具。”第360页：“营养一个人的身体，以及研究一个人的健康情况，这是道德法则的一项命令；当然，这不应该用别的方法去做，也不该为别的目的去做，只是为了提供一个有效的工具，以推进由理性规定的目的，即理性的实现，”——（参考第371页。）第376页：“每一个人的身体均是一个推进理性规定的目的之工具，即理性的实现；所以每一个工具的最大可能的健康，必须构成我的一个目的：因此我必须为每一个人担心。”——这就是费希特的关于仁爱的由来的说法！第377页：“我能够而且敢于为我自己担心，这完全是因为，并且迄今我是道德法则的一个工具。”第388页：“冒个人自己生命危险去保护一个被搜索的人，是一绝对义务，无论何时，另一个人面临危险，你没有任何权利考虑你自己的安全。”第420页：“在道德法则的范围内，根本没有办法不把我的同胞看作为一个理性的工具。”

请读者注意,例如(第 407—409 页),他是如何判定众所周知的,关于决疑论的两条人命必有一死的例子的。我们确实发现,所有康德犯的错误全被扩大到极端。因此,在第 199 页,我们读到:“按照同情的、怜悯的与仁爱的命令而行动,无疑是无道德观念的;确实,这种行为方法本身是和道德背道而驰的。”再如,在第 402 页:“使我们随时准备为别人服务的冲动绝不该是一种不假思索的厚道温和,而应是一种明确想出来的目的,即,尽可能进一步发挥理性之因果作用的目的。”不过,就在这些迂腐可笑的连串妙语之间,费希特的真正哲学的粗陋,也显露得够清楚了,这种情况,我们只能认为是一个人教书没有多余时间学习,才会发生的。他认真地提出一种自由的而冷淡的选择,用最微不足道且琐碎的理由,作为他的哲学的基础(第 160、173、205、208、237、259、261 等页)。毫无疑问,一个动机,虽然通过理智中介而起作用,无论如何是一个原因,因此像其他一切原因一样,包含同样的效果的必然性;推论应是:所有人的行为是一严格的必然的结果。谁一直不认识这一点,从哲学上说,他仍旧是野蛮的,不了解正确知识的基本原理。对支配人行为的严格必然性的理解力,形成划分哲学头脑和所有其他头脑的分界线;到了这个界限,费希特已清楚地表明他属于其他头脑。进一步说,他亦步亦趋追随康德(第 303 页),提出各式各样和上述各片断完全矛盾的陈述;但这种不一致,像他的论著中更多的这种不一致一样,只能证明他从未认真探索真理,没有什么要建立的坚强信念;因为就他的目的而论,这种信念确实一点儿也不需要。最可笑的是,这个人死后却因严格地推理论证而获誉良多;他的充满小题大作、空头大话的迂阔风格,实际上是被误解为上述那

种论证了。

费希特的道德宿命论体系的最全面发展，可见于他的最后著作：《知识学概论》(*Die Wissenschaftslehre in ihrem Allgemeinen Umrisse Dargestellt*，柏林，1810)。此书的优点是只有46页(12开的)，概括了他的整个哲学。所以应该介绍给那些不愿浪费宝贵时间去看他的大部头著作的人们，这些著作搞得又长又使人腻烦，配得上和C.沃尔夫相比，实际上，其用意在于迷惑而不是教导读者。在这篇短论文的第33页我们读到："对一现象世界的直观感觉作用之所以产生，仅仅是为了在这样一个世界中，作为绝对应该的自我本身是能看得见的。"在第33页我们竟然发现有这种话："这应该之可见性的"、"应该"(即这道德的必然性)；又在第33页："感觉到我应该的"、"一种应该"(即一种道德的必然性)。那么，这就是康德以后我们这么快就已经得到的东西！他的命令形式，连带它的未证明的"应该"(它紧紧拿"应该"当作一个最合适的论点)，确实是一个模仿错误的样本！

至于其他，我所说的一切并不推翻费希特给出的"贡献"。康德的哲学，这一人类睿智的新近的杰作，正是在它出现的这一国土上，他把它搞得黯然失色；不止于此，而且用空洞的，极度的夸大，用肆意铺张，用可见之于他所著《全部知识学基础》中，以多么深奥研究的伪装出现的胡说八道，来取代康德的哲学。他的"功绩"就是这样清楚明白地向全世界表明，德国哲学界的能力是什么了；因为他使它扮演一个小孩子的角色，哄着他用一块珍贵宝石去换一个纽伦堡玩具。他靠用这种方法得来的名誉，仍然靠人们的信任维持着；人们仍旧总是把费希特和康德相提并论，俨然是又一个

“赫尔克里士(Hercules)与一只无尾猴”* 这样的人！确实，他的名声时常还放在高于康德名声之上。[①] 当然，是费希特的榜样鼓励了他的后继者们施诡计把德国人民包围于哲学迷雾之中。这些人们受到这同样精神的鼓舞，并获得了同样的成功。每个人均知道他们的名字；这里也不是详细考虑他们的地方。不用说，他们的不同的意见，直到微不足道的细枝末节，哲学教授们却仍然提出来并认真地加以讨论；似乎一个人真正在和哲学家们打交道！那么，我们应该为现时存在的清晰文件感谢费希特，这些文件必将有一天由后代的审判庭，那个脱离现在的裁决的上诉法庭修正，这一法庭——它跟圣徒们所期盼的最后审判一样——差不多在一切时代都被留下来负责授给真正的功绩其公正的奖励。

* 希腊谚语，意指把崇高与荒诞并列一起。——译者注

① 我从最近的哲学文献中看到的一段话，可以证明这一点。费尔巴哈先生(Herr Feuerbach)，一位黑格尔派(我不必多说了！)在他的《论比埃尔·培尔》(*Pierre Bayle*：*Ein Beitrag zur Geschichte der Philosophie*，1838)一书第 80 页写道：“但是，费希特在他关于道德学说以及他处所提出的思想，远比康德的思想更为崇高。基督教教义也没有什么崇高的东西堪与这些思想相比。”

第 3 部分

伦理学的创立

第 1 章　这问题的情况

像这样，康德给道德学建立的基础，在过去 60 年一直被看作是正确的，现已证明是一种不能接受的假定，只不过是伪装的神学道德学；所以我们眼看它坠入哲学错误的也许永远也填不平的深渊。正如我已讲过的那样，我理所当然的认为，从前企图建立一个基础的种种尝试，更加不能令人满意。那些尝试大部分包括未证明的，得自于摸不着看不到的梦幻世界的论断，同时——像康德的体系自身——充满对极微差别矫揉造作的、难以捉摸的描绘，是建立在最抽象概念之上的。我们看到的是拼凑的难懂概念；为目的而发明的规则；在针尖上保持平衡的公式；以及夸张做作的格律，从这些格律中，再也不能看到实际生活的一切动荡混乱。这种细微描述，如果只是为了提高智力的敏锐，无疑还是极适合于演讲室的；但是它们永远不可能是每个人都有的行为公正、作事笃正的冲动之起因，它们也一样无力抗拒根深蒂固的不公正与心地冷酷无情的倾向。也不可能把良心的责备加罪于它们；把前者归咎于破坏这样辨别过细的训诫只能使训诫可笑。总之，像这些人为的观

念结合不可能——如果我们认真对待这一问题——包括真正的激发公正与仁爱的刺激因素。与此相反，这个必定是某种并不需要多少反思的东西，更不需要抽象与复杂的综合；这某种东西，不论对每个人，甚至对最野蛮的人来说，都不是依赖于知性的训练才有的，——是一种完全根据直观感觉，并且就像从事物实体直接发射出冲向目标之类的东西。只要道德学不能够指向这样一种基础，它可以继续它的讨论，并在讲堂上大加炫耀；但是，实际生活却将给它以无情蔑视。所以，我应该给我们的道德家这一似非而实是的忠告，请他们首先花一点时间考虑他们自己在他们同胞中的行动。

第2章　怀疑的观点

但是，当我们回顾过去为给道德学寻找一个稳固的基础，进行两千多年的尝试、徒劳的尝试时，我们大半不应该认为，根本没有独立于人类制度的天然的道德。我们不可以这样论断么，一切道德体系不过是人为的产物，是为了更好地约束自私与恶劣的人类而发明的手段；而进一步说，因为道德体系没有内在证据，又没有天然的基础，如果没有积极的宗教支持，它们就不会达到它们的目的么？法规与警察不足以应付一切情况；存在违法犯罪的事情，可是很难发现它们；而对一些犯罪的惩罚确实是无根据的；简而言之，对于违法犯罪，我们没有公共保障。再者，民法至多能够实施公正，却不能够实施仁爱与慈善；当然，因为就这些品质来说，人人都愿意扮演消极的角色，没有人愿意扮演积极的角色。所有以上所述，已经使这一假设发生了，即道德完全建立在宗教上，两者有同一目的——补足国家机器和法规的必然不足或不当的目的。因此，不可能(据说)有一种天然的道德，即一种单纯基于事物的本质或人类本性的道德，并且可以对哲学家们探索道德的基础而毫无结果作出解释。这一观点并非没有似乎可能性；我们发现，一直远至皮朗怀疑论者(Pyrrhoniker)就有这一观点："一切事物本质无善亦无恶，善恶由人判断决定，雅典的泰门(Timon)如是说。"在现代也有出名的思想家服膺这一观点。因此应该对它加以仔细考

察；不过，比较容易的方法是不再考虑这观点本身，而是用审视的眼光看看那些提出这种理论的人们的良心。

如果我们相信，人类一切公正与合法的行为都有一道德根源的话，我们就会犯一个严重的，一个非常幼稚的大错误。事实远非如此。一般地说，在人们所行的公正和心地的单纯之间，存在着一种类似于那种客气的表示和真正的爱邻居的关系；这种关系和前一关系不同，并看不出明显地克服利己主义，但实际上却真是克服了。对那种处处如此小心显示出来的感情的诚挚，应该认为是没有任何怀疑的；那种在这方面稍有怀疑的表示便会引起的深切愤慨，并且还容易惹起的愤怒；——这些人们常表现的症状，我们认为是什么原因产生的呢？只有没有经验与意念简单的人，才会把它们当作真币，当作一种美好道德感情，或良心在起作用呢。实际上，这种在人的交往中所采纳的，并且被坚持当作一种不亚于大山那样不可动摇的信守规则之行为的一般端正性，主要取决于两个外在必要性；第一，取决于法律规定，每个人的权利是政府当局根据法令加以保护的；第二，取决于公认的要拥有公民的荣誉，换句话说，要有个好名声，以便在世界中获得发展或出人头地。这就是为什么个人的一举一动都受到公共舆论密切注意的缘故，这种舆论十二分严厉，绝不原谅哪怕就是一次错误行动或失误，而要把它牢记在犯错误人的身上，作为他终生抹不掉的污点。仅就此而言，公共舆论是够聪明的；因为根据这根本原理："人的行动决定于他的本质，"舆论表示确信，性格是改变不了的，因此一个人一次干的事情，只要还有完全一样的环境条件，他一定还要干。这就是一直监视人们端正行动的两个看守者，没有它们，坦白地说，我们会处

于可悲的境地。特别是涉及财产，这一人们生活中一生为之付出大部分能力与活动的中心问题。因为纯粹道德的正直动机，假定它们存在的话，除非很间接地，不能够当作一个确定性命令应用于由国家保障的所有权问题。这些动机，事实上，只对自然权利才具有一种直接与实质性的关系；就后者是以前者为基础来说，它们与法定权利的关系仅仅是间接的。然而，自然权利只属于那些以个人自己的努力获得的财产；因为，当得到这财产时，同时也就掠夺了财产所有者为获取它所付出的一切努力。我绝对反对优先占有权的理论，但不能在这里提出对它的驳斥（可见《作为意志和表象的世界》，卷Ⅰ，第 62 章，第 396 页以后，及卷Ⅱ，第 47 章，第 682 页）。当然，现在一切建立于规定的权利上的不动产，应该从根本上说并且最后（不论包括多少中间环节）是建立在自然的占有权利上的。但是，大部分情况下，在属于我们市民生活的地契和这种自然权利——它们的原始来源——之间，有着多大的距离！确实，它们与后者的关系一般不是很难证明，就是不能证明的。我们拥有的东西之所以是我们的，是靠继承，靠婚姻，靠抽彩得奖；或者，如果不是用任何这类方法的话，它仍然不是靠我们自己辛劳工作得来的，靠的是狡猾与脑筋灵光（例如在计算领域），是的，有时甚至就是靠我们的愚蠢，由于种种情况巧合，天意赐给愚蠢以荣华富贵。财产是真正辛苦劳动果实的事例，实属罕见；即使一般像是律师、医生、教师、文职人员，等等的脑力工作，在未受教育的人看来，似乎也并不费多少力气。

那么，当财产是以任何这种方式获得的时候，要使出于纯粹道德的冲动承认并尊重这种道德权利以前，需要相当多的教育。因

此，不少人暗自认为，别人的财产只不过是凭规定的权利才拥有的。所以，如果他们利用法律或者也许逃避法律以寻找抢夺另一个人财产的办法，他们感觉不到有什么顾虑；因为他们认为，他会像先前他得到他的财产那样，会丢掉他现拥有的财产，所以他们把他们自己的所有权看作和他的是相同的。从他们的观点看来，市民社会中更强者的权利是被更聪明人的权利代替了。

我们偶尔可能注意到，富人时常固执地坚持行为的端正性。为什么？因为他把他的整个心思全放在一个规定上，并且坚决维护这一规定，他的整个财富，以及财富带来的一切利益，端赖遵守这一规定。因此，他对“各人的东西归各人”这原则的表白，是百分之百认真的，显示不动摇的一贯性。毫无疑问，可以看得出他有一种客观的忠诚于诚恳与真诚，这样可以令人崇敬他们；但是，这种忠诚纯属建立于这一基础之上，即诚恳与真诚是人们之间一切自由交往的基础；良好秩序的基础；以及安全所有权的基础。所以它们总能使我们自己得利，为此目的即使要付出一些代价，也必须保持诚恳与真诚；犹如花一定开销买一块好地是值得的一样。但是这样得来的尊敬，通常只在有钱人之间，或者至少在那些作赚钱买卖的人之间，才可以常见到。它是买卖人的特殊特点；因为他们坚信，商业活动中彼此的信任与信用绝不可少；这就是为什么自己要遵守商业信誉的缘故。另一方面，连糊口都有困难的穷人，由于财产分配不公，看到他自己不得不过着匮乏与艰苦辛劳的生活，而眼看别人生活奢侈安逸，他们不容易理解这种不平等存在的理由，乃是一种贡献与诚恳勤勉相对应的不平等。并且如果他不能清楚地认识这一点，他怎么会听从纯粹的道德正直动机的支配，而不伸手

去抓取另一个人多余的东西呢？一般地说，只有以法律形式建立起来的政府命令，才能制止他不这样做。但是，如果真有这样一个少有的机会出现，他发现周围没有警察，而且只要动一动手就可以摆脱难堪的贫穷重担，一看到别人富裕，这种重担便益加沉重了；如果他感觉到这一点，又认识到这样做能使他拥有和享受他长期梦寐以求的一切：在那时，有什么能使他住手不做那种事呢？宗教教义吗？信仰很少能这样坚强。一种纯粹要求公正与正直的道德动机吗？也许只有在很少、孤立的情况下会如此。但在绝大多数情况下，实际上起作用的不过是一个人对他的好名声、他的公民荣誉感到担忧罢了——这是一件甚至和处境卑微的人都有密切关系的事情。他知道不诚实行为必定立即付出代价的危险，被驱逐出过着正确生活的可尊敬的人们的大社会之外。他知道，全世界的财产已适当分配在他们手里，如果哪怕他只干过一次丢名誉的坏事，他们也可行施权力使他终生被社会所遗弃。他知道，无论谁在这方向上走错一步，便标明他是没有人信赖、没有人愿与之为伍、被剥夺一切晋升机会的人；对他来说，由于是“偷过东西的人”，这一谚语可以适用：“偷过一次东西的人一辈子都是贼。”

那么，这些就是监视人与人之间端正行为的保卫者，凡在社会中生活并留心观察的人必将承认，人们交往中绝大多数的可尊敬的行为应归因于这些保卫者；不，他将更进一步说，并没有这样迟钝的人们，他们甚至希望对他们的警惕性满不在乎，并且把公正与诚实仅仅看作像一面国旗那样的外在标志，在其保护下，他们能够更能成功地实现他们自己掠夺的癖好。所以，如果我们发现一位道学家建议，也许一切尊严与正直从根本上说可能仅仅是传统习

惯所致，我们不需要大发雷霆，扣好我们的甲胄，论个高低。霍尔巴赫(Holbach)、爱尔维修(Helvetius)、达朗贝(d'Alembert)与他们时代其他人就做过这样的事情；并且，为把这一理论探究到底，他们竭尽巨大聪明才智，终于追溯到一切道德行为的动机，不管远的和间接的，都是利己主义的。他们的见解，因为有一终极的、以自我为中心的基础，对大多数公正行为来说，确实是适合的，这我已经在前面证明。这种见解对于大量作为善意与仁爱表示的行为来说，也是适合的，这是无可置疑的；这种行为时常起源于夸耀，更时常起源于相信会得到几倍甚而几十倍的报偿；或者能够用其他利己主义动机解释它们。然而，同样确定的是，可以看到出于无私善意和完全自愿公正之行为。为证明这后一陈述，我只诉诸经验的事实，不诉诸意识的事实。有记载可征信的孤立的、却无可争辩的一些事例说明，一位贫穷的偷窃者不仅排除了受法律制裁的危险，而且也排除了一切发现甚至怀疑的可能性，尽管如此，这位穷人还是把窃物归还富人原主。例如，失而复得之物都是没有想到要或希望要奖赏而被送回的；一个第三人称的存款在他死后被归还合法的原主；一个穷人，秘密地受一个逃亡者委托保管一件宝物，他一直忠实地保管，以后又还给他。这类事例毫无疑问是能够找到的；单是我们听到这些事例以后所唤起的惊讶、情感以及崇敬，就可以证明它们是出乎人的意料，非常例外的。实际上确实有诚实的人：就像四叶的苜蓿，他们的实存并非虚构。但是当哈姆雷特说："在这个世界上，一万人中间只不过有一个老实人"时，他可没有用夸张法。如果有人反对这一见解，认为宗教教义，包括死后世界里的奖惩，毕竟是上述行为的根源；但很可能举出行为者并没有任何宗教信仰的事例。而且这绝不是像一般认为的那样一件不常见的事情。

那些反对这怀疑观点的人特别求助于良心的证明。但良心本身是受到非难的，同时对它的自然起源也提出疑问。原来，事实上，有一个假良心常与真良心相混。许多人对他们所做所为感到的遗憾与焦虑不安，从根本上说，不过是对可能造成的后果的恐惧。有不少人，如果他们破坏了外在的，自愿的，甚至可笑不合理的规则，所感到内心的反省的痛苦，完全和真正良心所给的那些痛楚相似。这样，比如，一位信仰偏颇的犹太人，如果礼拜六他在家抽烟斗，真会感到心情沉重，因为他意识到未遵从《出埃及》第 35 章第 3 节的训令："当安息日，不可在你们一切的住处生火。"一位高尚的人或者官员时常都受到良心责备，因为他总有时候没有完全遵从称之为武士节义的愚人的法典！不但如此，而且他这一阶级的许多人，如果看到在某一争吵中的所为，不可能满足上述名称的法典的最低要求——还不必说遵守他们的荣誉誓约了——他们是愿意自杀的。（以上两例都已编入我的知识。）而另一方面，这同一个人对每天不守诺言都毫不介意，只要不涉及那一阶级特有的行话"荣誉"就行。简而言之，每一个不合理、未加思索的行动，无论什么和我们的成见、原则或信念相反的行为；确实，每一不慎，每一错误，每一蠢事，均使我们暗自心痛，这种伤痛以后也难以消失。一个普通人，常认为他的良心是这样的一个庄严的构造物，但如果他能了解它实际包括的内容的话，一定会感到惊异：也许大约有五分之一，是对人的恐惧；五分之一，迷信；五分之一，成见；五分之一，虚荣；以及五分之一，习惯。所以实际上他简直和十分坦率地

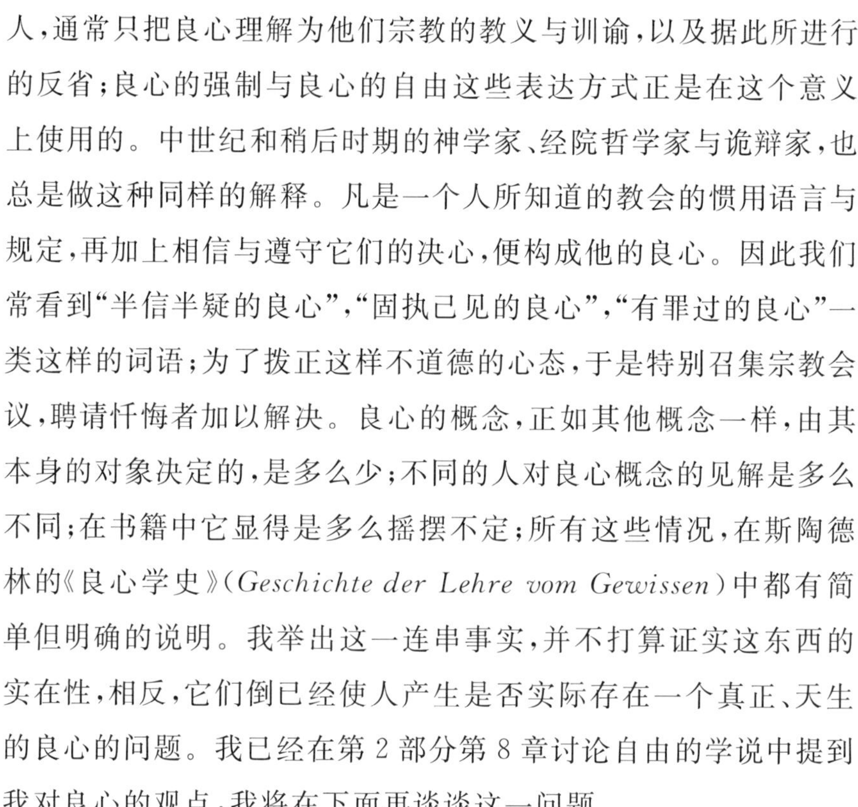

说:“我不能保有我的良心。”这个英国人一样。无论信什么教派的人,通常只把良心理解为他们宗教的教义与训谕,以及据此所进行的反省;良心的强制与良心的自由这些表达方式正是在这个意义上使用的。中世纪和稍后时期的神学家、经院哲学家与诡辩家,也总是做这种同样的解释。凡是一个人所知道的教会的惯用语言与规定,再加上相信与遵守它们的决心,便构成他的良心。因此我们常看到“半信半疑的良心”,“固执己见的良心”,“有罪过的良心”一类这样的词语;为了拨正这样不道德的心态,于是特别召集宗教会议,聘请忏悔者加以解决。良心的概念,正如其他概念一样,由其本身的对象决定的,是多么少;不同的人对良心概念的见解是多么不同;在书籍中它显得是多么摇摆不定;所有这些情况,在斯陶德林的《良心学史》(*Geschichte der Lehre vom Gewissen*)中都有简单但明确的说明。我举出这一连串事实,并不打算证实这东西的实在性,相反,它们倒已经使人产生是否实际存在一个真正、天生的良心的问题。我已经在第 2 部分第 8 章讨论自由的学说中提到我对良心的观点,我将在下面再谈谈这一问题。

即便把所有这些怀疑的异议加在一起,丝毫也不能证明真正的道德就根本不存在,尽管这些异议可能使我们对人类的道德倾向,以及道德学的自然基础,不抱太大希望。毫无疑问,我们能证明许多归因于道德感的行为,实际是由于其他因素的激励;并且当我们沉思这世界上的道德败坏时,看得十分明显的是,为善的刺激不能是很有力量的,尤其因为这种刺激甚至在对立的动机微弱的情况下,时常都不起作用,尽管那时我们感到个人的性格差异非常明显。

应该看到，辨识这种道德败坏之所以更加困难，因为它的表现由于实施法律而被公共秩序所抑制与掩盖，受到需要有个好名誉的抑制与掩盖；以及甚至受到日常礼貌习俗的抑制与掩盖。而且还不止以上所说的这些。人们通常认为，教育青年提高他们的道德兴趣，把正直与德行描绘为世人一般遵循的原则就可以了。但以后，经验教给他们的却是另外一回事，这时常对他们非常有害；因为他们发现，最初欺骗他们的原是他们年轻时候的教师，这对他们的道德很容易产生比上述情况更加有害的恶劣影响，如果这些人曾首先给他们树立坦白诚实的榜样，坦率地说："这世界陷于邪恶之中，人不是他们应该所是的人；但不要因此误入歧途，而要使你做得更好。"我已说过，所有上述情况都增加了认识真正的人类不道德现象的困难。国家——这一人类绝妙之作，它总结了一切人自觉的、巧妙的利己主义——把每个人的权利委托给一个权力，它大大高于个人的权利，强迫他尊重所有其他人的权利。这是限制几乎所有人的无限自私心，许多人的恶意，不少人的残酷之束缚力量。这样产生的错误观念是如此强烈，以致在特殊情况下，那里的行政权力失效，或者被逃避管理，那里人们的无厌的贪欲，卑鄙的贪婪，极度的虚伪，或可憎的奸计，其丑恶毕露，吓得我们哆嗦退缩，还以为我们是偶然碰见了某种从未听说过的怪物呢：既然没有法律强制，又没有保持荣誉的必要性，这些怪而可笑的景象可能是每天都会发生的事情。为了从道德观点发现人是用什么制成的，我们必须研究无政府主义者过去行为的记录，以及和罪犯有关的失当或者非法的行动。涌现在我们眼前彼此和平交往的成千上万的人，我们只能把他们看作是很多嘴巴上带上了坚实口络的虎狼。

现在让我们假定解开这一口络，或者换句话说，国家的权力废除了；仔细想一想那时即将出现的情景，就会使一切能思维的人战栗；并且他们会因此改变原来多少还有点儿无论对宗教的，对良心的，或对道德观念自然基础的功效之信任。但如果解除这些不道德的、主张废弃道德法则的势力的桎梏，使之不受束缚，也正是在那时，隐蔽的真正道德动机，才会凸显它的能动性，因而是最容易识别的。而且正是此时才能最清楚地表现出人与人之间性格的巨大差异；这种差异就像人的智力差异一般大，这就不用多说了。

反对的意见也许将提出这一问题：道德学与人们实际做什么无关，但它讲的是人们行为应该是什么的科学。可是我反对的正是这种见解。在本论文的关键部分，我已充分证明，这“应该”的概念，换句话说，道德学的定言命令，仅仅在神学的道德观念中才有效用，在它以外它便丧失一切意义与意思。我放在道德科学前面的目的是指出所有各式各样人的行为的道德方向；解释它们；并且追溯到它们的终极来源。所以除去经验的方法以外，找不到任何发现道德基础的其他方法。我们应该寻找并且看看，是否我们能发现任何我们不得不把它们归因于真正有道德价值这样的行为；那就是自愿的公正行为，纯粹的仁爱行为，以及真正的高尚行为。这种行为，当找到以后，便被看作一已知应加以适当说明的现象；换句话说，必须考察它的真正始源，这包括对特殊动机的研究解释，这些动机导致一些人的行为和所有其他的非常不同，以至于他们自己竟形成一个阶级。这些动机，连带对它们的反应敏感性，将构成道德的终极根据，而关于它们的知识将是道德学的基础。这就是我指给道德科学研究应循的微不足道的途径。它不包括任何

先天的构建，不包括对抽象的一切有理性者的绝对立法；它没有一切官方的，学院的批准。所以，无论谁认为它不很合乎潮流，可以回到定言命令那里去；回到“人的尊严”的口号那里去；回到空洞词汇、混乱不清以及经院哲学家的肥皂泡那里去；回到这样的原则那里去，经验每一步都对它们倾注蔑视，在讲堂外面的人，对它们根本一无所知，或者向来也没有丝毫注意过它们。另一方面，遵循我所指的途径而达到的基础，是由经验支持的；而且经验每日每时默默地提供赞成我的理论的证明。

第3章　反道德的动机

人的主要的与基本的动机和动物的一样，是利己主义（Egoismus），亦即迫切要生存，而且要在最好环境中生存的冲动。德语Selbstsucht（追求私利）还含有一个错误概念，即疾病（Sucht）。* Eigennutz（自身利益）一词的意义为利己主义，只要后者是以理性为指导，理性依靠反思使它有计划地彻底实行它的目的；所以可以称动物是利己的，但不是自私自利的（eigennützig）。所以我将保留适合于一般概念的利己主义这个词。那么这种利己主义在动物和人中，都是极密切地和他们的本质与存在结合在一起的；确实，它是完全一样的东西。因此所有人类的行为，一般地说，都有其利己主义的根源，于是当我们试图找出对任何已知行为的方向的解释时，我们必须总要首先求助于它；正如，当决定努力指引一个人任何行动方向时，盘算达到这一目的的方法，普遍地是涉及这同一的、全能的动机的。利己主义，从其本质来说是无限制的。个人充满维护个人生命以及使之避免包括一切匮乏与穷困在内的一切痛苦之无限欲望。他想过极尽可能愉悦的生活，想得到他所能意识到的一切满足；确实，如果可能，他企图演化出崭新的享乐能力。

---

* Sucht有两个意思，一为嗜好、癖、瘾、欲望、狂热、癖好等，如嗜酒癖、吸毒瘾等；一为疾病。疾病这一意思现在已很少用了。——译者注

一切有碍于他的利己主义竞争的事物，都会引起他的不快，他的恼怒，他的憎恨：这就是他要设法消灭的生死存亡的敌人。如果可能的话，他喜欢为自己的享乐而拥有一切；鉴于这是不可能的，他希望至少能控制一切。“一切为自己，无物为他人”是他的座右铭。利己主义是高踞于世界之上的一个庞大巨怪。如果允许每一个人在他个人的破灭和其余人类的破灭之间进行选择的话，就不必我说在大多数情况下这一选择决定会是什么了。这样看来，每个人类个体均要使他自己成为世界的中心，他是完全从那一立足点看待世界的。不论发生什么事情，甚至比如说，他首先把民族命运方面的最广泛变化同他自己的利益联系起来，虽然影响他的利益不大又间接，他必定是首先只考虑他的利益。我们想象不出有什么比这个更为鲜明的对照了，即一方面是每个人对他自己的自我之深刻、专有的热衷，另一方面是所有其他人通常用以看待那一自我的冷漠，——而这种冷漠恰恰和他用以看待其他人的一样。看到无数人群中每个人如何认为自己，至少从实践观点看，是唯一的实在物，而认为所有其他人多少是纯粹的幻象，真感到有些滑稽。发生这种现象的根本原因在于，每个人是直接地意识到他自身，但是通过他的想象，他仅仅是间接地意识到别人；而直接的印象坚持它的权利。换句话说，正是由于我们意识本质的主观性，每个人自身即是全世界；因为一切客观的东西仅仅间接地存在着，不过是主体的心理图像；是以每一事物便一定按自我意识来表达。这个唯一的、个人对之真正领会并有一定知识的世界，他把它记在心上，像由他的头脑制成的一个映象；所以，他是它的中心。于是，对他自己说来，他是一切的一切；并且既然他感到，他把一切实在之物全

包括在他的自我之内，那么对他来说，什么东西都不比他自己的自我更为重要了。（应该注意，尽管从主观方面一个人的自我表现为这些庞然大物，客观上它却差不多缩小成微不足道的东西，即大约占人类的10亿分之一。）进一步说，这一极端重要的自我，这一微观宇宙，对它来说宏观宇宙纯粹是它的变形或偶然的事物。——这个，它是个人的整个世界，他十分清楚必定因死亡而消失；所以对他来说，自我的消失就等于一切事物的毁灭。

那么，这些便是利己主义基于生存意志所由形成与发展的基础，这种利己主义像一个宽大的壕沟，把人和人永久隔离开来。如果任何时候某人真地跳过壕沟去帮助另一个人，这种行为便被看作是一种奇迹，引起惊愕，赢得赞同。在前面第2部分第6章讨论康德道德学原则时，我已描述了日常生活中利己主义的举止行动，它无时不在这一犄角或那一犄角窥视，连平常的礼貌都不顾及了；本来么，那种礼貌不过像传统的无花果树叶一样，是用来当作遮蔽物的。事实上，礼貌是对每天交往小事中利己主义的一种习惯的，有规则的否认，并且自然是一套公认的虚伪。人们要求而且称赞彬彬有礼，因为礼貌所掩盖的东西——利己主义——是那么可憎，没有人愿意看到它，尽管人们很清楚它就在那里；正如人们最爱把令人厌恶的东西至少要用个帘子遮一遮。那么，除非有外在的约束力（其中必须包括一切恐惧的来源，不论是对人力或神力的恐惧），要不然就是有真正的道德动机起有效作用，利己主义肯定永远无限地、径直地追求其目的；因此没有这些制约，考虑到无数自私自利的个人，“一切人对一切人战争”就会是当代的秩序，并且会证明是一切的毁灭。早期建立国家政府就是这样以沉思的理性加

以解释的，实际上这种政府起因于互相对往复暴力的恐惧，尽其所能以消极措施避免普遍的利己主义造成的灾祸后果。然而，在反对利己主义的这两种约束力失效的地方，后者便很快暴露它的一切可怕的特质，这种可鄙事物又不完全引人注意。为了用几个词就可以表示这一反道德力量的强大程度，比如说，把它一笔描绘出来，需要某种特别强调的夸张法。可以这样说：许多人会干得出杀人的坏事，仅仅是为了用受害者的肥肉擦他的靴子。我只怀疑这终究是否有什么夸大之处。这样看来，利己主义是道德动机必须与之争斗的虽然不是唯一的，却是第一个而且主要的力量；而且确实很清楚的是，后者为了成为反对这样一个敌对者的力量之一，必须是某种比一种吹毛求疵的诡辩，或者一种先天的肥皂泡，更为实在的东西。在战争中，首先应该充分了解敌人；并且在现已迫在眉睫的战斗冲突中，利己主义，作为它自己一方的主要战斗者，是最反对公正的德行，我认为，公正是第一个而且最早的主要美德。

另一方面，把仁爱的德行同恶意或怀恨相匹配更恰当，现在我们愿意考虑一下恶意或怀恨的起源及其发展阶段。较低程度的恶意，是很常见的，确实，几乎是件普通事情；可是它也容易升级。歌德说，在这个世界上，冷漠与厌恶像在自己家里那样自在，无拘无束（《亲和力》，*Wahlverwandtschaften*，第1部第3章），这肯定是对的。对我们来说很幸运的是，谨慎与礼貌匆匆给这一邪恶披上的外衣，使我们看不到它是如何普遍存在，以及至少在思想中"一切人对一切人战争"是如何一直在进行的。可是这种邪恶仍然有反复出现的迹象：例如，很常见的无情的背后造谣中伤，就含有这种恶意；而在发怒时它的表现最为清楚，因为这种发怒大部分是为了不值得的小事，而且如果它们没有像黑色火药那样，被紧紧压缩到长期怀恨的易爆混合物中的话，本来不大可能是这样暴烈的。恶意一般来自于每一步都出现的利己主义之不可避免的冲突。进一步说，客观上由于看到软弱、愚蠢、恶行、失误、缺点以及各种不足，便激发了这种恶意，而以上各种现象是所有人至少多多少少偶尔授人以柄的。确实，这一景象已达到这种地步，许多人，尤其在忧郁沮丧时，可能倾向于从审美观点，把人世看作一个讽刺画展览室；从理性观点看作一个疯人院；从道德观点，看作一个骗人的赌徒窟。如果这种精神态度得以放任，其结果便是对人类的厌恶。最后，恶意的主要来源之一是忌妒；或者更确切地说，忌妒自身就是恶意，由看到别人的快乐、财富或优势所燃起。人是绝对有忌妒心的；希罗多德早就说过："忌妒是人类伊始就自然生长出来的。"但是忌妒的程度变化很大。当把忌妒对准个人品质这一目标时，这种忌妒最为恶毒且难以平息，因为那时忌妒者没有什么要希望得到的东西。并且正是在这种情况下，忌妒的最卑鄙的形式也出现了，因为人生来就憎恨他们本应该热爱和尊崇的事物。可是"人世变迁"就是这样，甚至彼特拉加(Petrarca)* 也抱怨说：

> "因为忌妒首先紧抓着那些人不放，
> 他们靠着他们自己强有力的翅膀飞起，
> 逃离那一般民众被禁锢于其中的牢笼。"

为进一步研究忌妒，读者可参阅《附录和补充》卷 2 第 114 节。

在某种意义上，与忌妒相反的是幸灾乐祸地注视别人不幸的

* 彼特拉加，Petrarca，Francesco，1304—1374，意大利诗人。——译者注

习惯。无论如何，前者是人所特有的，而后者则是恶魔性的。看到别人痛苦便称心地、由衷地感到高兴，这是一个绝不会错的、表明一颗坏透的心肠和道德的极为卑微的标志。一旦看到有这种特性的人，应该永远躲开他："这个人是黑肤色的，噢罗马人，你们要提防他。"(贺拉斯语)这两种邪恶本身仅仅是理论上的；在实践中，它们变成为恶意和残忍。当然，利己主义可能导致恶事恶行以及各种犯罪；但是，给别人造成的损害与痛苦，纯粹是手段，不是目的，所以尚属一个偶然性的问题。而恶意与残忍则使别人的痛苦不幸成为目的本身，实现这一目的能给予明显的快乐。因此它们构成一种更加严重的道德卑鄙行为。利己主义的格律，最坏也就是：因而总有一种条件，绝不帮助任何人，但却损害所有的人，如果这条件会给你带来什么利益的话。恶意的指导规则却是：就你所能去损害所有的人。因为怀恶意的快乐事实上是理论上的残忍，所以，反之，残忍不过是付诸实践的怀恶意的快乐；并且后者一有机会一定以残忍的形式表现。

对源于这两种主要反道德力量的特殊罪恶的考察，不属于本论文的范围，它的正当位置应在详细的道德体系之内。我们从利己主义可能推导出贪欲、贪食、色欲、自私、贪婪、不公正、心肠冷酷、骄傲、自大，等等；可以把不满、忌妒、恶意、怨恨、幸灾乐祸、爱打听的猎奇心、中伤、傲慢、暴躁、憎恶、生气、奸诈、欺骗、渴望报复、残忍等，归咎于满怀怨恨。第一个的根源是兽性更多，第二个根源是魔鬼性更多；并且根据二者中哪一个是更为强有力；或者根据道德的动机(下面将说明)占支配地位，这样便决定了人的道德品格分类的显著特质。任何人都不能完全摆脱上述所有三种根源的某些痕迹。

我在这里就结束我对这些可怕的邪恶力量的考察;这一大群人使我们想到弥尔顿(Milton)《失乐园》诗中万魔殿里的黑暗王子们。但是我的计划,在这一方面当然和其他一切道德家不同,需要我从一开始便考虑到人性的这一阴暗面,而且像但丁那样,先下到十八层地狱。

现在可以十分清楚地看到,我们的问题该有多么难了。我们必须找到一个动机,它能使一个人采取一种正好和深深根植于他本性中所有癖好相反之行为方向;或者,假定这种行为是一经验的事实,我们必须能够给它提供一个适当的而非虚假的解释。事实上,这一困难是如此之大,为了解释它,对人类的绝大多数来说,无论什么地方都一直是非得求助于天国的超自然力不可。人们都一直指向诸神,所要求于人的行为模式被说成为诸神的意志与命令,并且使人认为,他们是用或在今世或在死后来世的奖惩办法来强调这种命令是多么重要。现在让我们假定,对这种教条的信仰已普遍生根(通过年龄很小就竭力灌输,这当然是可能的);让我们还假定,这种信仰产生预想的效果,——虽然这件事更加难以承认,并且远未经经验证实;那么我们无疑会成功地获得行为的严格合法性,甚至超出司法官与警察能够达到的限度;但是每个人均感到,这一点儿也不意味着是我们所说的发自内心的道德。因为显然可见,每一个由像刚才谈到的动机所引发的行为,毕竟纯粹是由利己主义衍生出来的。当我愿意受报酬引诱,或被惩罚威胁吓住时,我怎么能谈到毫不自私自利呢?完全相信来世的报偿,应该看作是一张汇票,它极为安全,可是只能在渺茫的将来才能兑现。乞

丐那么经常地向救济他们的人做出十分慷慨保证，在来世他们必将得到比他们的赠与多一千倍的回报，这样看来，像这种慷慨的保证很可能导致许多守财奴大方的施舍；因为这样一个人，完全相信将来再能富敌陶朱，扬扬自得地把这看作很有利的投资。对大多数人来说，也许永远需要继续不断地诉诸这种性质的激励因素或动机，我们知道，这就是不同的宗教传播的训诫，而各种宗教事实上是人民的形而上学。虽然如此，就这一点来说，我们应看到，一个人时常弄错别人行为的动机，他时常也把支配他自己行为的真正动机弄错了。所以，可以肯定，当许多人只能够向他们自己说明他们最高尚的行为是由于上述那种动机所致时，然而，他们行动上实际是受高尚得多、纯洁得多的动机支配的，不过后者可能更难于发现。毋庸置疑，他们所作所为出自于对他们邻居的直接热爱，他们只能把这种行为解释为他们上帝的命令。另一方面，哲学在处理这一问题时，正如处理其他一切问题一样，则竭力从人的本性自身泄露出来的事物中，抽出已知现象的真正、终极的原因，尽管这些泄露的事物必须摆脱一切神秘解释，摆脱一切宗教教条以及超验的基础，哲学仍要求看到从外在的或内在的经验加以证实。现在，由于我们目前的任务是个哲学任务，我们必须完全不考虑任何宗教所规定的一切解答；而我在这里已简单地论及它们，仅仅是为了更清楚地展示其困难之大而已。

第4章　有道德价值行为的标准

首先要解决这一经验的问题，即自发的公正与无我的仁爱行动，这些能够称为高尚与宽宏大量的行为，是否实际上在经验中出现。可惜，这个问题不能完全从经验上决定，因为经验恒常体会到的仅仅是行为，而行为的诱因或动机不是显然可见的。因此，这种可能性永远存在，即自私的动机在决定公正或慈善的行动中，会起一定影响作用。在像目前这样的理论探索中，我不会利用不可原谅的伎俩，把这问题推卸给读者的良心。但我相信，几乎不会有人对这问题抱任何怀疑，并且根据他们自己的经验，认识不到经常做出公正行为，纯粹、完全是为了防止别人因不公正而遭受痛苦。我毫不迟疑地说，我们大多数人都相信，确实有这样的人，他们公平待人的原则似乎是天生固有的，他们既不蓄意伤害任何人，也不无条件地谋取他们自己的利益，而是在考虑他们自己过程中，也关心他们邻居的权利；有这样的人，当他们从事彼此互有责任的事情时，不只要使对方尽他的责任，而且记住他自己的责任，因为任何和他们打交道的人受到不公正待遇，确实是违反他们的意志的。这些是真正诚实的人，是无数不公正人中极少有的公正人。这种人是存在的。同样，我认为，也应该承认，许多人乐于助人与施舍，做贡献，并且克己，心中除去想帮助他们看到在痛苦中挣扎的人以外，毫无其他意图。当阿诺尔德·冯·温克里德（Arnold von

Winkelried)* 喊道:“弟兄们,忠诚我们的誓言,把它记在心头,关照我的妻子与小孩。”于是他竭尽全力用双臂紧紧夹住敌人的许多投枪;有谁能相信他有某种自私目的吗? 我不能。我在这一部分第 2 章已提醒注意,除非有意地和存心地玩忽事实,是不能够否认自发的公正这些情况的。虽然如此,如果任何人坚持不相信的确会有这种行动发生,那么,根据他的看法,道德学就会像占星术与炼丹术那样是没有任何实在对象的科学,再进一步讨论它的基础,就是浪费时间了。所以,我和这种人毫无共同之处,我只是对那些人讲话,他们承认我们正在研究的不只是一种想象的创造物。

因此,真正的道德价值只能归诸于上述那种行为。它的特殊标志是:它完全排除那种激起一切人类行为的另外的动机:我的意思是说各种利己的动机,使用利己这个词的最广泛的意义。因此,一个行为泄露了带有自私的动机,它的道德价值便降低了;如果那个行为动机赤裸裸凸显,其道德价值则全被毁灭。是以没有任何自私动机就是一个有道德价值行为的标准。无疑,有人可能反对,认为纯粹恶意与残忍的行为不是自私的。鉴于后者从种类上说,恰和现在考虑着的那些行为相反,后者显然不能是指那些行为。不过,如果坚持严格狭隘的定义的话,那么,由于这种行为的本质特征——图谋使别人痛苦,我们可以特意地不把它们包括在内。

具有真正道德价值的行为还有另一个特点,它完全是内在的,因此不太明显。我是指,它给人留下某种称之为良心赞同的自我满足:正如在另一方面,不公正与不仁慈,而且进一步说,恶意与残

* 传说中的瑞士民族英雄,殁于 1836 年。——译者注

忍，都含有一种内心感到的自责。最后，还有一个外在的、次要的，而偶然的标志，划清这两种行为之间的界线。前一种行为赢得无私的目击者的赞同与尊敬；后一种行为则招致他们的反对与蔑视。

那些带有道德价值表征的，人们决定采取并且被承认为实在之种种行动，构成展现在我们面前的现象，对此我们必须加以解释。我们必须相应地找出来究竟是什么促动人们有这种行为。如果我们的研究成功，我们将必定能使真正的道德动机显露出来；并且因为一切道德科学依赖于这一点，我们的问题即将解决。

第 5 章　对唯一真正道德动机的陈述与证明

前面种种思考，为廓清问题的范围，是不能避免的，必要的，现在我能指出潜在于一切具有真正道德价值行为中的真正动机了。我们将看到，这一动机所独具的严肃性与不容置辩的纯真性，与迄今所有体系同时都把它们当成道德行为的来源与道德的基础之无益分析、究微求细、诡辩、空洞无物的主张，以及先天的空有其表的东西，确实毫无共同之处。我将提出的这一动机，不是任人接受或反对的假设；我将实际地证明，它是唯一可能的一个动机。但鉴于这个证明需要牢记几个基本事实，首先要求读者注意我们必须预设的某些命题，可以正当地把它们看作公理；但是最后两个是从前一章和第 2 部分第 3 章中所做分析得出的结果。

(1) 任何行动没有一个充分动机便不能发生；正如一块石头没有足够推力或拉力，难以移动一样。

(2) 同样，任何行动，当，已知行动者的性格，一个充分动机在场时，不会中途停止；除非有一个更强有力的必然阻止这行动的相反动机出现。

(3) 凡能推动意志的事物——这个，只有这个才含有最广泛意义上的福与祸的意思；反之，福与祸表示“与一个意志相一致或与一个意志相反的事物”。因此，每一动机必定与福和祸有关联。

(4) 所以，每一行动是根据一种易受祸福影响的存在物而采取的，并且以此作为行动的终极目标。

(5) 这一存在物或是这行动者自身；或是另一个人，他的地位就行动而言，因而是被动的；因为所为或是对他有害，或是对他有利和有益。

(6) 任何行动，必须以行为者自己的祸福作为行动的终极目标，便是自私自利的。

(7) 上述关于已做出的行为的命题，同样适用于中途停止未做的行为，无论在哪种情况下，动机与相反的动机都起它们的作用。

(8) 从前一章分析可知，一个行动的利己主义和其道德价值是绝对互相排斥的。如果一个行为的动机有一自私目标，那么，概不能给予它任何道德价值；如果一个行为具有道德价值，那么，任何自私自利的目标，无论直接的或间接的，近的或远的，都不可能是它的动机。

(9) 由于我在第 2 部分第 3 章排除了所谓的对我们自己的义务的缘故，我们行为的道德意义仅仅存在于对其他人产生的影响；只有它与后者的关系方是那给予我们行为以道德价值或无道德价值，并且构成它为一公正、仁爱等行为，或与此相反的行为的东西。

从以上这些命题，显然可得出下列结论：这种福与祸，(根据我们前述第(3)个公理)它作为行动的终极目标，必定是已做或未做的每件事情的基础或根据，它或是行动者自己的福与祸，或是另外某人的福与祸；对这行动来说，后者的角色是被动的。第一种情况下的行为，由于它受一种自私动机驱使，必然是自私自利的。这不仅适用于这种情况，即当人们——他们几乎总是这样做——全然为他们自己的利益与好处计划他们的行为时；这同样也适用于这种情况，即当我们期望从我们所做的任何事情中，都能够给我们自己带来些利益时，不论它多么遥远，不论是在今世或在来世。这一事实依然是自私自利的，即当我们的荣誉，我们的好名声，或者要赢得某人尊敬的愿望，旁观者的同情，等等，均是在考虑的一个目标时；或者当我们的意图是赞成一种行为规则时，如果这一规则普遍遵守，随时都会对我们自己有用，例如，公正的原则，相互救助的原则，等等。同样地，这种做法从根本上说也是自私自利的，即当一个人认为，服从某个不知由谁、但确系由最高权力发布的绝对命令才是一谨慎步骤时；因为在这种情况下，除害怕不服从带来不幸后果外，绝没有其他动机，尽管这些后果是能够一般地、不太清楚地想象出来的。促使我们这样做也是不折不扣的利己主义，即当我们竭力通过自己所做某事或中途改变主意未做某事，强调我们对自己的高度评价（不论是否有清楚认识），以及对我们的价值或尊严的高度评价时；因为不然就会感觉不到自我满足，伤及我们的自尊心。最后，这种情况仍然是利己主义在起作用，即当一个人，遵照沃尔夫的原则，企图通过自己的行动，奋力获致他自己的尽善尽美。简而言之，一个人可以使他所喜欢的东西成为行动的终极动机；不论路径如何迂曲，影响行为者自身实际祸福的最后手段，原来总是这个真正的动机；所以他的所作所为是自私自利的，因此毫无道德价值。这种情况只有在这单一事例中才不会发生，即，当为了做某事或停止做某事的终极目的，明确而完全地是为了另外一个仅起被动消极作用的人之祸福打算时；那就是说，当主动一方的人，以其所为或所不为，纯粹、完全地关心另一人的祸福，并且除

去设法使他的家庭不受伤害,甚至提供扶助救济使他得益以外,绝对没有其他目的时。只有这个目的才能给予已做或停止未做的事情以道德价值的特征;因此我们可以知道,道德价值特征完全依赖于个人之所以采取或不采取某一行为,纯粹是为了另一个人的利益。如果当时情况并非如此,那么这一促使或阻止每一个深思熟虑行动出现的福与祸的问题,只能和行为者自己有关系;从而行动的完成或不完成,完全是自私自利的而且毫无道德价值。

但是如果我只是为了另外某人而做什么事的话;那么可以说,他的福与祸必定直接成为我的动机;正如通常那样,我自己的福与祸形成我的动机。这样就可以缩小我们问题的范围,现将问题陈述如下:另一个人的福与祸,怎么可能直接影响我的意志,即是说,恰恰像我自己的祸福促动它一样?对别人有利或不利影响的事情,并且实际上有时显得如此重要,它或多或少竟代替我自己的利益,而这些利益一般来说是我所欢迎的动机之唯一根源,这种事物怎么能够变成我的直接动机呢?显然,仅仅因为另一个人成为我意志的终极目标,有如平时我自身是那一目标一样;换而言之,因为正如习惯上我为自己想要的那样,我直接地为他想要福祉而不要祸害。可是,这必然意味着我深切体会他的痛苦与不幸,正如大多情况下我自己所感受的痛苦与不幸,所以便急切地希望他能幸福,正如别的时候我急切地想望自己的一样。但是,为了做到这一点,我必须以种种方法同他融为一体;就是说,我自己和他之间的差距,那正是我的利己主义存在的理由,必须取消,至少达到一定的程度。现在,因为我不能进入他的内心,只有我对他的认识,即对他的心理印象,以之作为可能使我同他融合的方法,达到我的行

动宣布实际上这种差距已被取消了。我在这里分析的这一过程不是一个梦，不是一个缥缈的幻想；它是十分实在的，而且绝非罕见的现象。它是我们每天都可见到的——同情的现象；换句话说，不以一切隐秘不明的考虑为转移，直接分担另一人的患难痛苦，遂为努力阻止或排除这些痛苦而给予同情支援；这是一切满足和一切幸福与快乐所依赖的最后手段。只有这种同情才是一切自发的公正和一切真诚的仁爱之真正基础。只有发自于同情的行为才有其道德价值；而源自于任何其他动机的所有行为则没有什么价值。当一旦另一人的痛苦不幸激动我内心的同情时，于是他的福与祸立刻牵动我心，虽然不总是达到同一程度，但我感觉就像我自己的祸福一样。因此我自己和他之间的差距便不再是绝对的了。

毫无疑问，这种作用令人惊讶，确实难以理解。事实上，它才是伦理学的真正神秘性所在，它的原初现象，以及其界石只有先验思辨才敢逾越一步。在这里我们看到，根据自然之光（古时神学家称之为理性）彻底把存在物与存在物分开的界墙，已经坍塌，非自我和自我已在一定程度上融为一体。我准备暂时不谈对这一谜的形而上学解释，而首先探索是否自发的公正和真正仁爱是真正从同情产生的。如果是这样的话，我们的问题就解决了，因为可说我们已经找到道德的终极基础，并且已经证明它存在于人性自身。然而这一基础也不能成为伦理学的一个问题，但却会像其他每个终极事实本身那样，成为形而上学的一个问题。不过形而上学对这首要的伦理学现象提供的这一解答，不属于丹麦皇家科学院提出的纯属其基础问题范围的；因此我仅能提出这先验的解释作为非实质性附件列于最后，由读者自愿阅读。

但是在我转而论及这里揭示的原初动机衍生出主要德行以前，我还必须请读者注意本论题不可缺少的两点意见。

（1）为了比较容易理解，我在上文把同情简单地说成是真正道德行为的唯一根源，有意没有考虑恶意的动机，它一方面像同情那样对自身也没有益处，但把使别人痛苦当作它的终极目的。但我们现在可以包括它，以便能够更完全而严格地陈述以上证明如下：

人类行为仅有三个基本源头，并且一切可能动机都是从或者这个或者那个源头产生的。它们是：

（a）利己主义；意欲自己的福利，而且是无限的。

（b）邪恶；意欲别人的灾祸，而且可能发展成极度残忍。

（c）同情；意欲别人的福利，而且可能提高到高尚与宽宏大量的程度。

每一人类行为都可归因于这些源头之一；虽然它们中的两个可能共同起作用。现在，因为我们已经假定，有道德价值的行为实际上是实在之物；所以它们必定也出自于这些原初来源之一。但根据前述第8条公理，它们不能产生于第1动机，更不能产生于第2动机；鉴于一切源于后者的行为在道德上没有价值，而前者的出发点本身部分地不好也不坏，因此它们的根源必定在第3动机，这一点将在后来凭经验确认。

（2）对另一个人的直接同情只限于他的痛苦不幸，并不是立即由他的幸福唤起的；后者本身使我们漠然视之，不予考虑。J. J. 卢梭在所著《爱弥儿》（*Émile*，第4册）中表达同一观点：“人生的第一个格律便是：在我们的心中，不是和那些比我们更幸福的人融为一体，而是仅仅和那些比我们更不幸的人融为一体。”等等。

这其中的道理是，痛苦或苦难，其中包括一切匮乏、贫困、需要，确实，一切意欲，都是实在的，积极的，并且直接作用于意识。而满足的、享受的、幸福的等等本质，只在于消除了困苦，减轻了痛苦：它们由这里产生的效果是消极的。因此我们便可了解，为什么需要或欲望是一切享乐的条件。柏拉图很明白这一点，但把芳香气味和理智的享受排除在外(《理想国》第 9 章第 264 页以后)。伏尔泰说得好：“没有真正的需要，就没有真正的快乐。”那么，痛苦是积极的，痛苦本身就能使人识别或体验；满足或享乐是消极的——仅仅是前者，即痛苦的排除。这一原则可以解释这一事实，只有另一个人的痛苦、匮乏、危险、无助，才唤起我们的同情，并且确实唤起的是同情。幸运或心满意足的人本身，使我们漠然视之，不予考虑——实际上因为他的情形是消极的；他并没有痛苦、贫穷与忧愁。我们自然会因别人的成功、幸福与享受而高兴；但如果我们高兴，那是一种较不重要的高兴或快乐，是由于我们以前曾为他们的痛苦贫困悲伤过。要不我们就不是照这样分享一个人的快乐与幸福，而是因为并且甚至于他是我们的孩子、父亲、朋友、亲戚、仆人、臣民，等等。简而言之，另一人的好运气或享乐，纯粹这些事物本身，并不能在我们内心唤起那样纯粹因他不幸、贫困或痛苦本身必定激起的直接同情。如果那激起我们主动性的甚至仅仅是为了摆脱我们自己的痛苦(必须把一切匮乏、需要、欲望，甚至无聊都计算在内)；并且如果满足与成功使我饱尝懒惰与无精打采的滋味；为什么当涉及别人时，它就会不一样？因为(正如我们已了解的那样)我们的同情建立在我们自己和他们融为一体上。确实，见到成

功与享乐，纯粹就这一点而论，是很容易引起每个人都可能有的忌妒，它属于我们前面所列举的诸反道德力量之列。

在这里我已经说明同情实际起动机作用，这些动机是直接由另一个不幸之事引起的，联系到这一解释，我借此机会反对一直不断重复的卡辛纳(Cassina)[1]的错误。他的看法是，同情产生于突然幻觉，幻觉把我们自己置于受苦者的地位，于是使我们想象是我们自己亲身遭受他的痛苦。一点儿也不是这种情况。他是受苦者，不是我们，这一信念一会儿也没有动摇过；确切地说，是他亲身，而不是我们亲身感受到这种使我们痛苦的不幸或危难。我们同他一起受苦，所以我们是和他一致的；我们感知他的困难是他的，并不误以为那是我们的；确实，我们越幸福，我们自己的状况和他的状况之间的差距就越大，我们就越容易受同情心的激励。不过，对这一特别现象的可能解释，并不容易；也不是能通过像卡辛纳设想的纯粹心理学的途径所能解决的。解决的钥匙只能由形而上学提供；我准备在本论文最后一部分提出这一方法。

现在我转而考虑从我们所指出的来源衍生有道德价值的行为问题。用以检验这种行为的一般规则，因而也是伦理学的指导原则，我已经在前一部分评述过，并发表如下：不要损害任何人；相反，要就你能力所及，帮助所有的人。因为这个公式包括两个子句，所以与其相对应的行为，自然也分为两类。

① 见他所著《对同情的分析评论》(*Saggio Analitico sulla Compassione*，1788；波凯尔斯〔Pockels〕德译本，1790)。

第6章　公正的德行

如果我们更仔细地看一下这称为同情的过程（我们已说明它是首要的道德现象），我们立刻注意到，另一人的痛苦是以两种截然不同的程度，直接变成为我的动机的，即，可能迫使我做某事，或者迫使我放弃不做某事。我们看到，当同情心抵制自私自利与怀有恶意的动机，使我们不给另一人带来可能有的痛苦，使我自己不给人增添也许会有的麻烦时，这是最低级程度的同情；当同情心积极地影响我，激发我主动给以援助时，这是另一较高级程度的同情。由康德以这样一种勉强、武断的方式制造出来的所谓的法律义务和德行义务（把它说成公正与仁爱更好）之间的区别，在这里则可见是完全自然形成的；由此可以证明这原则的正确性。这种区别是自然地、无误地而严格地把消极与积极、不为害与援助分开。常用的这些词语——即，“法律义务”与“德行义务”（后者也称为“爱的义务”或“不完全的义务”）之所以错误，首先因为它们把属与种当作同等关系；因为公正是德行之一。第二，它们错误的根源在于过分扩大“义务”这一观念的外延；下面我准备将它置于它正当范围之内。因此我用两种德行代替这些义务；一是公正，另一是仁爱；并且我称它们为元德，因为一切其他德行不仅仅实际上出自这两种德行，而且是能够从理论上推知的。两者的根源在于自然的同情。这种同情是不可否认的人类意识的事实，是人类意识的

本质部分，并且不依假设、概念、宗教、神话、训练与教育为转移。与此相反，它是原初的与直觉的，存在于人性自身。是以它在任何情况下都保持不变，而在每块土地上，无论何时，总是出现。这就是为什么处处都深怀信心地呼吁同情的道理，好像是呼吁必然存在于每人心中的某物一样；它绝不是"异在的神"的一个属性。因为似乎没有同情心的人被称为无人性，所以时常用"人性"当作同情心的同义词。

那么，这一自然的和真正的道德动机所显示的初级程度的同情，只不过是消极的。原来，我们都有不公正与暴力的倾向，因为我们的需要，我们的欲望，我们的怒与恨，都直接进入意识之中，因而具有第一个占有者的权利。然而由我们的不公正与暴力给予别人的种种痛苦，则间接地进入意识，就是说，通过一种心理图像的第二个通道，直到理解和体验别人的种种痛苦以前，它们是不会进入意识的。例如塞涅卡说得好(Ep. 50)："好感绝不会出现于恶感之前。"所以，初级程度的同情反对并且阻挠藏在我内心中反道德力量所力劝我去干为害于人的勾当，它对我大声喊："停！"并且像用篱笆似地把另一人包围起来，保护他不受损害，否则我的利己主义与恶意会诱使我使他遭受这种损害的。所以从初级程度的同情产生这一规则：不要损害任何人。这是公正德行的基本原则，而且只有在这里才能找到这一德行的根源，纯粹又简单，——一个是真正道德的，并且没有任何外来羼杂物的根源。在其他情况下寻得的根源，公正便必须建立在利己主义基础上，——一个归谬法。如果我的品性可能有这样程度的同情，那么每逢我想利用别人的痛苦作为达到我目的的手段时，它将帮助我不这么做；不论这痛苦是

直观的，或一后效，不论它是直接引起的，或是通过中间环节引起的，也同样如此。所以，我将不攫取另一人的财富，以免给他和身体一样的精神的痛苦。因此我不仅自动地戒绝伤害他的身体，而且我也同样小心防止使他心灵痛苦，像使人感到耻辱的事、中伤的话、焦虑与烦恼等，无疑会使他感受这种痛苦。这种同情感将阻止我为满足个人私欲而牺牲妇女的终生幸福，或者阻止我引诱另一人的妻子，或者阻止我勾引青年鸡奸从道德和身体两方面毁坏他们。根本不是说在每个单一情况下，就必然激发起一定的同情，确实它时常出现得太晚；而是“不要损害任何人”这一规则早出现，这一规则是崇高的思想从对损害别人的彻底认识总结出来的，因为所有不公正行为必然损害别人，并且这种损害会因感到是强迫忍受不当待遇而加剧。有这种品性的人受内省理性指导，以毫不动摇的决心实行这个原则。他们尊重每个人的权利，戒绝一切对他们的侵犯；他们为完全免除良心的自责，绝不给别人增添麻烦苦恼；他们绝不把环境带给每个人的生活重担与忧愁，依靠势力或依靠欺诈，转嫁给别人；他们宁可自己负担他们分担的部分，以免加倍他们邻居的负担。因为，虽然概括的公式，以及不论何种抽象的知识，一点儿也不是道德的起因或真正的道德基础；无论如何，这些乃是道德生活必经之路。它们是储水池或水库，从一切道德源泉（不是任何瞬间都在流溢的源泉）萌生的癖性可以在其中储存，在必要时，又可以从那里流放出来。因此在道德方面的事物与生理方面的事物之间有相似之处；我们只需举出许多相似例子中胆囊的例子就够了，它是储存肝的分泌物的。没有坚信的原则，我们不可避免地会

受反道德动机的摆布，这些动机直接受外在影响而活跃起来；而自制恰在于坚决遵循与服从这样的原则，尽管这些动机反对它们。

一般地说，占人类一半的女性，在公正德行及其变型真诚、认真负责等方面是次于男性的；可以解释说，由于其推理能力弱，前者在理解和坚守普遍法则以及把它们当作行为指导线索方面，是颇不及后者的。因此不公正与虚伪是妇女常有的恶习，谎言是她们固有的组成部分。另一方面，她们在仁爱德行方面则超过男人；因为通常对仁爱的刺激是直觉的，所以直接引起同情感，妇女对此感受比男人锐敏得多。对前者来说，只有直觉的，在场的和眼见为实之物，才有真正的实存；那些只有靠概念才能知道的事物，例如像久远、不在场、过去、将来，她们掌握它们并非没有困难。于是我们在这里像在许多别的地方那样找到了补偿，公正多是男性的美德，仁爱多是女性的美德。仅仅一想到看见妇女坐在法官席这一念头，就令人冷笑；但是仁慈的姐妹远远优于施舍的弟兄。那么动物呢，它们没有靠理性获得知识的能力，即没有构造抽象观念的能力，因而它们根本不可能有固定不变的决定，更不必说原则了；因此它们完全没有自制能力，不得不完全受外在印象和内在冲动的支配。这就是为什么它们没有自觉的或有意识的道德的缘故；不过，不同种类的动物表明它们性格中善与恶存在着巨大差别，并且就最高级族类来说，这些差别甚至在个体中都可以觉察到。

从前述种种思考，我们知道，在公正的人的单一行为中，同情仅仅间接地通过他公式化的种种原则而奏效，而且像是潜力而不

那么像是动力；很像静力学中那样，天平横杆较长的一端放置较小重量，由于它的运动力较大，能够和放置另一端的较大重量保持平衡，当静止不动时，只是潜力起作用，不是动力起作用；可是产生一样的效果。

然而，同情永远容易变成积极的动作。所以，无论何时，在特殊情况下，确定的规则显出有失灵的迹象时，那一个能够向其中注入新鲜活力的动机(因为我们当然排除建立在利己主义上的那些动机)，便是从源头本身引出来的——同情。这样说不仅对个人暴力的问题是正确的，而且对涉及所有权方面，例如当任何一个人意欲保有他发现的某种有价值物品时，也是正确的。在这种情况下，——如果我们撇开一切由处世本领及由宗教驱动的动机不谈——没有任何东西能像对失物者的困难、焦急与悲哀之理解那样，能把一个人很容易地带回到公正的正路上来。因为人们感到同情这种不幸是正确的，所以当公布遗失钱财时，经常还附带保证说遗失者是个穷人、仆人，等等。

我希望这些思考已经说明了，虽然最初看来可能是相反的现象，可是毫无疑问，公正，作为一种真正的、自觉自愿的德行，其根源在于同情。但是，如果任何人会认为这样一个不毛而过于贫瘠的国土竟无法产生这一伟大元德的话，那么请他回顾以上的论述，并请记起，在人们之中，他们真正的、自发的、不自私的、不伪装的公正是多么少啊；这真正的东西是如何仅仅以令人惊奇的例外出现，并且和它的假冒品，——那种只不过建立在处世本领上而且到处广为传播的公正——的关系如何，无论在质无论在量方面，乃是金子之对铜的关系。我愿意称一个是平凡的，尘世的公正，另一个是，即天上的，崇高的公正。* 因为后者就是公正女神，根据赫西俄斯（Hesiodus）** 的说法，她在石器时代离开尘世和天上诸神住在一起。提出像这样一个罕见的外来词，可见我们已指出的这根源是充分强有力的。

现在我们将理解，不公正或不义永远在于设法损害别人。所以，不义的概念是积极的，并且是在正义概念之前的，正义概念是消极的，仅仅表示无害于人的可行的行动；换句话说，所行并无不义之处。不难得出这一推论，即，不论什么行为，只要它的目的是防止自己预谋的、导致危害的行为，便也属于上述一类的行为。因为不参与另一人的利害，并且对他没有同情，这能够要求我宁可使自己受他的损害，也就是忍受不义或冤屈。正义或公正是消极的、与起积极作用的不义相矛盾，这一理论，我们感到有哲学法学家格劳修斯的支持。在他的著作《战争与和平法》（*De Jure Belli et Pacis*，第1册第1章第3节）的开端，他给正义下的定义如下："正义在这里表示的不过是那为公正的东西，并且这毋宁说是在消极意义上而不是在积极意义上说的；所以那些不是非公正的东西被认为就是正义。"正义或公正的这种消极特性，看起来可能不重要，甚至也由人们所熟悉的公式确定了："个人的东西归己。"可是，如果他有那东西，就不需要把他自己的东西归他。所以这句话的意思是："不拿任何人的东西。"既然公正的要求仅仅是消极的，可以靠强制达到这些要求；因为所有的人都能够一样地实践这"不损害

* 此处系指柏拉图《会饮篇》中的上天的女神的爱和尘世女神的爱。——译者注

** 赫西俄斯，古希腊诗人，生于公元前770年，《工作与日子》、《神谱》的作者。——译者注

人”的公式。这强制性的机构是国家,它的唯一存在的理由就是保护它的庶民,个人方面互不侵犯,集体方面不受外敌侵犯。这一腐败时代的少数自诩为德国哲学家的人,确实希望把国家歪曲成发展道德、教育和陶冶教化的机构。但是这样一种观点包含暗藏的这一阴险的目的,即废除人身自由与个性发展,以及使人仅仅成为一个像在庞大中国政府的和宗教的机器中的轮子。而这就是过去导致宗教裁判所,导致对异教徒的火刑和宗教战争之路。菲德烈大帝(Friedrich des Grossen)表明,他至少从来绝不希望走那条路,他这样说:“在我的国土上,每个人应当关心他自己的拯救,他自己认为怎么最好就怎么做吧。”虽然如此,我们仍到处看到(显然必须排除北美),国家试图提供它国民的形而上学的需要。各国政府似乎已经采取 Q. 库尔提乌斯(Curtius)* 的信条作为它们的指导原则了:“统治平民百姓没有比迷信更为有效的工具了。没有迷信,他们便没有自制;他们是愚蠢的;他们是不能改变的;但他们一旦被某种无价值的宗教形式迷住,他们就会更愿意听宗教预言者的安慰话,而不愿听从他们自己领导人的话。”

我们已经知道,可以从“非义”与“正义”转变为“为害”与“避免为害”的同义语,并且防止损害自己包括在“正义”之内。显而易见,这些概念是独立丁,并且先于一切成文法律的。所以,有一种脱离一切成文法规的纯粹伦理的正义,或自然的正义,以及纯粹的正义学说。这学说的最初诸原则无疑有一经验的来源,就它们产生自被损害的观念而论是如此,但本质上它们建立在纯粹知性上,

* 库尔提乌斯,公元 1 世纪的罗马历史学家。——译者注

这种知性先天地具备这自明之理:原因之因即结果之因。联系这一点理解,这句话可解释为:如果任何人想要伤害我,不是我,而是他才是我被迫采取任何自卫手段的原因;所以我能够反对他对我的一切侵犯,并不冤枉他。在这里可以说,我们有了一个道德相互作用的法则。这样我们可以看到,经验上为害于人的观念与纯粹知性提供的自明之理的结合,便产生了非义和正义的基本概念,人们先天地掌握这些概念,并且通过实际试用,学习尽快采纳。经验主义者否认这一点,并拒不接受未经经验判断的任何事情,可以叫他们去查考野蛮民族的证明,后者都能够非常正确地识别非义与正义,确实时常十分准确;当他们和欧洲人从事易物贸易及办理其他业务或在他们船上作客时,这种情况看得特别显著。当他们是正义或在正当的一方时,他们勇敢而自信;但当他们得知他们是非义或错误时,他们则局促不安。在争论中,公正的解决使他们满意,而不公正的处理则引发战争。权利的学说是伦理学一个分支,它的功能是规定那些不得做出的行为,除非一个人想要损害别人,即是说,想要犯恶行之罪;并且在这里,考虑到了所起的积极作用。但是立法则相反地利用道德科学这一章(即理论法学),即是说,对于这问题的消极方面宣告,上述那样的行为无需忍受,因为没有任何人应该遭受非义之害。为防止这种行为,国家构建完整的法律大厦,作为积极权利的保证。它的意向是,任何人都不该蒙受非义;道德权利学说的意向是,任何人都应该不为非义(详细的权利学说可见于《作为意志和表象的世界》第1卷第62节)。

如果我以不公正的行动损害某人,不论是对他的人身,他的自由,他的财产,或是他的荣誉造成损害,这种非义在性质上是一样的。但在程度上可能变化很大。道德家似乎还没有研究所行非义这种程度差异的问题，虽然人们到处在实际生活中都认识到这一点，因为对非义提出的责难总是同它给人的损害成正比。对公正行为也是一样，所行正义在质上是恒常不变的，但在量上并非如此。解释得更清楚一些；一个饿得要死的人偷了一块面包，犯了非义之罪；但是这一非义同一个富裕的所有者，不管用什么方法，都要掠夺一个穷人最后一文钱的行为相比，是多么微小！再者：富人向他的雇工照付工资，这是公正行为；但这一件公正的事同一个不名一文的劳苦者自愿地把拾到的一钱袋黄金，还给它富有的原主相比，又是多么微不足道！不过，这种公正与不公正的程度之惊人差异的分量（其质恒常不变），不是像在计量尺上那样直接的与绝对的；它是和正弦与正切之比一样，是间接的与相对的。因此我给出下述定义：我的行为中的不公正程度，和我加给另一人的恶行数量除以我自己获得的利益数量成正比；而我的行为中的公正程度，和我从另一人的损害中所得的利益数量除以他因此蒙受痛苦的损害数量成正比。

我们必须进一步注意到一种双重形式的不公正行为，它与单一形式的不公正行为明确不同，不管后者绝不是很大的不公正。这一变种可以从这一事实察觉，即由无利害关系的目击者表现的恼怒程度，它永远是和承受的非义成正比的，但只有当非义行为是在目击者现场发生的，这恼怒程度才会达到最大限度。于是我们看到，这种行为如何遭人厌恶，像令人讨厌的事物那样令人反感与极为可恨，在它面前，似乎是众神都掩面而过，连看都不愿看。当某人在明确地承担保护他的朋友、主人、当事人等的责任以后，用一种特别方法，不但犯了未履行该义务之罪（它自然会对别人有害，所以是一种非义）；而且此外，当他改变主意，并且攻击这个人，正在他承诺守卫的地方下手打击时，双重不公正行为就出现了。可举出不少例子：指派的看守者或向导，他变成一个刺客；受委托的看管者，他变成一个贼；本为监护人，他盗窃他女主人的钱财；本为律师，他支吾其词；本为法官，他却可贿赂；本为顾问，他却存心给某种致命的"忠告"。所有这种行为，人们都知道名叫背叛行为，为人人所痛恨。因此，但丁把背信者放在地狱的最低界，在那里可以看到魔鬼撒旦本人（《地狱篇》，*Inferno* Ⅺ，61—66）。

既然我们在这里已经提到"责任"一词，在这个地方正好规定一下"义务"的概念；无论在伦理学以及实际生活中，都很常谈到这一概念，但其意义失之过于宽泛。我们已经理解，非义行为永远意味着给另一个人造成损害，不论是损及他的身体，他的自由，他的财产或是他的名誉。结果似乎是：每一非义或坏事必定意含一种积极的侵犯，所以是一具体明确的行动。只有若干该做的行为，仅仅懈忽其中一个行为便构成非义行动；那么这些行为就是义务。这是"义务"概念的真正哲学定义，——这一术语，如果用来指称一项值得赞扬的行为的话（它迄今一直是这样在道德科学中使用的），便丧失它特有的特征，变得毫无价值。人们忘记了"义务"必然意谓一项欠着的债，一项誓约，因此是一个绝不能懈忽的行动，否则会使另一人蒙受损害，那就是发生了非义行为。显然在这种情况下，损害所以产生仅仅是由于这个人无视他已明确立誓或保证自己应尽的义务。因此一切义务是依由一种缔结约定的责任决定的。通常这采取双方之间一种明确的，即使有时是默契的协议形式：举例来说，君主和人民之间，政府和其公务员之间，主仆之间，律师和讼诉委托人之间，医生和病人之间；简而言之，是任何一个答应要完成某项任务的人和他的最广泛意义上的雇佣者之间的协议形式。因而每一项义务均包含一项权利；因为没有任何人不带一定动机就承担一项责任，在这种情况下，这就是说他没有看到对自己的某些好处。我知道的仅仅有一种责任，它不受一项契约的支配，却直接而完全是通过一种行为产生的；这是因为当订协议时与之有关系一方的人尚不存在。我是指父母对他们儿女的义务。什么人把一个婴孩带到世界上来，他就有不可推卸的供养子女的义务，直到后者能够维持自己生活为止；而且如果由于失明、残疾、痴呆症等不能工作，后者永远无法自谋生计，这项义务也永无尽期。很明显，仅仅由于没有给他儿子提供需要，也即由于简单的疏漏，这位父亲就会伤害他，甚至会危害他的生命。儿女们对他们父母的义务则不是这么直接与迫切。它以这一事实为根据，因为每一义务包含一项权利，父母也必定对他们后裔有某种公正的要求。这是子女孝顺的义务的基础，不过，这种义务总有一天和它所由产生的权利一起终止。它被感戴所取代，感激父亲与母亲完全在他们义务以外的所做所为。然而，虽然忘恩负义是一种可恨的，甚而时常是令人震惊的邪恶，感戴不能称为一种义务，因为懈怠感戴并不损害对方，所以不是非义。否则我们就必得先假定，在恩人的思想或感情深处，他的目的在于做个得利的交易。应该注意到，也可以把赔偿所造成的损害，看作一项直接由一个行动产生的义务。不过，这种义务是纯粹消极的东西，因为它不过是企图排除和抹掉一个不公正行动的后果，好像是一件根本不应该发生的

事情。也请看到，公平是公正的危害物，时常同它激烈冲突；因此只应承认一定限度内的公平。德国人是公平的赞助者，而英国人则坚持公正。

动机决定行为的法则正同物理因果律一样那么严谨，因而包含同样不可抗拒的必然性。所以非义不但可以由暴力行使，而且也可以由狡诈行使。如果用暴力我能够杀害或抢劫另一个人，或者强迫他服从我，我一样也能使用狡诈达到同样的目的；就是说，我能够使他相信虚假的动机，因此他必定做他原本并不想做的事情。这些虚假的动机通过谎言产生了效果。实际上，谎言只是就其为狡诈的工具来说，才是不合理的，换言之，是依靠动机决定行为的法则，实施强迫的工具。通常这正是谎言的功用。因为，第一，我撒谎不能没有动机，并且这一动机几乎没有例外一定是个不公正的动机；即企图把我对那些无控制权的人置于我意志之下，也就是意在通过动机法则的力量胁迫他们。在纯属夸大和失实的大话中，也有同样的目的在起作用；因为，一个人设法靠使用这样的语言在别人面前抬高自己的地位。一项承诺或一件合同的约束力在于，如果不遵守它，它就是一个以最庄重形式宣告的蓄意的谎言，——一个谎言，它的意图（即从道德上对别人施加压力）在这种情况下就更为清楚了，因为它的动机，要求另一方做什么事情的意欲是明明白白宣告了的。这种欺骗行为卑鄙之处在于：在攻击受害者以前，先用伪善解除他的武装。邪恶在奸诈中达于极点，我们已看到，奸诈是一种双重不公正，永远为人们所厌恶。

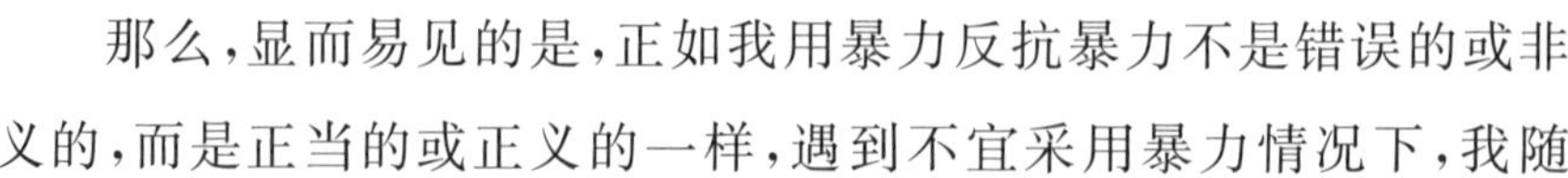

那么，显而易见的是，正如我用暴力反抗暴力不是错误的或非义的，而是正当的或正义的一样，遇到不宜采用暴力情况下，我随

意诉诸妙计似乎也更合适；因此，每当我有资格使用强迫手段时，如果我愿意的话，我可以用欺骗办法；例如，对付抢劫犯以及各类恶棍，我用这种方法诱骗他们落入圈套。从而，用暴力强逼的承诺是没有约束力的。但是，实际上，我利用谎言的权利尚有扩大的余地。这发生在无论什么时候有人问我不合情理的问题，人们好奇地打听关于我个人的或商业上的事情；因为回答这种问题，或甚至用"我不能告诉你"这惹人怀疑的话来搪塞，都会使我受到威胁。在这里，一句谎话乃是对付没有正当理由爱刨根问底行为的一个不可或缺的武器，这种行为的动机很少是怀好心的。因为，正像我有权利反对另一个人明显的恶意那样，可预先考虑凭体力抵抗来自我将来的侵犯者的危险，考虑可能由此产生的身体暴力行为；例如，作为一种预防措施，我能用长钉或尖铁保护我的花园墙，夜里放狗在我院子里，如果需要的话，设置用以捕捉入私宅者的陷阱与弹簧枪，由此产生的恶果只能是窃贼咎由自取：——如果我有权利这样做的话，那么，我也一样有理由无论如何要保守秘密，否则一旦被人知道，会使我完全处于受别人攻击的境地。并且我有充分理由这样做，因为在道德关系中和在自然关系中一样，我不得不假定别人的恶意是很可能存在的，所以必须事先采取一切必要防范措施。由是，阿里奥斯托(Ariosto)*说：

"我们无论多么惯于指责谎言，
说它是远离了正义的心灵的标志，
可是无数次它造成的好结果却极明显；

* 阿里奥斯托，1474—1533，意大利诗人。——译者注

它改变了耻辱与损失；
它甚至逃躲了死亡。至于说到朋友们，
哎呀！在这有限的生命中，
忌妒充满人心，黑暗遮挡阳光，
我们并不总是倾心交谈。”

——《疯狂的罗兰》(*Orl*，Fur. Ⅳ.，1.)

那么，我可以用诡计对抗诡计而毫无不公正之处，并且预先采取措施防范一切对我狡猾的侵犯，即便这些侵犯只不过是很可能发生的；而且我既无须对无正当理由探问我个人情况的人说明，也不需以“我不能够回答这个”指给他我的秘密所在，如果秘密被泄露，那将对我有危险而也许对他有利，总之使我受他控制：“他们想要了解家庭秘密，因此使人对他们心怀恐惧。”[①]与此相反，我有理由用一个包含对他自己有危险的谎言阻止他，以免他被弄得因此犯一个对他有害的错误。确实，撒谎是反对爱打听与可疑的好奇心的唯一手段，它是对付这种好奇心的一个必要的自卫武器。“你别向我打听，我也不对你说谎”这一格律用在这里是很合适的。虽然在英国人中，他们认为被谴责为一个说谎的人是奇耻大辱，因此他们确实比其他民族更可信赖，他们把一切不合理的，涉及另一个人私事的打听，都看作是缺乏教养，并用“爱打听”表示教养不好。当然每一位明达的人，尽管他是绝对正直的，也遵循以上提出的原则。例如，假设有一个人正从远方挣了一笔钱回来；并假设一个不相识的旅客和他同路，在寒暄“到哪儿去”与“从哪儿来”以后，便逐

① 尤维纳利斯：《诗集》Ⅲ，113(Sat，Ⅲ，113)。

渐询问起来他为什么到那个地方去；前者为避免被抢劫的危险，无疑将不告诉他真话。再有：如果发现一个人在另一人家中，正向后者女儿求爱；并且问到这不速之客来这里的原因；除非他已完全丧失理智，他绝不会说出真正原因，却会毫不迟疑地编造一个借口。这种事例不可胜数，即每一个知理的人均撒谎而良心毫无顾忌。只有对这个问题的这一观点，才消除了教授的道德和甚至是最好、最正直的人每天实践的道德之间的有目共睹的矛盾。与此同时，必须严格遵守说谎是单纯为了自卫这一限制；因为若不然这一学说会被极度滥用，谎言本身就是危险的工具。但是正如法律甚至在国家和平时期允许每人持有武器，并当需要自卫时可以使用它们一样，伦理学也允许为同样目的使用谎言，可是——请注意——仅仅是为了这一个目的。每句不诚实的话均是一个错误或非义，只有当抵抗暴力或狡诈以自卫的情况下除外。所以公正要求对所有的人诚实。但是完全无条件、无保留地对谎言的谴责，好像它们的本质应受谴责似的，已充分被众所周知的事实所驳倒。例如，有些情况，在那里说谎是一项义务，尤其对医生来说是这样；并且还有心地高尚的谎言，举例说，在席勒《堂·卡洛斯》(*Don Carlos*，第5幕第3场)中的侯爵夫人波萨(Posa)的谎言，或者在塔索(Tasso)《被解放的耶路撒冷》(*Gerusalemme Liberata*，Ⅱ.,22)中的谎言；那些谎言确实是一个人无论何时愿意自己承担另一个人的罪过才说出来的；最后，据传闻耶稣基督本人(《约翰福音》第7章第8节；参考钦定本第10节)有一次存心讲了一句假话。读者会记得T.康帕内拉(Campanella)在他的《哲理诗》(*Poesie Filosofiche*)中毫不迟疑地说道："说谎好，如果说谎会产生很多好处的

话。”另一方面，现时关于必要的谎言的教导，是极度贫困道德的外衣上一块肮脏补缀。康德对见之于许多教科书中的这一理论负有责任，这理论从人类的语言能力推知谎言的不合理性；但其论证是如此无力、幼稚而且荒谬，以致我们很想，只要能大加蔑视那些论证就好，站在恶魔一边，和塔列朗（Talleyrand）* 一起说：“人已获得语言的天赋，为的是能够隐藏他的思想。”康德一有机会便表示出来对撒谎的无条件的，无限的极端厌恶，这或是由于虚饰做作，或是由于偏见。在他的《道德形而上学的基础》论及谎言的一章，他用各种各样诽谤的形容词加之于它们，但对它们的谴责却没有提出哪怕单独一个合适的理由；提出理由才算是比较中肯不离题。慷慨激昂的演说比做证明容易，做诚实人比道德说教难。康德若是把他的怒气发向以看别人受苦为乐的那种邪恶就好了；是后者，而不是谎言，才真正是凶恶的。因为怀恶意的欢喜（幸灾乐祸）正和同情相反，并且简直就是软弱无力的残忍，它本身无力带来它很喜欢看到别人忍受的痛苦，得感谢天数（τύχη）已替它这样做了。根据骑士的荣誉章程，被谴责为一个说谎者是极为严重的玷辱，只能用责难者的血洗刷掉。当时这种习惯流行，不是因为这谎言本身为非义，因为如果是这种理由的话，那么控告一个人用暴力造成伤害也会一样地被看作是残暴的，——正如每个人知道的那样，情况并非如此；但这种习惯流行是由于那时骑士制度的原则所致，实际上这一原则是把正义建立在强权上；以致不论谁，一旦企图制造祸事，便求助于谎言或欺诈，这证明他或是没有力量，或是缺少应

* 塔列朗，Talleyrand，Charles，1754—1838，法国政治家。——译者注

具有的勇气。每一句谎言均是他的恐惧的证明;这就是为什么对他下致命的判决的缘故。

第7章　仁爱的德行

因此公正是首要的必不可少的元德。古代哲学家也公认它是这样一种美德，但把它同另外三种挑选得不合适的德行并列起来。* 仁爱尚未列为一种德行。柏拉图本人，跻身道德科学最高地位，却只能触及自愿的无私的公正。仁爱确实在实践中和事实上一直存在；但它留给基督教——在这方面可以看到它的最大贡献——从理论上加以概括，并特意地提倡仁爱，不仅把它当作一种美德，而且当作所有德行之冠；而且甚至给敌人以仁爱。当然我们只是在想到欧洲。因为在亚洲，一千年前，不仅规定和教导对一个人邻居的无限爱，而且人们也一直在实践：《吠陀》(*Veda*)对此有充分描述；而在《法论》(*Dharma-Śāstra*)、《史传》(*Itihāsa*)与《往世书》(*Purāna*)中也不断出现这种训教，更不必说释迦牟尼佛的布道了。更准确地说，我们应该承认，在希腊人和罗马人中间，可以看到劝人听从仁爱教导的迹象；例如，在西塞罗著作《论善与恶的定义》(*De Finibus*)第5卷23，以及根据扬布利可(Iamblichos)著《毕达哥拉斯传》(*De Vita Pythagorae*)第33章中毕达哥拉斯

* 按柏拉图教导，公正本身包括智慧、坚毅与克制其他三种德行。对于亚里士多德，公正也是诸德行之首；而斯多噶主义则是：德行表现于四种主要的并列的形式：智慧、公正、坚毅与克制。——译者注

那里都有。我现在的任务是说明我如何根据我前面提出的原则，从哲学上推导出仁爱这一美德的。

在本部分第 5 章已经证明，别人的痛苦本身之所以能直接地自行变成我的动机，其唯一仅有的原因在于我看到它们后的同情感，虽然它的根源仍为层层神秘所笼罩；并且我们已然看到，这一作用过程的初始阶段是消极的。第二阶段和第一阶段截然不同，因为从这一阶段产生的行动具有积极的特性；因为这时同情不只是使我不损害我邻居而是激励我帮助他。并且根据一方面我的直接参与感敏锐而深刻，另一方面这危难严重而紧迫，我感到这个动机（请注意，它纯粹、完全是道德的）迫使我做出或多或少的牺牲，以应付我所看到的对方的需要或灾祸；这一牺牲可能包括我体力或精力的消耗，我财产、自由或甚至生命的损失。这样就在这种直接同别人共尝痛苦中，这绝非基于任何论据，也根本不需要什么论据，便发现仁爱、热爱、对上帝之爱的这一朴素根源，换而言之，那一德行的行为规则是这样的："尽你力之所能帮助一切人"；所有那些根据这一规则产生的行动，伦理学定名为德行的义务，或者称为爱的义务，不完全的义务。这样界定的行为之所以产生，完全是由直接的，可以说是本能的参与我们看到的痛苦，换句话说，由同情引起的；最低限度，当这种行为我们能说它有道德价值，也即是说，能宣告它毫无自私自利动机时，并且当因是之故，它使我们感到可称之为善良、满意、仗义的良心之内在满足，又使旁观者（不能不使他自惭自咎）发出那种深为人知、不可否认的嘉许、尊重和崇敬时，它一定是由同情引起的。

但是，如果一慈善行为真有任何其他什么动机的话，如果实际

并无恶意，那么它必定是自利的或利己主义的。因为作为人类一切行为的基本源泉（见本部分第5章）有三，即利己主义、邪恶与同情；所以可以把能影响人们各式各样的动机分成三大类：(1)自己的幸福；(2)别人的痛苦不幸；(3)别人的幸福。那么如果一件善行的动机不属于上述第三类，它自然属于第一或第二类。有时它被归入第二类；例如，如果我对某人做好事，是为了令我敌视的另一个人恼怒；或者使后者更加痛苦；或者可能是用以羞辱拒绝给予帮助的一位第三者；最后，或者是使受惠于我的人承受屈辱。但是这种善行的动机通常多是起源于第一类。事实是这样，无论何时我做某件好事，我都考虑我自己的幸福，不论它可能是多么遥远或多么间接；就是说，无论何时我受到要在今世或在来世得到报答的思想影响，或者受到要赢得高度尊重、取得品格高尚名誉的希望影响；或者还有，当我考虑现在我帮助的人可能某一天会也来帮助我，要不然也可能给我些好处与服务；或者最后，当我受这种思想支配时，即我应该遵守高尚和慈善的规则惯例，因为我也可能有机会由此得利。简言之，除非我的动机是单纯地而不是别有用心地想知道我的邻居能得到援助，脱离危难或摆脱他的痛苦、这样一个纯粹的客观愿望，它就是自私的，利己主义的。如果这样一个目的——事实上它完全失去主观性——真正是我的目的，那么，当且只当那时，我已给出仁爱、热爱、对上帝爱存在的证明。基督教一直布道劝人仁爱，这是它的伟大特殊功绩。应注意到，在这方面，四部福音书之一在它的关于爱的诫命以外，还加上一些训谕，例如，“不要叫你的左手知道你的右手所做的事”，等等，事实上，是建立在我已得出的结论的意识之上的，——即，如果我所做的事情是有道德价值的话，那么，我的动机必须完全是由别人的痛苦，未经我任何更多思虑、自然地激起的。并且在同一个地方(《马太福音》，第 6 章第 2 节)我们看到，它以绝对真实性说明，大事夸耀自己的施舍者，“已充分得了他们的赏赐——完全失去上帝对他们的报答。”不过，在这方面，《吠陀本集》也对我们清楚明白地说明一种更高尚的教导。它们一再宣告，那些为了自己的工作想要任何种报偿的人，仍然是在黑暗道路上徘徊摸索，尚未成熟到解脱的地步。如果任何人问到我，他从施舍行善能得到什么，我的真诚回答是：“你给穷人的全部救济不过很少；本来也绝对算不了什么。如果你不满意，感到这够不上是你的目的，那么你的意欲原来不是施舍，而是做一笔交易；而且你已经做了蚀本生意。但是如果你所关心的是他会感觉到贫穷的压力比较少了；那么你就已经达到你的目的；你已经减轻了他的痛苦，并且你能完全明白，你的赐予得到多么大的回报。”

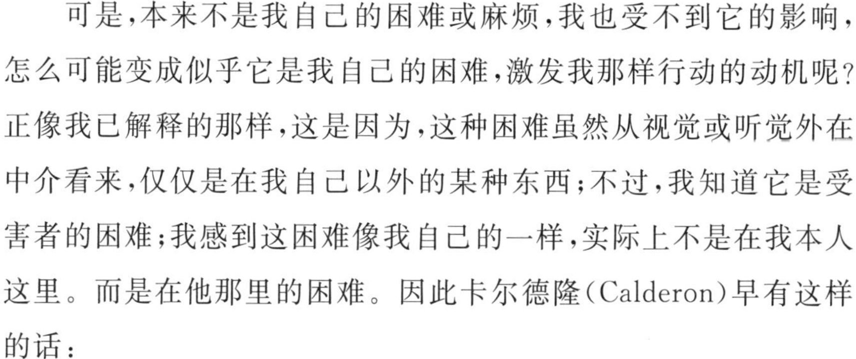

可是，本来不是我自己的困难或麻烦，我也受不到它的影响，怎么可能变成似乎它是我自己的困难，激发我那样行动的动机呢？正像我已解释的那样，这是因为，这种困难虽然从视觉或听觉外在中介看来，仅仅是在我自己以外的某种东西；不过，我知道它是受害者的困难；我感到这困难像我自己的一样，实际上不是在我本人这里。而是在他那里的困难。因此卡尔德隆(Calderon)早有这样的话：

“因为我从来不知道

在看到的痛苦与痛苦本身之间，

有什么距离。”

——《最坏的不总是确实的》(*No Siempre to Pear es Cierto Jorn*. Ⅱ,p. 229)

然而,以上所述以此为先决条件,在一定程度上我已经和他人变为同一的了,因而自我与非自我之间的障碍暂时得以打破。当且仅当那时,我直接把他的利益,他的需要,他的不幸,他的痛苦变成为我自己的利益、需要、不幸与痛苦;就在那时,我对他经验的印象消失了,我再也看不到那和我完全不同、我漠不关心的陌生人了;但我分担他那里的灾难,尽管他的皮肤确确实实没有围圈我的神经。只有以这种方式,他的灾难,他的忧愁才能够变为我的动机;否则我只能受我自己的动机影响。我再说一遍,这一过程是神秘的。因为这一过程理性不能给以直接解释,而且它的起因在经验范围以外。可是这却是每天都在发生的事情。每个人均感到他内心的这种作用或过程;甚至对心肠极硬的自私人来说,他也不是不了解这一点。生活里每一天,我们都在小范围单个行动中看到它;无论什么时候,总有人情不自禁地、不假多少思索,便帮助同胞,给以救助,有时为了他过去从未见过的人,甚至甘愿冒极大的危险,他这样做,丝毫没有考虑什么别的事情,只不过是因为他亲眼看到另一个人的巨大悲痛与危难罢了。这一过程在广泛范围内也被证实,心地高尚的英国国民在长期考虑以及许多激烈争论以后,用两千万英镑赎出它殖民地的黑人奴隶,令全世界人民称赞和欢乐。如果任何人拒不承认这种宏大的高尚行动之起因在于同情,宁肯把它归因于基督教的话;请他记起,在全部《新约圣经》中,连一个字都没有谈到反对奴隶制。可是在那个时期奴隶制实际是

普遍存在的；进一步说，迟至 1860 年，在北美当讨论这个问题时，还有一个人求助于亚伯拉罕与雅各畜奴为例证，企图为他的讼事申辩！

这一神秘的内在过程或作用在每一单独事例中的实际效应问题，可以留给伦理学成章成段地去分析，标题用“德行的义务”、“爱的义务”、“不完全的义务”或其他无论什么名字都可以。所有这些的根子、基础，是已在这里指出的这一个，因为这首要诫令“尽你力之所能帮助一切人”是由这根子、基础而产生的；从那里也能很容易推导出所要求的其他一切事情；正如从“不损害任何人”——我的原则的前半部分——可以推论出来所有公正的义务一样。伦理学实际上是一切科学中最容易的科学。但这只能是我们的希望，因为给自己建构伦理学是每个人义不容辞的责任，并且他自己要用藏于心底的基本法则制订适于每一情况的行动规则；因为几乎没有人有足够闲暇时间与耐心去学习现成的道德学体系。所有其他的德行或美德都是从公正与仁爱萌发出来的；因此这两种美德称为元德是适当的，而揭示其起源也就铺设了道德哲学的基石。《旧约全书》的整个伦理内容是公正；仁爱则是《新约全书》的整个伦理内容。仁爱是一条新命令（《约翰福音》第 13 章第 34 节），根据保罗（《罗马书》第 13 章第 8—10 节）所说，仁爱包括一切基督教的德行。

第 8 章　现在提出由经验证实的证明

我在这里已经断言，同情是唯一的非利己主义的刺激，因而是唯一真正的道德动机，这一事实是一奇怪的，甚至无法理解的悖论。所以我希望能使我的读者感到这一事实并不怎么离奇，如果我能证明它是由经验证实的，是由普遍的人类感情的证据证实的。

(1) 为了这一目的，首先我将举出一个想象的事例，它在目前研究中可以当作一个决定性的试验。但是，我不能把这个问题看得太轻松，我将不举仁爱的事例，相反，我举出一件极严重的破坏合法权利的事例。让我们假设有两个年轻人，凯阿斯与提图斯，各自和不同女孩热恋，而且两个人都被另外两个人从中作梗，后者因某些外在情况被女方选中。这两位青年都曾决定除掉他们的对手，而且十分安全，绝不会被人发现，甚至也不会受到任何怀疑。但当他们实际准备谋杀时，他们各人经过内心斗争之后，均退却不去干了。现在他们要对我们真实而清楚地说明，他们为什么放弃谋杀计划。就凯阿斯来说，我完全听由读者挑选他所喜欢的动机。可能是宗教的原因阻止了他；例如，想到了神意，想到了将来报应，想到了要受的审判，等等。或者他也许说道："我考虑过，在这种情况下我正要采用的原则，不适合于提供一个对所有可能的有理性者普遍有效的规则；因为我就会把我的对手仅仅当作一个工具，而不是同时当作一个目的。”或者，他遵照费希特的教导，可能发表自己的意见如下：“每个人的生命是朝着实现道德法则的一个工具；因此，我不是对实现这一目的漠不关心，我不能够消灭一个命中注定有责任实现这一目的的存在者。”（《伦理学体系》，第373页）（顺便提请注意，当他希望很快拥有他的爱人，便产生一个实现道德法则的新工具时，这种顾忌就会完全被打消了。）或者，他还可能按沃拉斯顿（Wollaston）的方式说：“我认为，这样一种行动可能是一种错误宗旨的表现。”或者，像赫奇森那样说：“这道德感觉，它所察觉的事物和所有其他感觉察觉的事物一样，也不容许有最后的解释，它们不准我干这种事。”或者像亚当·斯密（Adam Smith）那样说：“我已预见到，我的行为不会引起旁观者思想上对我的同情。”或者他似乎是在借用C.沃尔夫的话说：“我已觉察到，那样做既不能促进我自己的完善，也不能促进任何别人的完善。”或者借用斯宾诺莎的话：“对人来说，没有什么东西比人更有用：所以我不愿意毁灭一个人。”总之，他喜欢什么就可以说什么。但是提图斯，他的解释是由我自己提供的，将这样说：“当我着手安排谋杀这件事时，因此我暂时得专注我的对手，而不是专注我自己的感情；于是我第一次完全看清楚他将遭遇什么。但同时我为同情与怜悯所动；为他悲伤之情牵绊着我，战胜了我：我不能下手打他。”现在我要问一下每位诚实且无偏见的读者：这两人中哪一个人比较好？他宁愿把他自己的命运托付给哪一个？哪一个是受比较纯洁的动机约束的？由此看来，道德的基础在哪里？

（2）没有什么东西比残酷能引起我们的道德感更多的厌恶

了。我们能够原谅所有其他过错,但不能原谅残酷。其理由见于这一事实:残酷无情正是同情的对立物。当我们听到十分残酷的行为时,例如像刚在报纸上记载的一个母亲的行为,她把煮沸的油灌进她5岁小儿子的喉咙,谋害了他,还把她更小的孩子活埋了;或者像最近来自阿尔及尔的报道:一个西班牙人和一个阿尔及利亚人如何仅仅因小事争吵,终至引起一场搏斗;后者打伤前者以后,还拔出他整个下巴骨,带着它当作战利品,离开他的仍然活着的敌手走开了;——当我们听到这样残酷的事情时,感到恐惧万分,喊道:“怎么能做出这种事来?”现在让我问一问这个问题意味着什么。它意味着:“怎么就这么不怕来世的惩罚呢?”很难接受这种解释。那么或许它的意思是说:“怎么可能按照一个如此绝对不适于成为一切有理性者的普遍法则之一项原则行事呢?”当然不是。或者,它还可能是说:“怎么可能这么全然忽视个人自己的完整以及另一个人的完整呢?”这一样也是不可思议的。我提问的问题的意义,可以确定地说不外是这个意思:“怎么可能是如此毫无同情心呢?”结论是:以特别缺乏同情为特征的行为,一定使人感到极度腐败堕落和令人厌恶作呕。因此同情是真正的道德的诱因或动机。

(3)我所揭示的伦理学基础,或原初的道德刺激,公正地说,可谓是唯一有实在的、范围广泛的有效影响之基础。谅必没有人也敢于同样坚持主张哲学家们建立的所有其他道德原则;因为这些原则是由抽象的,有时甚而是由析理琐屑的命题组成的,只有人造的观念拼凑,根本没有基础;以致把它们应用于实际行动竟时常使人觉得滑稽可笑。纯粹由康德的道德原则激发的一件善行,从根本说，可能是哲学的迂腐造成的；要不然会导致行为者自欺，因为他的理智把有其他的，也许比较高尚的动机的行为，解释为是遵行定言命令的，以及义务概念的结果，而我们已经知道，它们是奠基于子虚乌有上的。但是，不仅确属纯理论的哲学道德原则，的确没有多少有效运作的力量；就是那些属于宗教确定的，以及专为实用目的规定的道德原则，也一样地难以断言有什么显著效能。关于这一点的主要证据在于这一事实，尽管世界上的宗教存在着巨大差异，但道德行为的数量，或者宁可说不道德行为的数量，则并没有相应的变化，实际上却是到处都很一样。只是不要把粗暴与文雅同道德行为与不道德行为混淆起来。古希腊的宗教，其道德的倾向很小很小——它几乎不超出尊重誓言的范围。不讲授教条，也不鼓吹什么伦理学体系；然而，全面看来，希腊人在道德上似乎并不低于基督教时代的人。基督教道德属于比欧洲以前出现的其他宗教的道德高得很多的一种。但是如果任何人因此而相信欧洲人的道德观念已有很大改善，并且现在它们无论如何也超过了其他地方通行的道德观念，那么不难指出，在伊斯兰教徒、拜火教教徒、印度教教徒以及佛教教徒中，至少和信仰基督教各民族中一样，其具有的诚实、忠诚、容忍、温和、慈善、高尚及克己的道德风尚，毫不逊色。确实，当我们把一系列不断在基督教国家内、常以基督教名义进行的非人的残酷暴行，置入天平时，我们却将发现刻度读数对基督教国家相当不利。我们只需要稍稍回忆一下无数的宗教战争；无法证明其合理的多次十字军东侵；大部分美洲土著人被灭绝；把从非洲劫夺的黑人迁往美洲大地，他们是没有丝毫权利的奴隶，离开他们的家庭、他们的国家、他们的半球，被判终生为奴

强迫劳役;[①]对异教徒无尽无休的迫害;那些不可名状、充满极度痛苦惨叫的宗教裁判所的凶恶暴行;巴黎屠杀新教徒之夜*,阿尔巴公爵(Alba)**在尼德兰处决1.8万人;这些不过是许多事实中不多的一些举例而已。然而,一般地说,如果我们用基督教信奉者的所做所为同基督教每一信条多多少少所宣讲的卓越道德相比较,随而设法想象一下,如果不是世俗国家部门阻止犯罪的话,理论究竟能有多少变为实践;不但如此,如果一切法律只要一天暂停执行,可能会发生什么事情;我们将不得不承认,各种宗教对道德信念与实践的影响事实上是很小的。这当然是由于信仰的软弱无力。从理论上说,而且只要信仰只不过是个抽象的虔诚问题,每个人均认为他的信仰是够坚定的。我们所有信念唯一的敏锐试金石是——我们做什么。当行动时间一到,我们的信仰必得经受竭力克己和重大牺牲的考验时,信仰的软弱性便变得很明显了。如果一个人是在认真地策划某一恶行,他就已经超出真正的与纯洁的道德界限了。尔后能阻止他这一恶行的主要约束,必定是对警察与法律制裁的恐惧。如果他觉得很有希望策划不会被人察觉,以致把这些恐惧置之度外,他遇到的第二个障碍便是对他的名誉的

① 根据布克斯敦(Buxton,《非洲的奴隶贸易》,The African Slavetrade,1839)的材料,奴隶人数现在每年新进口甚至约增为15万人;此外尚应增加20万人,他们是在被捕捉时或者在航程中惨死的。

* 法王亨利四世未即位前系新教徒首领,1572年8月24日为其在巴黎举行婚礼之日,新教徒被引诱到场,悉遭屠杀。亨利四世也遭拘禁,至1576年才被释放。此日被称作"巴黎血色婚礼"。——译者注

** 阿尔巴公爵,Felnando Alvarez de Teledo,1507—1582,西班牙统帅,1567—1573任荷兰总督,实行野蛮统治。——译者注

关注。如果再跨过这第二个防御物的话，在这两个强大障碍取消以后，任何宗教教义都极不可能有足够力量阻止他不干这桩恶事。因为，若是他连当前的与直接的危险都不怕，那遥远的而且仅仅基于信仰的恐惧，将难以阻止他。再者，有人对一切完全出于宗教信念而可能产生的善良行为，持明确的异议，认为这种行为并没有涤除私利，只是考虑到奖惩才做出的，因而没有任何纯粹道德的价值。我们发现，这一观点在著名的魏玛大公 K. 奥古斯特（Karl August）一封信中说得非常清楚。他写道："魏海尔斯（Weyhers）男爵自己认为，出于宗教信仰，而并非由于天性才善良的人，必定是个坏人。酒后吐真言。"（《致 J. H. 默克[Merck]的信》，第 229 封）但是现在让我们转而谈谈我已揭示的道德的诱因或动机。有谁哪怕是一会儿敢于否认，道德的动机在一切时代，在一切民族中，在一切生活环境里，甚至当宪法暂停执行，革命与战争的恐怖充满人寰时；在每日甚而每时的大事与小事中，发挥着明显的，确实了不起的影响作用？有谁将拒绝承认，这种道德动机永远在阻止很多不义，永远在造成许多善良行为，时常是出乎人之意料，而且无望因此而得到奖赏？有任何人将否认这一事实吗，即哪里有道德动机而且仅有道德动机的活动，我们全会以由衷的尊敬与热情，毫无保留地承认其真正道德价值的存在？

(4) 对一切有生命物的无限同情，乃是纯粹道德行为最确实、最可靠的保证，这不需要任何诡辩。无论谁满怀这种同情，便一定不会伤害人，不会损害人，不会侵犯别人的权利；更确切地说，他愿意关心每个人，宽恕每个人，尽他所能帮助每个人，他的一切行动都将带有公正与仁爱的痕迹。另一方面，如果我们试图说："这个人是有道德，但他不懂得同情”；或者：“他是个不公正和恶毒的人，可还是很有同情心的”；其中的矛盾跃然纸上。往昔时代，英国戏剧习惯用为国王祈祷结束全剧。古代印度戏剧则用这些话结束：“愿一切有生命物从苦痛中解救出来。”欣赏力不同；但我认为，没有比这个祈祷更美的祈祷了。

(5) 我们可以从对个别问题的详细分析，推论得出真正道德的最初刺激就是同情。例如，用合法的、不含危险的欺骗手段，使一个人损失300马克银币，不论这人是富有或贫穷，都是一样不公正的；但在后一情况下，良心的责备声更大得多，无私的目击者的谴责更甚。亚里士多德充分意识到这一点，说道：“损害一个苦难中的人比损害一个富有的人更坏。”(《问题集》〔*Probl.* Ⅹ ⅪⅩ. 2〕)如果这人有财产，自责的程度是按比例地减轻的，而如果用欺诈被哄骗的是国库的话，这种自责变得更轻微了；因为国库不能构成同情的对象。这样看来似乎是：个人的自责以及旁观者的谴责都不是直接由违法，而主要是由欺诈使别人因此痛苦所促成的。侵犯权利本身，单就它涉及骗取国库钱财来说(用上述例子)，同样要受到行事者与目击者良心的非难；但这仅仅不过因为，并且是就以下情况说的，即尊重一切权利的规则因此遭到了破坏；而这种规则是塑造所有高尚行为的前提条件。事实上，提出的这种责难是间接的而且有限的。不过，如果是一个获得信任的值勤雇员干这种欺骗事，这个事例就以十分不同的面貌出现；于是它便具有上述那类种种双重的不公正行为的特征，并且本身属于那种行为。这个分析说明，为什么一向对贪得无厌的勒索者和合法的骗子之最强烈的谴责是，他们把寡妇与孤儿的必需品据为己有。这是因为，

后者因其孤独无助，比别的人更盼望能引起心肠最硬的人之同情。所以我们得出结论：完全缺乏这种同情感，足以把一个人降低到极度邪恶的地步。

（6）同情是公正的根源，也同样是仁爱的根源；但这一点在后者比较能清楚地证明，在前者则不很容易。只要我们各方面都顺利，便绝不会从别人那方面得到真诚的仁爱证明。幸福的人无疑时常听到他们亲戚朋友挂在嘴边的友好话语；但是由仁爱产生的那种纯粹、无私与客观地共享他人境遇的感情，却只留给不管有什么样的悲伤和痛苦之人。我们对幸运者本身不表同情；除非他们有向我们要求的某种其他权利，我们在感情上和他们仍是疏远的：他们可以对他们自己的风流韵事与逸乐等保密。不止于此，如果一个人比其他人有许多优势，他将容易成为一个妒忌的对象，而如果他一旦从幸福之巅跌落，这种妒忌随时都会变成幸灾乐祸。不过这种威胁大部分没有应验；索福克勒斯（Sophokles）式的“他的敌人大笑”一般并没有变为现实。衰败的日子刚临到一个走背运的人，相识的人通常在思想上就发生巨大的变化，这一点对我们来说，是很有教育意义的。第一，这种改变清楚地揭露了他的“酒肉朋友”对他关心的真正本质：当酒喝光时，一个人的朋友们便都跑掉了。另一方面，那些妒忌他成功幸运的人们的欢欣鼓舞，幸灾乐祸的嘲笑，这些使他感到比灾祸本身更加可怕，甚而想都不敢想的事情，一般却销声匿迹，饶恕了他。忌妒平息了，而且同其起因一起消失了；并代之以同情，同情乃是仁爱的渊源。那些对一个极有成就的人曾抱妒忌与敌意的人们，在他失败以后，往往变为他的朋友，准备给予保护、安慰与援助。至少小规模地，谁自己没有体验过一点这种事情？当一个人

陷于不论什么性质的某种不幸时，却惊异地注意到，以前对他极度冷淡，不，颇怀恶意的人，终于向他伸出真正同情之手，难道这不是他的切身体验吗？因为不幸是同情的条件，并且同情是仁爱的源泉。当我们对一个人大为气愤，甚至是本属正当的，没有什么东西能像这句话会很快地使怒气平息："他是个不幸的人。"理由看来很明显：同情能息怒正如水能灭火。所以无论谁愿意没有什么可懊悔的事情，请他听我的忠告：当他怒火中烧，并且企图严酷地伤害某人时，他应该把这事情当作已办成的事实清清楚楚地想一想；他应当给自己清楚地描绘另一个受精神或肉体痛苦所折磨的，或者在生活穷困与苦难中挣扎的同胞之境遇；以致他不得不惊呼："这就是我要做的事情！"这样一些思想甚至还可能使他的愤怒心情缓和下来；因为同情是愤怒的真正消解剂；人们自己凭着实践这一想象的巧计，事先醒悟了，为时尚不算晚：

"同情，以毫不含混的语调，
讲述着复仇的一切恶果，
以便把它的律法让世人知晓。"

——伏尔泰：《亚述女王塞米拉密斯》(*Sémiramis*)第6卷

而且一般地说，克服我们可能对别人抱有怨恨的最容易的方法，莫过于我们采取一种他们能由之诉诸我们同情的着眼点。通常，父母之所以特别爱他们孩子中有病的一个，确实是因为看到他就不断激起他们的同情。

(7) 对于我所揭示的这道德动机是真正的动机这一点，还可提出另一个证明。我的意思是指这一事实，即动物也被包括在它的庇护之下。在其他的欧洲伦理学体系中，看不到有它们的地位,——这看来似乎奇怪而且不可原谅。据称动物是没有权利的;这一错觉暗含这种想法,即我们的行为,就动物而论,在道德上无关紧要,或者,正像这些准则的语言所说的那样,“对动物没有应尽的什么义务。”这种观点是一种令人厌恶的粗暴,西方的一种野蛮状态,其来源是犹太教。然而,在哲学中,这一观点是建立在人和兽之间巨大差别的假设上,尽管一切证据与此相反,——众所周知,这是笛卡尔比任何其他人都更加清晰有力主张的学说:这确实是他的错误的必然后果。当莱布尼茨与沃尔夫遵照笛卡尔的观点,用抽象观念建立他们的理性心理学,并构造一个永恒的有理性的灵魂时;于是动物界的自然要求显然起来反抗这种独有的特权,这种人类不朽的专利,并且大自然在这种情况下,也总是悄悄提出它的抗议。我们的哲学家们,由于他们的理智良心不安,不得不赶快为他们的理性心理学从经验方法上寻求帮助;他们于是企图揭示在动物与人之间存在一巨大裂隙,一个深不可测的鸿沟,不顾相反的证据,把两者描述为本质上不同的存在物。这些努力未能逃过布瓦洛(Boileau)* 的嘲讽;因为我们发现他这样说:

“野兽也上大学?

而且在一个系里注册?”

这种假设终归是断言动物不能够区别它们自己与外在世界,而且不能有任何自我意识,任何自我!要回答这样可笑的原则,只要指出一切动物,甚至最小与最低级的动物中固有的无限利己主义就够了;这就充分证明,它们是多么完全意识到它们的自我和外

* 布瓦洛,Nicolas,1636－1711,法国作家,经典主义理论家。——译者注

在于它的世界是对立的。如果任何信奉笛卡尔见解、头脑中带有这些观点的人，突然发现他自己被老虎抓住的话，他会在极度暴力强迫之下认识到，这样一只野兽区别他的自我与非自我，是多么清楚。我们注意到，许多民族，尤其德国人的语言中有一种罕有的谬论，这和这些哲学上的错误是一致的。对和生命过程有关的最普通的事情来说，——对食物、饮料、怀孕、生育；对死亡以及尸体；这样的诸多语言都有只能用于动物、不能用于人的特别字或词。这样便可避免对两者使用同样词语，而且两者本质上完全的同一性被言词差异所掩盖了。现在，鉴于看不到古语中有这种双重表达方式的任何痕迹，而是坦率地用相同词语表示相同事物，可以推断，这一可悲的伎俩毫无疑问出自欧洲教士的策划，以其亵渎的言行，无休止地否认与咒骂一切动物中活生生的永恒实在。这样就奠定了在欧洲习惯于对待兽类的那种野蛮残暴的基础，一个亚洲高地的土人则不能不以极端憎恶的正义眼光看待这种野蛮与残暴。在英国则看不到这一无耻发明；当然这是因为当撒克逊人征服英格兰时，他们还不是基督徒。虽然为此，英语与这奇怪事实有点相似之处，它把所有动物视为中性，用代名词“it”（它）表示它们，正好像它们是无生命之物似的。这一习语听起来十分令人讨厌，尤其就狗、猴及其他灵长类动物来说，更是如此，它显然是教士的计谋，企图把兽类降低到无生命物的水平。古埃及人，他们整天整日地奉献给宗教，习惯于把一个人的木乃伊和一只朱鹭，一条鳄鱼，等等的木乃伊，放到同一墓穴中；而在欧洲，把一只忠实的狗埋葬在他主人墓旁，则是一种很不道德的行为，一种可憎的行为，虽然也许就在那里，它曾满怀着在人类那儿是找不到的忠诚与情感，

等待着它自己的死亡。只有对动物学与解剖学的研究，才能稳妥地引导我们辨认我们称之为“人”与“兽”现象在一切本质上的同一性。在远些日子里（1839 年），当我们发现有一伪善的解剖者，他擅自坚持认为，在人与动物之间存在一种绝对的，根本的差别，甚至攻击和诽谤诚实的动物学家们，这些人弃绝一切教士的诈术、阳奉阴违和虚伪，并且敢于遵循自然的与真理的指导，那么，我们还将说什么呢？

确实，那些辨认不出人类与兽类中真正本质和基本的部分完全相同的人，必定是全瞎了，要不然就是全被犹太人的恶臭麻醉了。区别两者的东西并不在于原初的要素，不在于内在的本质，不在于这两种现象的核心部（两者中的这种核心类似该个体的意志）；我们发现它在于次要的东西，在于智力，在于知觉能力的程度。不错，后者在人类中由于他还有称为理性的抽象认识能力，是无可比拟地更高得多；虽然如此，这种优越性完全可归因于一种比较大的大脑发育，换句话说，可归因于肉体的一个单独的部分，即大脑之量而非质的差异。在一切其他方面，人与动物之间无论在精神上或身体上都是十分惊人的相似。因此我们应该提醒我们西方犹太化的，鄙视动物，过于崇拜理性的朋友们认识到，如果他们是由他们的母亲哺育大的，狗也是由他的母亲哺育大的。甚至康德也犯了他那时代、他的国家的这一常见的错误，我已在第 2 部分第 6 章提出了我无法抑制的抨击。基督教道德学并不虑及动物这一事实，乃是它体系中的一个缺陷，承认这一点要比把它永恒化好。然而，使人更为惊愕的是，除此之外，基督教道德学显示出和婆罗门教、印度教的伦理学极为一致，只是表述不够有力，也没有

达到逻辑所要求的最后诸多结论。大体上讲，似乎不容置疑，它一样也有个上帝变人或者化身(Avatar)的观念，起源于亚洲，也许是从埃及传到犹太；所以基督教可能是照耀在印度的原始之光的第二次反射光，它最初落在埃及，又从前者的废墟忧愁地折射到犹太土地上。一方面，基督教伦理学在其他主要方面与印度伦理学的相似性很大，但在这样情况下，我们可以看到它对动物无情的适当象征：施洗者约翰来到我们面前，除他穿的是毛皮衣服以外，一切方面都像一位印度教游行托钵僧(Sannyāsin)，众所周知，这种装束在每个婆罗门教徒或印度教徒看来，都是件可憎恶的事情。加尔各答皇家学会只有明确答应他们不按欧洲风气用皮革装订《吠坛本集》以后，才能得到这本书。所以，现在可以在他们图书馆书架上看到用丝绸装订起来的那本书。还有：福音书中彼得撒网打鱼的故事说，救世主很明显地是为捕到的鱼很多船压得要下沉而祝福(《路加福音》第5章第1—10节)，这和有关毕达哥拉斯的故事形成迥然不同的特点对照。据说，后者被正式介绍入埃及人的所有哲人之列，当渔网仍在水下时，他便从渔人们买了这一网鱼，以便马上把捕捉的海中动物放生。对动物的同情与性格的善密切相关，可以肯定地断言，对活着的动物残忍的人，不能够是个好人。再者，这种同情显然出自人们公正与仁爱的德行所由产生之同一源泉。因此，例如，有灵敏感受性的人，当认识到在突然发火大怒或醉酒时，本来不应该或不必要或过度地惩治他们的狗，他们的马，他们的猴子，就像他们清醒时做错了对不住他们一位同胞的事那样，感到同样懊悔，同样对自己不满意。唯一的不同之处——纯粹名义上的差别——是，在后一情况下，这一懊悔，这一不满则称为良心发出的责备声音。我记得曾读过一个英国人的文章说，他在印度打猎时杀死一只猴子，他无法忘掉这只动物临死时盯着看他的目光，他以后再也没有开枪打过这些动物。另一位名叫 W. 哈瑞斯(Harris)的喜欢户外运动者，一个真正好猎手，有大量同样的故事可谈。他在 1836—1837 年间旅行深入非洲内地，纯为纵情狩猎，1838 年于孟买出版的一本书中，描述他自己如何射猎他的第一只母象。第二天早晨，在他不停地寻找他的猎物时，发现所有的象都逃离了附近邻舍，只剩下在它死去母亲身旁度过整整一夜的一只小象。这小象看到猎人们，忘记一切恐惧，带着最清楚的、极强烈的令人悲伤忧愁的表情，向他们走来并且绕着他们拨动它的小象鼻子，仿佛向他们求教。"当时，"哈瑞斯说："我实在为我干的事情感到无限懊悔，感到似乎我犯了杀人罪。"

事实上，具有卓越敏感性的英国民族对动物的特殊同情，显然超过所有其他民族，这种同情一有机会便显示出来，而且是如此强有力，以致尽管在其他方面他们被贬斥有"迷信冷淡"的习惯，却终于导致盎格鲁-撒克逊人民制订立法促其实践，填补了他们的宗教在道德方面的漏洞。正因为有这一漏洞，在欧美才需要建立保护动物的种种社团，而社团之能起有效作用，端赖法律的支持。在亚洲诸种宗教本身就足够了，因此那里根本没有人会想到这种社团。同时，欧洲人随着认为动物界完全为人类利益与享乐而存在、这一奇怪观念的逐渐被克服和放弃，越来越清醒地意识到动物也有权利。这一观点(在我所著《附录和补充》，第 2 卷第 177 节，已说明它来自《旧约圣经》)及不属于人类的有生动物仅被视为东西之这一推论，乃是西方所流行用粗野与完全鲁莽的方法对待动物的根源。那么，可以说这是英国人的荣誉，他们是首先彻底认真地把法律之权施之动物：在英国对动物犯下暴行的恶棍，不论这动物是他自己的或别人的，都必须一样地为此受到惩罚。这还不算，在伦敦有一个自动组成的合作团体，保护动物不受虐待协会，没有国家帮助，自己付出很高代价，在减少虐待动物总数上起着不小作用。这一协会的密使随处出现，秘密监视，以便告发折磨不能说话的，有感性动物的人；这些折磨者因此对这些密使常是提心吊胆。[①] 这个协

① 从最近发生的下面这一事例，可以看出来这种问题做得多么认真。我引用1839年12月的《伯明翰日报》(*Birmingham Journal*)报道："一群教唆斗狗戏的84人被捕。——动物之友协会已经获悉，昨天在伯明翰法克斯街的广场举行斗狗戏。于是采取了措施，首先取得警察局帮助，派出强大的警察支队赶到现场。所有在场的人立即被捕。于是把这些十足的共谋者用手铐成对儿地铐在一起，再用一根长绳通过每一对中间把整个这伙人紧紧串联一起。他们就这样被押往警察分局，市长与法官正坐在那里等他们。两个头目被判罚款，每人1英镑8先令6便士；如不履行，则要罚14大苦役。"那些沉溺于这种贵族游戏的纨绔子弟们，在这一行列中行进一定会有些垂头丧气吧！但1855年4月6日《泰晤士报》第6页提供了当前一个更令人惊异的例子：我们在这里看到，这报纸自身承担司法职能，并给予正当的惩罚。它详细叙述了一个非常富有的苏格兰男爵女儿的案例。这问题上诉到法庭，证据表明，该女子曾极为残忍地用棍打用刀刺伤她的马；为此她被罚金5英镑。但对一个有她这种地位的人来说，这一钱数根本算不了什么，实际上她根本会安然无恙逍遥法外的。幸而有《泰晤士报》出面干预，给她了一种她会确切地感到是真正惩戒的处罚。该报道两次用大字体全名提到这位年轻小姐，并且做出如下结论："我们不能不说，几个月的监禁，再加上仅仅由汉普夏(Hampshire)最有力气的妇女偶尔秘密地给以鞭笞，这种刑罚对M. N.小姐才更合适得多。像这种恶劣的人已丧失了女性应有的一切体恤与特权；我们不能再把她看作一个女人。"我愿意特别提请刚在德国组成的反对虐待动物协会注意这些报纸评论，因为它们指明了，为取得某一可靠结果，应该采取什么方针。同时我对慕尼黑的H.佩尔奈(Perner)先生可贵的热忱，表示我真诚钦敬，他已全身专心投入这一门善行，并在全德境内引起对这一问题的兴趣。(请注意，本小注前一部分属于本著1840年9月最早版本；后一部分是为1860年8月第2版写的。因此叔本华说1839年的第一个例子是"最近的"，而1855年的第二个例子是取自"当前的"。——译者注)

会在伦敦所有陡峭的桥上，都配置一对马，以便把它们系到载重马车上帮拉过桥，不取分文。这不是极好的吗？这种做法难道不像任何对人的慈善行动那样，无一例外地会博得我们的赞许吗？伦敦慈善协会也尽了它的职分。1837年它提供30英镑奖赏，奖励关于现有的不虐待动物的道德理由之最佳说明文章。不过，论证方法几乎完全必须取自基督教，因而这一任务的困难自然就加大了；但两年后在1839年，麦可纳马拉（Macnamara）先生竞争成功。在美国费城有一个动物之友协会，抱同样爱护动物宗旨；作者T.福斯特（Fonster）题献给该会主席的一本书《哲学；或对动物现实情况的道德反思以及改进方法》（*Philozoia*，*Moral Reflections on the Actual Condition of Animals and the Means of Improving the Same*，Brussels，1839），写得很好，具独创性。福斯特先生委托他的读者们给动物以人道待遇。他是英国人，自然设法用圣经的支持强化他的立场；但他是在不稳定的立足点上，获得少得可怜的成功，以致最后急切地抓住下面这独到的见解：基督耶稣（他说）生在牛马驴群中的畜舍里；那象征地意味着，我们应把兽类看作我们的兄弟，并应象兄弟般地对待它们。我在这里举出的所有例证充分证明，我们在谈论的这种道德感情，现在也终于在西方开始激动了。至于其他，我们可以看到，对有知觉生物的同情心并未使我们达到像婆罗门教徒那样自动不食肉的程度。这是因为，按自然法则，对痛苦的感觉能力和智力并驾齐驱；因此人们生活中，特别在北方，不吃动物食品所受的痛苦，比兽类总是事先不晓得的速死的痛苦更甚；虽然应该使用氯仿使它们死得更舒适些。确实，人类没有肉食营养，极难抵御凛冽的北方气候。用同样的理由也可以解

释，为什么使用动物为我们工作是正当的；只有当人们过分役使它们干活时，那便是残忍了。

（8）并不是不能用形而上学研究与解释一切非自私行为的唯一根源即同情之终极原因；但让我们暂时把这些问题搁置一边，而从经验的观点，仅仅把正谈到的现象看作一种自然的安排。如果大自然的意向是尽全力减轻我们任何人都无法完全逃避生活所面对的各种各样无数痛苦的话；如果她愿意为一切人普遍具有、而且时常发展为邪恶的炽烈自我主义，提供某种抗衡力的话；每个人显然马上将认为，她能选择的最有效方法，莫过于在人心中播种这样美好的性情，这种性情使人倾向于分担别人的痛苦，以有力而无误的声音命令我们要为邻居着想；在这时呼喊着"保护！"在那时呼喊着"帮助！"可以确信，对于达到普遍的安宁幸福来说，只能寄更多的希望于这样产生的互相援助，而不能寄多少希望于用一般、抽象的术语表达的一种严格的义务命令，——一定的推理过程和人为的概念组合之产物。确实，从这样一种绝对命令，不可能期待有什么结果的，因为对无教养的人类个体来说，一般是不能理解命题及抽象真理的，只有具体的东西对他们才有某种意义。应该记住这一事实，整个人类，除很少一部分外，长期来一直是粗野的，而且必定继续如此，因为对人类整体来说，不可避免要从事的大量体力劳动，使之没有进行精神修养的时间。因而，为了唤醒已被证明为无私行动、唯一源泉，因此是道德真正基础的那种感觉，根本不需要抽象的知识，仅仅需要直观的知觉，需要对一具体事例的简单理解。同情心立即对这事例做出反应，不需要其他思想的调解。

（9）下述情况将和上一段落完全一致。我提供给伦理学的这

一基础，在经院派哲学家中是无先例的；确实，就他们的教导来看，我的见解是悖谬的，他们中许多人，例如，斯多噶派（塞涅卡，《论宽恕》，*De Clementia*，Ⅱ，5），斯宾诺莎（《伦理学》，Ⅳ，prop. 50），以及康德（《实践理性批判》，第 213 页；罗，第 257 页）注意到同情的动机却完全摈弃它，蔑视它。另一方面，我所提基础则受到近代最伟大道德家的权威支持；毫无疑问，卢梭至少是这样的权威，——那位能猜透人心的人，他不是从书本而是从生活里学到智慧的，并且打算把他的学说只为人类用而不为教授职位用；他，一切偏见的敌人，自然的养子，她单单给他以能够谈论道德问题而不令人生厌这种天赋，因为他能击中真理，打动人心。我迄今一直留意尽量少作引证，为了支持我的理论，将敢于引用他著作中的几节文字。

在《论人类不平等的起源》（*Discours sur L'Origine de L'Inégalité*，edit，Bipont）第 91 页，他说："还有另一个霍布斯（Hobbes）根本没有认识到的要素。在人的内心种植这一要素，是为了在一定情况下减弱他的自爱的凶猛性，并且在看到一位同胞受苦时便产生一些内在厌恶感，从而缓和他对他自己的安宁幸福所抱的热情。我确定不移地，不怕任何反对把这唯一的自然德行归属于人类，这一点甚至连最激进的怀疑主义也不得不承认。我暗指同情，等等。"

第 92 页："孟德维尔（Mandeville）这样认为是对的，如果自然未曾给人们以同情支持他们的理性，即使他们备有一切道德制度，他们只能永远是残忍的人；但是他没有认识到，从这一品德涌现出所有的社会美德。他不愿相信人类有这些美德。实际上，如果不是给予弱者、罪人或整个人类的同情的话，那么慷慨、宽厚、人道是什么？甚至仁慈与友谊，如果我们正确地看这问题，可以看到，它们产生于对一特殊对象持久不变的同情；因为想要某人不受苦，不外就是想要他幸福……活着的旁观者越紧密地同活着的受苦者结合在一起，怜悯之情就变得更为积极有力。”

第 94 页：“那么，这一点是十分确定的了，即同情是一种自然感情，它实际上抑制着每个个人的自爱，通过互惠的过程，帮助维护整个民族利益。它是这样的，在自然状态中，它代替法律、习俗与德行，还附带有一优点，即任何人都不会被引诱拒绝听从它的温和声音；它是这样的，它将阻止每个身强力壮的野蛮人，假若他希望到别处谋生的话，不去抢劫一个软弱的孩子，或者掠夺一位衰弱老人艰苦劳作挣来的赖以为生之物；它是这样的，它的确不是用那高尚的经过考虑的公正准则‘你们愿意人怎样待你们，你们也要怎样待人’，而是用另一种当然尚不完善、但也许更有用的自然善的规则‘做对你自己有利的事，但丝毫不能损害别人’，去鼓励人们。一言以蔽之，我们应该在这种自然感情而不是在精巧论证中，寻找人们根本不靠教育规定的原则而惯于以憎恶态度对待恶行之理由。”

让我们把这段话同卢梭在《爱弥儿》(*Émile*，edit. Bipont)卷 4 第 115—120 页说的话比较一下：

“事实上，如果我们自己不从我们自己的意识中出去，并且变得同活着的受苦者结合一起；可以说是，通过离开我们自己的存在而进入他的存在，我们怎么能被感动而生怜悯之情呢？除非当我们料想他的受苦时，我们不感到痛苦；我们感到的痛苦，不是在我们这里，而是在他那里……给一个年轻人提供他的宽阔心力能对其起作用的对象;诸如能拓宽他的天性的对象,它倾向于使心灵飞向其他人,就在这些人身上,他可以到处重新发现他自己。小心翼翼地使他离开那些使他的视野狭窄、使他以自我为中心并且激发自私自利脾性的事物。”

我在前面已指出,在学院派范围内,连一个赞成我的见解的权威也没有;但此外,除卢梭之外,我还可以引用其他证据支持我。中国人承认五种基本德行(五常),其中首要的是同情(仁,人道,爱邻人)。其他四德是:义、礼、智、信。同样,在印度人中,我们发现,为纪念死去酋长们所竖立的牌匾上,记载在他们美德首位的是他对人和动物的同情。在雅典,我们从保萨尼阿斯(Pausanias)* 著作第 1 章第 17 节中,知道在古希腊集会广场有一个祭奠同情之神的祭坛:“雅典人在他们的集会广场建有纪念同情之神的祭坛;因为他们相信,这种神是所有神中对人生及其沉浮兴衰最有帮助的。他们是创立这一崇拜对象的唯一希腊人。”琉善在《泰门》(*Timon*)第 99 节中也提到这个祭坛。由 J. 斯托巴乌保存下来福基翁(Phocion)的一句短话,把同情描述为人生中最神圣的东西:“不准抢劫神殿里的祭坛,也不准抢劫人性中的同情。”在《五卷书》(*Pantscha Tantra*)的希腊文译本《印度智圣》(*Sapientia Indorum*)中也有:“同情乃德行之首。”那么,可以清楚地看到,道德的真正根源在任何时代、任何国度,都一直得到明确的承认;只有欧洲除外,这是由于现在到处弥漫的犹太人恶臭所致,并且是西方各民族之所

* 保萨尼阿斯,公元 2 世纪希腊地理学家、旅行家,著有《希腊的描述》(*Descriptions of Greece*)。——译者注

以要求他们服从于一个义务命令、一项道德法则、一种绝对命令,简而言之,一种秩序与法令的缘故。他们固执地保持这种思想习惯,闭眼不看这种观点终究不过是建立在自我主义上的。当然,有时具有卓越洞察力的极个别人已经感觉到并且已说出了这一真理:卢梭就是这样一个人;还有莱辛(Lessing)。我们在后者于1756年写的一封信中读到:“那最好的人,那在所有社会德行方面,在所有形式的高尚大度方面极可能杰出的人,就是最有同情心的人。”

第 9 章　论性格的道德差异

在我能彻底说明我所提出的伦理学基础以前，还有一个问题尚待解决。这个问题是：人们道德行为的巨大差异是建在什么基础上的？如果同情是所有真正的，即无私的公正与仁爱行为的原始动机，怎么会有人受它影响，而其他人不受它影响呢？我们是否应该假定，揭示道德刺激的伦理学也能够启动同情？伦理学能够重新培养一个硬心肠的人么，使他变成有同情心，因而成为公正的和仁慈的人？当然不能。性格的差异是固有的，而且是根深蒂固的。恶人生来就有他的邪恶，和蛇生来就有它的毒牙与毒腺一样，前者像后者一样，一点儿也不能改变他的本性。“如何使用一个人的意志不是一件能教授的事情。”这是尼禄（Nero）的家庭教师的一句话。柏拉图在《曼诺篇》（*Meno*）中详细研究德行的本质，并且探究它能够或不能够教授给人。他引用特俄格尼斯（Theognis）* 的一段话：

“但是你将永远不能够
通过教授使坏人成为有好品德的人。”

并且最后得出结论说：品德看来不是天然生就的（即通过事物的自然秩序），也不能把它教授给人；但无论它寓于何人，它总是在天命

* 特俄格尼斯，公元前 6 世纪古希腊诗人。——译者注

之下出现的，与智力无关。如果我们相信亚里士多德的话，据他说，伦理学之父苏格拉底曾宣告："是善或是恶，我们自己无能为力。"（《大伦理学》，i. 9.）再者，亚里士多德自己也表达同样的观点："因为似乎所有人的不同性格是由自然以某种方式深深嵌入他们的；如果我们是公正的与宽容的，而且在其他方面也是善良的，那我们从一出生就是这样的。"（《尼各马可伦理学》卷 6，第 13 章）我们在 J. 斯托巴乌《言论集》第 1 章第 77 节中保存下来据说是毕达哥拉斯学派阿尔基塔斯（Archytas）的片断里，也发现断然表达的一种类似信念。如果它们的来源可能失实，但无疑是很古老的。奥里利（Orelli）在他的《希腊的金言与道德短文集》（*Opuscula Graecorum Sententiosa et Moralia*）中发表了这些片断。在卷 2 第 240 页，我们读到他用多利安方言写道："对于这些所谓的美德来说，它们需要推理与证明，应该称之为科学。我们用'德'一词倒是意指灵魂的非推理部分之某种道德上的极好的癖好。这种癖好决定我们表现出来的性格，人们按照这种性格而称我们是慷慨的、公正的或有节制的人。"我们研究亚里士多德在《论善恶》（De Vir tutibus et Vitiis）中对美德与邪恶的总结时，将发现，除非把它们全都假定为天生的品质，否则毫无例外，我们就无法想象它们是什么，并且只有这样看待，它们才是非伪装的。如果，由于经过推理反思我们认为它们是能由意志控制的，那么就认为它们失去其真实性而进入空洞形式境界；因此马上产生这样的结果：我们不能期望它们在环境的冲击与压力下，能够持久不变与有抗拒能力。对于仁爱的德行而言，也是如此，对此德行，亚里士多德和古代人一样，毫无所知。当然，蒙田（Montaigne）保持他的怀疑风格，但是当他说:“难道我们必须相信这是真的吗,即我们在没有法律,没有理性,没有先例的情况下,单靠某种玄奥的、天赋的与普遍的能力,就能成为绝对善的人?”(《论文集》〔Essai〕,卷 2 第 2 章)时,他实际上是同意以上引证的可尊敬的权威们的看法的。利希滕贝格在他的《杂录·道德评论》(*Vermischte Schriften*, *Moralische Bemerkungen*)中则一语破的。他写道:“所有由深思熟虑产生的德行没有多大价值。它们缺的是感情与习惯。”最后,应该注意到,基督教自身,在其最初教旨中,承认并且证明性格与性格之间存在着这种天生的、不能改变的差异。在《登山宝训》中,我们发现这一比喻:果子的本性是由结果子的树的本性所决定的(《路加福音》第 6 章第 43—44 节;参见《马太福音》第 7 章第 16—18 节);然后我们在下面一节(《路加福音》第 6 章第 45 节)读到:“善人从他心里所存的善就发出善来;恶人从他心里所存的恶就发出恶来。”(参见《马太福音》第 12 章第 35 节)

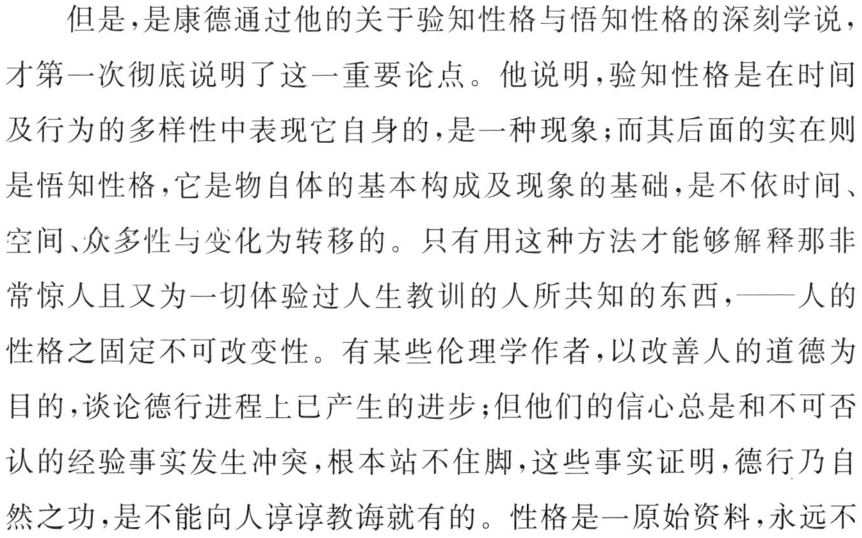

但是,是康德通过他的关于验知性格与悟知性格的深刻学说,才第一次彻底说明了这一重要论点。他说明,验知性格是在时间及行为的多样性中表现它自身的,是一种现象;而其后面的实在则是悟知性格,它是物自体的基本构成及现象的基础,是不依时间、空间、众多性与变化为转移的。只有用这种方法才能够解释那非常惊人且又为一切体验过人生教训的人所共知的东西,——人的性格之固定不可改变性。有某些伦理学作者,以改善人的道德为目的,谈论德行进程上已产生的进步;但他们的信心总是和不可否认的经验事实发生冲突,根本站不住脚,这些事实证明,德行乃自然之功,是不能向人谆谆教诲就有的。性格是一原始资料,永远不变的，不能通过智力改善的。现在，如果不是这样；再者：如果（像上述头脑不清楚的宣教者主张的那样）靠道德教育能改善性格，因此“不断向善迈进”的话，那么，除非我们以为一切宗教机构以及一切道德家的努力，都未达到其目的，我们一定会期望能看到人类年老的一半，至少平均来说，明显地比年轻的一半更好。但这一点也不是说，我们是要反过来，不是寄希望于因经验而变得更坏的老年人，而是寄希望于年轻人。可能发生这种情况，一个人在老年看来似乎比他年轻时多少更好些，另一个人则似乎多少更坏些。但其原因并不难找。这完全是由于知性经长年累月不断改正，变得更加成熟，因此性格以比较纯粹、比较清楚的形式突显出来；而人之早年则受无知、错误与幻想的伤害折磨，它们有时使错误的动机突显，有时掩盖真实的动机。我愿介绍读者阅读《论意志自由》第3章提出的原则，那里的解释更全面。罪犯中年轻人的确占大多数，不过这是因为，当性格中存在一种犯罪倾向时，它很快要找到一种在行动中加以表现以及达到其目标——苦工或绞架的方法；而那在长久生活中拒绝一切恶行引诱、未入歧路的人，是不会在最危急时刻失足的。因此，我认为，我们敬老是由于考虑到老年人经受六七十年考验，保持他们的正直不受玷辱；这自然是给他们荣誉的必要条件。任何人都很了解这些事情，在实际生活中，他不会被我们前面谈到的那些道德家允诺的东西导入歧途。一个人一旦被证实作恶有罪，就永远不再受人信任，正如一个人一旦证明他有高尚品质，以后无论其他什么事情有什么改变，他永远得到别人的完全信任。我们在第2部分第8章中已经知道，“什么人就有什么行为”形成经院哲学家的重要信条。世界上万物都按其存在、其本质所由组成之不可变易的构成而活动。人类也不例外。随着个人现在是这样，他也就将要、必定这样行动：自由的与漠不关心的选择本是早期哲学的一项发明，很早以前就被推翻了；不过有些穿着博士服有些婆娘腔的男人，仍然喜欢拖曳着它到处招摇。

人类行为的三个基本源泉——自利心或利己主义、邪恶、同情——是每个人与生俱来，以不同而且奇异的不等比例存在的因素。它们在任何既定情况下的组合决定出现的诸动机的分量，并且形成最后采取的行为路线。利己的动机只能引起目私自利性格的兴趣，那些示意或者同情或者邪恶的动机，则对它不起任何显著作用。因此，这一类型的人将不会为报复他的敌人而牺牲他的利益，也一样不会为帮助他的朋友而牺牲他的利益。另一类型的人，他的本性极易受恶毒动机影响，只要能伤害他的邻居，即使给自己带来严重损害也在所不惜。因为有些人物以危害别人为乐，以致他们忘掉他们自己的损失也许不亚于给别人造成的损失。人们对这种情况可能这样说："他不顾自己一切，只要他能伤害别人。"（塞涅卡：《论愤怒》，*De Ira*，Ⅰ. 1）他们这样的人恣意打架斗殴，虽然他们料到打斗中自己吃亏比对方一点也不少；确实，不少经验证明，他们动辄蓄意首先杀掉阻挠实现他们目标的人，然后为逃避法律惩罚而自杀。另一方面，心地仁慈是由一种对有生之物，特别是对人类的深切、全面的同情组成的；因为对痛苦的感受能力依理智的发展程度而增加，所以，人们身心上无数苦痛比之动物的苦痛，对同情有更加强烈得多的要求的权利，后者仅仅是身体上的，而且无论如何痛苦较少。因而，这种心地仁慈首先约束一个人不做任何损人的事情，其次，它也叫他无论何时何地见人遭难要给予救

助。并且同情的道路可能朝一个方向向深远发展,正如邪恶朝另一个方向不断发展一样。某些敏感性强的杰出人物,对别人的灾难比对他们自己的都更感悲伤,因此他们因做出牺牲所给自己带来的痛苦,可能比他们帮助别人免受的痛苦还要多。还不仅如此,在几个人或许多人能同时得到这样帮助的情况下,如果需要,这些人绝对会当仁不让。举例来说,A. 冯·温克里德就是这些人物之一。第 5 世纪,当旺达尔人跨越非洲侵犯意大利时,努拉的主教鲍利奴斯(Paulinus)也是这样的人。我们在 J. 冯·缪勒(Müller)* 著《世界史》(*Weltgeschichte*,第 10 册第 10 章)中读到关于他的事迹:"为了赎买一些囚犯,他已经转让了全部教堂的金银器皿、他自己的以及他朋友们的私人财产。此外,当他看到一位寡妇因她的独生子将被强行带走而悲恸时,他愿意代替他去服苦役。因为,不论谁只要年龄合适,未死于刀剑下者,都要被俘虏到迦太基。"

这样看来,性格与性格之间确实存在着很大差异。这种差异是原始的,生来就有的,它权衡个人对这一动机或那一动机的敏感反应,只有那些他对之特别敏感的动机,才对他有强烈的吸引力。正像在化学中,一个元素确定不变地只对酸起作用,另一元素仅对碱金属起作用那样,人的不同天性也以同样的不变性对不同刺激作出反应。暗含仁爱的种种动机,它们能深深激动一种善良的性格,本身却不能对一个只听从利己主义挑动的心灵起任何作用。如果希望劝诱这利己主义者得行慈善与人道,这只有一个方法能办到:必须使他相信,减轻别人的痛苦终将证明是对他自己有利。

* 缪勒,1752—1809,瑞士历史学家。——译著注

确实,难道大部分道德体系不就是向这方面所做的不同种类的努力吗?但是这种方法只能误导而不会改善意志。要取得真正改进,必须改变个人对种种动机敏感性的整个本质。因此,我们必须从一个人那里,除去他对别人痛苦本身的冷漠;从另一个人那里,排除他招致别人痛苦所感到的喜悦;从第三个人那里,除去这一天生趋向,这种趋向令他把增进自己点点滴滴福祉,看得比一切其他动机如此重要,以致后者变得无足轻重。不过,把铅变成金比完成这样一项任务还要更容易得多。因为这意味着,比如说,把一个人躯体内的心翻转过来,正是重塑他的存在。就事实而论,能够做到的只能是澄清知性,纠正判断,使他对客观现实与实际生活关系有一较好理解。做到这一点后,得到的唯一结果是,他的意志以更合逻辑、明确而确定的方式出现,在其表达中没有虚幻的声音。正如许多善行从根本上说是建在虚幻动机上,建在出自善意的、却是对于今世或来世可得利益之虚幻描述上一样;也有不少的不端行为纯粹是由于不完全理解人类生活环境造成的。美国的州或联邦法院便是以这后一真理为基础的。在这里,其目的不是改善罪犯的心,而仅仅是教育他们的头脑,使他们能开始理智地认识,成功只有靠劳动与诚实而不是靠懒惰与欺诈才能尽早、真正地获得。

对动机的正确描述,可以促成合法性,但不能促成道德性。能够改正一个人的行为,但不能改正一个人想做什么的意志;而真正的道德价值仅仅属于意志。意志奋力以求的目标不可能改变,只能改变所期盼达到该目标的途径。教导可以变更手段的选择,但变更不了个人在他一切行动中念念不忘所挑选的最终目标;其所以如此是由他的意志按照它的原来本质决定的。的确可以使自私自利的人明白，假若他放弃某些小利，他将获益更多；并且可以教育恶毒的人知道，他将因损人而更害己。但是永远不可能劝服一个人摒除自私自利本身及邪恶本身；正如一只猫绝不能被说服放弃它捉老鼠的癖性一样。对心地善良来说也是一样。如果判断力得到训练，如果人生的关系与环境终被了解，一句话，如果理智受到启迪；那么，受仁爱支配的性格和它不受此种启迪情况下相比，将被导致更始终如一和更完全地表明它自身。这样的例子可举一些如下。当我们察觉我们的行为对别人产生的比较遥远的后果时：这些痛苦也许是突然、间接地袭击他们，并且仅仅是在相当一段时间以后，原来是我们没想到竟会对他们这么有害的我们的行为造成的。还有，当我们逐渐察觉许多出自善意的行为，比如像掩护一个罪犯之恶果；尤其真实的是，当我们认清"不损害任何人"在一切情况下都比"帮助所有的人"是优先考虑的问题。在这一意义上，无疑存在着像进行道德教育这样的事情，一件能够使人行为较好的伦理培养。但是这种道德教育只有在我所指出的范围内，才是行得通的，而且很快就会发现它的限度。头脑中满是知识之光；心灵仍未曾改善。基本的与起决定作用的要素，在道德事情中和在理智事情以及物质事情中一样，都是天赋的东西。人为技巧永远是附属的，只能起辅助作用。他原来是什么样儿，他就是什么样儿，似乎是"由上帝恩赐"，天道的安排。

> "最后你还是——像现在一样。
> 你戴上几百万根发丝编成的假发，
> 把底厚几尺的高靴垫在脚下，
> 你还是永远像现在这样。"
>
> ——歌德：《浮士德》第1部《书斋》

但我确知读者早就想提出这个问题了:那么,功过的根源在什么地方?其答案全包括在第2部分第8章内,所以我请读者特别加以注意。这一解释本来跟着就可以在这里提出,因为这个问题和康德关于自由与必然性共存的学说密切相关,所以就在那一章解释比较合适。我们的研究导引出这一结论,即:一旦使动机发挥作用,做的事或所为是一种绝对必然的东西;因此,自由,其存在是完全由责任感表示的,不能不属于存在(一个人之所是)。无疑,良心的种种责备得首先与表面上和我们的行动有关,但通过这些行动,它们实际上一直延伸到我们的本质(我们之所是);因为我们之所为是我们之所是的唯一无可辩驳的标志,并且真实地反映我们的性格,正如从症状可以真实地知道病症一样。因此,功过的根源最后应该归到本质上,归到我们之所是(我们是什么)上。不论我们尊重与热爱或者鄙视与憎恨别人的是什么,它都不是一种可变易的、暂时的显现,而是某种恒常的、稳定的、永续的东西;它就是我们所是之物(或我们的本质)。假如我们发现有理由改变我们对任何人的最初看法,我们并不认为是他改变了,而认为是我们一直错看了他。同样,当我们对我们自己的行为满意或不满意时,我们说我们对我们自己满意或不满意,实际的含义是,对我们之所是或本质以及其不可变更性、不可逆转性的满意或不满意;对于我们的智力品质来说,也是如此,不止于此,甚至可适用于相貌。那么,功过的根源怎么能够在别处而不在我们的本质呢?我们在第2部分第7章已看到,良心是我们行为的记录表,这记录表,总在逐渐加长,所以对我们自己的认识,每天都变得更全面。良心直接关心我

们所做的一切；当某个时刻，由于受利己主义，或者也许受邪恶的作用，我们对于要求我们如果不愿给人以帮助、保护，但至少不要损害他们的这种同情，则置若罔闻；或者又当另一时刻，我们克服前两个动机，则听从第三个即同情的声音。以上两种情况都可测量我们在我们自己和他人之间划出的界线。我们的道德或不道德的程度最后均视这一界线而定，也即是说，视我们的公正与仁爱或不公正与不仁爱的程度而定。那些对这一特点具有重要证明作用的行动，其数量一点一点地储存在我们记忆中；这样我们的性格特征越来越清楚地被描绘出来，我们对我们自己的真正认识也几近达成。并且从这种认识中，产生一种对我们自己、对我们按利己主义、按邪恶、否则按同情行事的我们的本质之满意感或不满意感；换句话说，按我们已做出的在我们自己与他人之间差别的或大些或小些而定。当我们向我们自己以外看时，我们是用这同样的标准评判我们周围的人；于是我们逐渐熟悉他们的性格——确实不全面——还是用像我们用于我们自己的那种经验方法。在这种情况下，我们的感情便以赞扬、赞成、尊敬，或者另一方面，以谴责、不快、轻蔑的方式表现出来，可以说，它们是当我们自我评价而产生于我们内心之主观上满意或不满意（后者也许会加深成为怨恨）的客观转化。最后，还有语言方面的证明。我们发现某些不断出现的言语形式，它们雄辩地证明：我们对别人的责难实际是指向他们不可变易的性格，只是表面上提到他们做的事情；德行与邪恶实际上，如果是不言而喻的话，被视为人们生来即有的不可变更的品质。下面是一些这类表达式："我可了解你的本性了！""我看错了你。""我可知道你是什么东西了！""那么，你就是这样的人！""我不是那种人！”“我不是要占你便宜的人！”还有：出身名门的人，即心地高尚的，西班牙语为 bien nacido；希腊文 εὐγευής（真正出身名门的），εὐγένεια（真正出身高贵的）用来表示“virtuous”与“virtue”（“有德行的”与“德行”），等等。

理性是良心的一个必要条件，但这仅仅是因为没有前者根本不可能进行清楚、连贯的回忆。从其根本本质来说，良心一直到行为以后才说话；因此我们谈到被提讯受良心审判。严格地说，认为良心预先说话是不妥当的；因为它只能够间接地这样做；也即是说，对过去特别事例的记忆，导致我们通过反思而不赞成尚在考虑中的某种相似的行动路径。

这就是由意识提供的伦理学事实。它自行形成为一个形而上学问题，这个问题不直接属于我们现在研究的问题，在本书最后部分再简略论及。

那么，良心只不过是借助于我们的行为对我们自己一成不变的性格的认识。稍加思索将证明，这一定义不但和我已在这里特别强调的东西和谐一致，而且从那里还可得致更多确证：即，对利己主义的、邪恶的以及同情的种种动机的敏感性，在不同个人中极不一样，而且是个人整个道德价值之所系，是不能用任何其他东西解释的，也不能以教导方法获得或排除，仿佛它是产生于时间之中的某物，所以是易变的且受机遇支配的。与此相反，我们已经了解，这种敏感性是与生俱来的，固定的，一个终极资料，不允许任何进一步说明。因此，整个一生，连带其许许多多活动整体，可以比作时钟的针面，它标明其内部的，一劳永逸地制造出来的各种机件每一动作；或者它类似一面镜子，只有在那里，每个人用他的理智之眼,才看到映出的他自己意志之基本本质,即他的存在的核心。

无论谁肯耐心、彻底地想透在这里以及在第 2 部分第 8 章所说的内容,他将发现在我所提出的伦理学基础中,具有逻辑连贯性以及其他一切理论所缺乏的圆满全面性;还不用说我的观点和经验事实的完全一致——这种完全一致他在别处是无法找到的。因为只有真理才能一律、始终如一地同其自身并且同自然相一致;而一切虚假原则却内部自相矛盾,外部则和经验证据相左,这些证据每一步都记录下经验的无声抗议。

我充分意识到,在这论文中以及尤其在这里结束的时候提出的诸真理,正击中许多根深蒂固的偏见与错误,特别击中那些属于某种现在颇为流行、适合初等学校的简单道德体系。但是我不能承认感到后悔或遗憾。因为,首先,我既不是在向儿童们,也不是在向无知大众讲话,而是在向一个探究真理与研究学术的科学院讲话。他们的探索是一纯理论的探索,涉及伦理学的终极基本的普遍真理;而且对一个极严肃的问题,无疑应该做出一严肃的回答。第二,我认为,错误就是错误,不能有什么无害的错误,更没有什么特许的或有用的错误。与此相反,所有错误几乎贻害无穷,何益之有。然而,如果希望把现存的先入之见当作真理标准,或者把它当作真理研究不得逾越的界线,那么,比较老实的态度就是把哲学院系与学院通通取消。因为哪里没有实在,那里连貌似的实在也不会有。

第 4 部分

论最初的伦理学现象的形而上学解释

第 1 章　应如何理解这个附录

在前文中我已经确定道德动机(同情)为一事实,而且已经证明,只能从这一动机才能产生无私的公正与真正的仁爱,其他一切德行全赖这两个基本德行。现在,要说为了给伦理学提供基础么,这在某种意义上说是足够了;也就是说,就道德科学而论,它必然需要由某种实际与能证明的基础来支持,不论它存在于外在世界或在意识之中。唯一可选择的余地是踏着我的许多前驱者留下的足迹前进,换句话说,任意地挑选这一或那一主张——某种空洞而抽象的公式——使之成为道德所规定的一切的根源;或者像康德那样,把一个纯粹观念,法则的观念,理想化为伦理学的拱顶石。但是,我根据在第 2 部分讨论的理由,摈弃了这一方法,在我看来似乎现在已经完成了皇家科学院提出的这一研究。因为他们的问题,照其现状来看,仅仅涉及伦理学的基础;对于这个基础的可能的形而上学解释,并没有任何要求。虽然我们的探索已达到这个程度，但我深切感到，人类精神得不到永久的满足，得不到真正的宁静罔思。在伦理科学中也像在所有实际研究各学科中那样，当一切都讲说完毕时，人们不可避免要面临一个最终的现象，即，虽然它对它所包括的每件事以及从它那里归纳出来的每件事，都给出说明，但它本身仍然是个未得解释之谜。所以这里和别处一样，感到需要对这最终资料本身，以及通过这些资料——如果能获得其全部——对世界的解释（显然这种解释只能是形而上学的）。并且在这里，这种需要在这问题中表示出来了：我们感觉到、并且由我们的知性理解的东西是它的本质（它之所是），而不是其他东西，这是怎么回事呢？并且我们见到的现象的特性又是怎么由事物的基本本质形成其自身呢？确实，在道德科学中比其他科学中，更迫切需要一个形而上学的基础，因为哲学的和宗教的体系一样，一致坚持认为人的行为不但有伦理道德的，而且也有形而上学的意义，这一意义远远超过事物的纯粹显现，超出所有经验的可能性，因而具有和人类命运以及整个宇宙过程最密切的关系。因为如果人生（实被断言）有一种意义的话，那么它所指向的崇高目标无疑是道德的。这一观点也不是空洞的没有根据的学说；它是根据不可否认的足够事实确立的，当死亡将近时，每个人均表现有一种道德倾向，不论他是否相信宗教教义都一样；在生命将尽时，他显然是渴望完全从道德的立足点上，清理一下他一生的事情。对这一单独事项，古代人的证言特别有价值，因为他们陈述时是处在基督教影响范围以外的。所以我将在这里引用斯托巴乌《言论集》（第 44 章第 20 节）中保存下来的值得注意的一段话。有人认为这段话出自最早古希腊时代的立法者扎莱夫库斯（Zaleukos），不过按照本特利(Bentley)与海恩(Heyne)的说法,它源自毕达哥拉斯学派的人。其语言叙述生动,清楚无误:我们应该认识到仿佛在我们眼前出现的,每一个人为从生活坎坷羁绊中救助自己走到尽头的那临终时刻。因为所有临终的人都被懊悔困扰,一面回忆起他们做的不公正行为,并且又满心悔悟他们过去如能总是公正行事就好了。

此外,谈到一位历史上有名人物,我们发现伯里克里斯(Pericles)* 在他的病榻上不愿意听任何关于他伟大成就的事情,只渴望知道他永远未曾给某一市民带来麻烦(普卢塔克,Plutarch,《伯里克里斯生平》〔*Periclem*〕)。转而看看现代,是否有和前述情况有完全不同的事例,我记得曾注意到,在向一英国陪审团提出的一个报告中的下面这件事情。一个粗野的黑人少年,15 岁,在船上某次吵架中受了致命伤。当他快要死的时候,他急切恳求把他的所有同伴赶快请到他面前:他要问一问是否他曾经烦扰过或侮辱过他们任何人,而当听到人们说他从来没有那样做过以后,他的心情看来似乎大大宽慰了。那些临终的人愿意在自己死去以前同每个人言归于好,这确实是到处一样的经验教训。

但是有另一种证据说明伦理学最后只能由形而上学解释。人所共知,虽然是一位富有思想作品的作者——甚至它可能是一部最重要杰作——他很愿意拿到他能得到的任何报酬,而另一方面,那些做出道德高尚的一些事情的人,几乎毫无例外,都拒绝因此而得到报偿。后一事实尤其多见于堪称为英雄的行为。例如,当一个人冒个人生命危险救了另一个人或者也许很多人免于毁灭,虽

* 古雅典政治家,公元前 499—前 429。——译者注

然他可能很穷，通常他根本拒绝一切奖赏；因为他本能地感到，他的行为的玄奥价值会因此而受损害。在伯尔格尔（Bürger）* 的歌唱勇敢者的歌的末尾，我们读到这种心理过程的诗意表述。就大部分现实来说，和我时常在英国报纸上注意到的理想，也根本没有什么不同。这种行为在世界各处都有发生，而且不管一切宗教差异如何。在人类中常有一种不可否认的伦理趋向，来源于（虽然不自觉地）形而上学，并且对人生不按这些路向给出解释，任何宗教便不能赢得立足之地；因为各种宗教全都是靠它们的伦理方面紧紧抓住人的思想的。每种宗教均把它的整个教义当作每个人容易感觉到的道德动机之基础，但他并不因此而理解这一点；并且它把教义和道德动机基础两者连接得如此紧密，以致它们似乎是分不开的。确实，传教士特别费尽心力宣称无信仰和不道德是同一件事。看来道理显而易见，为什么信奉者把不信奉者看作和恶人一样，为什么诸如"不信神的"、"无神论的"、"非基督教的"、"信异教的"等等措辞用作为道德堕落的同义词。事实上，各种宗教的工作是够容易的了。种种宗教开宗明义的原则就是信仰。因此它们能够坚持要求只要信仰它们的教条就行，而要做到这一点，甚至要加以威胁。但是哲学在手边就没有这样合适的手段好用。假如考察一下哲学不同体系，我们就将发现，就为伦理学提供基础来说，以及对任何这种基础和给定的形而上学理论间之可发现的连接点来说，两方面的困难阻碍重重。然而，——像我在前言中诉诸于沃尔夫与康德的权威所强调的那样——我们迫切需要从形而上学那里

* 伯尔格尔，Gottfr.，Aug.，1747—1794，诗人。——译者注

为道德科学取得支持。

且说，人的理智必须尽力解决的所有问题中，形而上学的问题最难；难到这种程度以致许多思想家认为它绝对无法解决。除此之外，目前情况下特别对我不利，因为我在独立地作专题文章。换句话说，我不能随意从我可能拥护的某明确的形而上学体系出发；因为如果我那样做的话，或是应该详细将它论述，而这必将占太大篇幅；要不然就必须假定它是理所当然，无异议的，——一种特别可疑的行径。结果是，我根本不能在这里像在前一部分那样应用综合的方法。只能用分析方法：即我必须逆向工作，从结果到原因，而不是反之亦然。无论如何，这种硬任务从一开始就没有先在假说，除公认见解外更无其他见解可依，使得发现伦理学基础工作如此辛劳，以致当我回顾这一任务时，我似乎完成了某种聪慧的惊人事迹，不能说不像一个人以最精巧的技能在半空中完成了本来只能有牢固支撑才能做到的事情。但现在我们终于谈到能否给予已提出的基础一个形而上学解释这问题了，在没有任何假定情况下研究这个问题的困难如此之大，看来我似乎只有一条路可走，即仅仅对这一题目作一般简述。所以，我宁愿指出而不愿详论思想的线路：我将指出导向这目标的道路，但不沿该路到那里去；简而言之，我将描述的只不过是在其他情况下能够提出理由的很小一部分。由于上述理由，我愿在开始这一题目以前，着重表示，无论如何，征文提出的实际上的问题现在已经解决了；因此我在最后增加的这一部分，是超出原来要求的作品，是个附录，予取予求，悉由尊便。

第2章　形而上学的基本原理

迄今所有我们探讨过程都是由坚如磐石的经验支持的。但为了追求一种最后理论上的满足，而把我们的探索推向前进，达到那任何经验永远不能渗透的地方时，经验对我们无用了，我们立足的坚实地面下陷了；可是，万一我们能得到那可能带给我们一定程度满足的一点暗示，一点短暂的闪现的话，我们也是高兴的。无论如何，至今一直伴随我们整个探索过程的诚实绝不会舍弃我们。我们将不会按照所谓康德后的哲学家的样子，用梦想应付，并且准备好神仙故事；我们也不会像他们那样，企图用冗长累赘文字欺骗读者，往他们眼里撒揉尘埃。我们全部的承诺只能是一点点，但那一点点必将老老实实地呈献给读者。

我们所发现应为伦理学之最终解释的原则，现在又转过来它自身也需要解释；因此我们现在的问题必须论述那天然的同情心，它是每个人天生即有的，不可摧毁的，并且已证明是非利己行为的唯一泉源，只有这种行为才有真正道德价值。许多现代思想家把好与坏或善与恶的概念看得很简单，也就是，当作既不需要，也不允许任何说明，于是他们接着大多是很神秘而又虔诚地谈论一种“善的观念，”他们用这一观念支撑他们的道德体系，或者至少用以掩饰他们的贫乏。[1] 因此我不得不在这一点上附带指出，这些概念并不简单，更非先天；它们事实上表示一种关系，并且是从最普通的日常经验得来的。不论什么和任何个人意志的愿望相一致的东西，对于意志来说，便称为好的；例如，好食物，好道路，一个好兆头；相反的称为坏的，在活着的人的情况下，称为恶毒的。同样，一个人，由于个人性格关系，没有反对别人追求什么事情的意愿，而是尽力表示可以帮助他们，促其成功；一个人，不但不损害邻人，当他能办到时，则帮助他的邻居，并且为他们谋利益；后者，就他们自己而论，称之为一个好人；"好"这个词正是按上述定义对他使用的，而从他们自己的观点看来，它因此是相对的，经验的，并且被置于被动主语的中心位置。现在，如果我们考察这样一个人的本质，不仅当它影响别人、而且当它在它自身中事实如何，我们就能根据前述说明认识到，他实践公正与仁爱的德行，是由于直接参与并非他自己的祸福遭遇；并且我们已知道，这种参与的来源是同情。此外，如果我们停一停仔细考虑，这种性格类型中基本部分是什么的话，我们定将发现，这种人不像一般人那样把他自己和别人的界限划得那么清楚。

这种差别在恶毒人的眼里则是如此之大，以致他径直以看到别人痛苦为乐——因此他企图寻找这样的一种快乐，根本不考虑任何其他对他有利的。甚而有时损害他自己的事情。从利己主义者观点看来，这同一差别仍然够大，足以使他为得少许个人利益而

---

① 善的概念，就其纯粹性而言，是一个终极概念，"一个绝对观念，其实质于无限中自行消失。"（布德尔威克〔Bouterweck〕:《实践的格言》，〔*Praktische Aphorismen*〕，第54页。）

给他的邻居制造很多麻烦。所以对这两者来说，被限制于他们自身的自我和包括世界其余一切的非自我之间，牢固地存在着一大鸿沟，一大深渊："只要我安全，天塌又何妨。"是他们的行为准则。对好人来说，正相反，这一差别绝不是这般显著；确实，在高尚行为的情况下，它似乎化为乌有，因为那时为了使另一个人幸福，施惠者不惜自我牺牲付出代价，把另一个人的自我放在和他自己的自我同等地位。并且当这是一个解救许多同胞的问题时，可能完全不怕自己毁灭，一个人为许多人而牺牲自己的生命。

现在这一质询出现了：是否后者那种把维系存在于自我与非我的关系，看成是形成一个好人行为的主要泉源是错误的，且是由于一种幻想；或者是否这错误反而不属于利己主义和邪恶建于其上的相反的观点。

毫无疑问，利己主义根源何所在的理论，从经验观点来说，是完全有道理的。经验证明，一个人自己的人格和另一个人的人格间的差别，看来似乎是绝对的。我住的地方和我邻居的不在一处，这一空间距离或差别把我们彼此分开，也把我和他的祸福分开了。但是，第一，应该说，我们对我们自己的认识，绝非深透彻底的。我们凭借由感觉提供资料构成的直觉，就是说，以一种间接方式，我们认识到我们身体是空间一客体；通过一种内感知，我们意识到由外在动机作用引起我们一连串愿望与意志；最后我们终于辨认出我们自己意志本身时强时弱的种种活动，一切发自内心的感情最后都可追溯到意志。实质就在于：因为轮到感觉能力也是不可理解的。正相反，我们整个现象的本质之实在基础，我们最内的，具意志力与领悟力的本体自身，是不能为我们所理解的。我们仅仅看到自我的外在一面;而其内部在暗中隐蔽。因此,我们对我们自己拥有的知识绝非彻底、完全,而是非常表面、肤浅的。我们的存在之更大与更重要部分仍是未知的,成为应加以思辨之谜;或者,像康德所说的那样:"自我仅能熟知作为现象的自身;关于其本质,不论那可能是什么,自我对它没有认识。"可是,至于在我们知识范围以内的自我那一面,毫无疑问,我们能十分清楚地辨认彼此有别;但不能据此得出结论说,对其余部分来说,也是如此,该部分掩蔽于深奥不可解之中,可事实上则是构成我们的真正本体。至少存在着这一可能性,后者这一部分在所有人那里是一律无变化的和完全一样的。

对一切众多性,对实存的用数字表示的异样性的解释又是什么呢? 时间与空间。确实,只有通过后者前者才可能理解:因为"许多"这一概念不可避免地内含着连续(时间)的观念,或者相对地位(空间)的观念。那么,鉴于一种同质的众多性是由个体组成,我称作为多样性条件的时间与空间为个体化原理(principium individuationis);并且在这里我不考虑这一表达式是否经院学家也确实是如此使用的。

如果在康德的惊人才智给予世界的发现中,有任何东西确凿无疑为真的话,这是能在先验感性论中,即在他关于空间与时间的学说中找到的。这一结构建立在如此坚固基础上,任何人都未曾提出甚至一个貌似的异议。它是康德的胜利,并且属于那些很少数形而上学理论,它们能被视为真正证明了的,而且实际征服了那一探究领域。它教导我们,空间与时间是我们自己直观能力的形式,因此它们属于那种能力,不属于由其感知的对象；进一步说，它们绝不是自在之物的条件，反而仅仅附属于它们显现的形式，如同我们对外在世界可能有意识，是完全受严格生理限制决定的那样。现在，如果对自在之物，即对像我们所感知的构成宇宙之实在来说，时间与空间是不相干的；多样性必定也是如此。所以，那在这感觉世界无限现象中被客体化的事物，只能是一统一体，一单独的不可分的实体，分别都显现它们之中。而反过来说，在时空织机中织成的众多性之网，不是自在之物，而仅仅是它的现象—形式。这一现象—形式，外在于思维主体，就这点而论，并没有实存；它仅是我们意识的一个属性，正如后者那样，受多重条件限制，实际上，是随着有机体的功能而定的。

上述事物的观念，——一切众多性只不过是表面的，在个体的无限系列中，生命之无穷生生续续，一代复一代，一年又一年，实际存在着的只有一个实体，在所有个体中完全一样地在场；——这一理论，我认为，当然在康德很早以前就出现了；实际上，可以回溯到远古。它是世界上最古老书籍、神圣《吠陀》的最重要的要素，其教义部分，或确切说奥妙的教言，见于《奥义书》(*Upanishads*)。该书中几乎每页均珍藏这一学说的深广含义；它以不知疲倦的重复，无可胜数的改编，许多不同的比喻与直喻，详细说明和谆谆教诲之。再者，上述学说乃是毕达哥拉斯的智慧源泉，尽管我们对他教导了什么所知很少，但对此毋庸置疑。这一学说实际形成为爱利亚学派整个哲学的中心论点，这同样是众所周知的事实。以后，新柏拉图主义者也沉湎于这一学说，其主要信条之一为："一切灵魂是同一的，因为所有事物形成一个统一体。"在第9世纪，我们出乎意料发现它出现于欧洲。这一学说使一个和 J. S. 埃里金纳(Erigena)* 一样重要的神学者的精神颇受激励,他努力用基督教的形式与词汇把它表达出来。在伊斯兰教徒中间,我们又察觉在苏菲(Sûfi 或 Sūfīy)教派的心移神驰的神秘主义中有此学说。在西方,G. 布鲁诺(Bruno)情不自禁地大声宣讲它,得到的回报却是蒙受耻辱被折磨而死。同时,我们发现,无论何时与何地读知基督教神秘主义者们时,他们常违反他们自己的意志与意向,迷醉于其中!斯宾诺莎的名望被认为与此分不开。最后,在我们自己的时代,在康德已经消灭旧的独断论,人们被冒着灰烟的废墟吓呆以后,谢林的折中派哲学中恢复了这同一教导。谢林将普罗提诺(Plotino)、斯宾诺莎、康德与 J. 伯麦(Boehm)的全部哲学体系,统统与现代自然科学成果糅合一起,匆忙地把论点发挥得娓娓动听,以暂时满足同时代人的迫切需要;尔后开始对原来的题目进行一系列变动。结果是,德国各学术界终于一般地接受了这一思想路线;确实,甚至在受一般教育人们中间,它也几乎广为传布。

“无疑,我们人们可能终其一生,
都把理性拒之于门外。
但是如果她一旦得以入内,
她便不再离开,
并且立即颐指气使俨如那里的主妇。”

——伏尔泰:《致沙林(1777 年 11 月 10 日)》

(*lettre à Saurin* 10,nov. 1777)

---

* 埃里金纳,Johannes Scotus Erigena,810—877,爱尔兰哲学家。——译者注

独一无二的持异议者是大学哲学家们。他们的艰难任务是同称为泛神论的东西作战。迫于战斗造成的窘困，他们不得不焦急地时而抓着最可怜的诡辩论，时而抓住极夸大其词的成语，只有这样他们才能拼凑起某种体面的伪装，打扮那已被正式批准的最喜爱的娘娘腔哲学。一言以蔽之，时空以外的永恒实在与现象宇宙，在一切时代向来是愚人的笑柄，是智者永在沉思的主题。虽然如此，这一理论的严格证明，正如我刚提出的那样，只能从康德的教诲中获得。康德本人并没有把证明进行到底；他模仿聪明的演说家，只不过给出前提，听由他的听众随意得出结论。

现在且说如果众多性与差异仅仅属于现象-形式；如果在一切有生命事物中显示出来的只有同一个实体：由此可见，当我们去掉自我和非自我之间区别的痕迹时，我们不是受一种幻象所戏弄。反之，当我们主张个体化的实在时，即主张一种印度教教徒称为真正永恒实体的虚幻影像之物，即一骗人幻象、一幻想之为实在时，那我们则是被戏弄了。我们已发现，前一理论乃是同情现象的真实来源；确实，同情不过把这一理论翻译成具体的表达式而已。所以，我认为同情就是伦理学的基础，并且愿意把它说成是一种认为自我和非我一样的感觉能力，这样，这个人便直接在另一个人内认出他本人，他的真实的真正存在就在那里，从这一观点出发，把这最深刻的理论教导竭力加以发挥扩充，最后可以证明，它和所实践的公正与仁爱的规则是完全一致的；反过来说，很明显，有经验的哲学家，即正直的人，仁慈的人，高尚的人，只不过以其行动，宣告了和思辨者以辛勤探索、以焕发的理智赢得的真理是一样的。同时，道德上的美点高于一切理论的智慧。后者充其量不过是一种

本未完成的，不完全的构造物，而且只能通过迂回推理过程才能达到前者一蹴而就的目的。道德高尚的人，虽然智力不够敏锐，但却以其行为揭示最深刻的洞见，最真的智慧；并使最有成就和有学问的天才相形见绌，如果后者的行为暴露他的心还是不懂得这一伟大原则——生命之形而上学的统一性。

"个体化是实在的。个体化原理，连带由之产生的个体差异，乃是事物自身的秩序。每个有生命的单元，是一个完全不同于所有其他单元的实体。仅仅在我本身中才有我的真正存在；一切外在于它的事物属于非我，并且对我毫不相干。"这就是人类证明其为真实的信条：它是一切利己主义的基础，并且必然真实地在所有无爱的、不公正的或邪恶的行为中表现出来。

"个体化不过是源于空间与时间的一种现象；后者正是在时空条件下外在世界对我显现的形式，它们是受我大脑的感觉能力制约的。因此，个体的众多性与差异也不过是一种现象，就是说，仅仅作为我的心理图像而存在。我真正内心深处的本质在一切有生物中存在，正如我自知它确确实实直接地在我意识中存在一样。"这是更为高尚的知识：梵文中有关于它的著名惯用语是："那就是你。"这种高尚知识，以同情的形式从人性的深处涌溢而出，所以是一切真正的，即无私的德行的泉源，也可以说是体现在一切善行之中。这就是每当我们要求和善、要求仁爱时；每当我们祈求慈悲而不是祈求公正时，作为最后一招我们希求的同情。因为这种要求，这种祈求实际上是努力提醒人类认识到，我们乃同一实体这一终极真理。另一方面，利己主义及其衍生物，如妒忌、仇恨、迫害的气性、心肠冷酷、报复、幸灾乐祸与残忍，都要求从事物的另一观点得到支持，从中寻找其正当的理由。

当我们听到，还当我们看到，尤其当我们自己做出一件高尚行动时，我们所体验到的激动高兴的心情，本质上可以追溯到这样一种行为给我们的这种确实感觉，因为它超越一切个体的众多性与差异，即个体化原理，像一个万花筒，在变易不居的瞬间种种形式中，向我们显示，那里存有一个潜在的统一体，不仅真实地存在着，而且实际是我们容易接近的；你瞧！它就在我们面前，是具体而触摸得到的。

根据采取上述这两种心理态度的这一个或另一个的态度不同，就出现了人与人之间恩培多克勒（Empedocles）的爱与恨。如果任何人由于愤恨而强迫他最憎恶的仇敌袒露其内心隐秘；令他惊讶的是，他又会在后者中发现他真正的自我。因为正像梦中一样，所有出现在我们面前的人不过是戴面具的我们自己的形象，同样，在我们似梦境的醒着的生活里，邻居们的目光观看我们的正是我们自己的存有，——虽然这也一样不易辨认。无论如何，“那就是你。”

对看待生活的两种方式的任一方式的倚重，不仅决定个别行为；它还塑造每个人的整个本性与气质。因此也就产生好性格与坏性格的人之间心理习惯的巨大差异。后者感到到处都有把他同所有其他人隔开的厚墙。对他来说，世界是一绝对的非我，他对它的关系本质上是一敌对关系；因而，他的癖好的基调是仇恨、怀疑、妒忌与幸灾乐祸。另一方面，性格好的人生活于一个和他自己的存有一致的外在世界；人类的其余部分在他心目中并不是非我；相反，他认为它是“又一个我自身。”所以，他和每个人基本都有友善关系：他意识到，在他最深层的本性上，和整个人类是有亲戚关系的，直接关心他们的祸福，并且满有信心地设想，他们的处境对他也有利害关系。这就是他内心深处的平静的，以及那种快乐、心平气和、非常满足的态度的泉源，他以这种态度对待他周围的人，真是“道德化身，豁达大度。”而性格坏的人受困之际，并不信赖他的同胞会给帮助。如果他恳求援助，他做着也没有信心；得到了援助，他也感觉不到有什么可感谢之处；因为他简直在那里面除去别人愚蠢的结果以外，辨识不出任何其他东西。因为他根本认识不到他的自我内在于某外人中；甚至在提供了最不容争辩的存在于那某人之中的征兆以后，他的认识依旧：一切忘恩负义的这种可憎的本性实际上取决于以上事实。这种道德的孤立，就这样自然而不可避免地困扰着坏人，常常是他变成绝望的牺牲者的原因。与此相反，好人愿求助予他的邻居给予援助，充满一种完全和他自己一样愿意帮助他们的信心。我曾说过：对一种类型的人说，人类是一非自我；对另一类型的人说：“又一个我自身。”高尚性格的人，原谅他的敌人，以善报恶，德及崇高，并得到最高的赞美；因为他甚至在那最明显地否认同他有任何关系的地方，还能辨认出他的真实自我。

每一纯粹仁慈行为都是出于完全而真正的无私帮助，本身完全是由另一个人的痛苦激发的，这一问题，如果我们彻底加以探究，事实上，乃是一难解之谜，置入实践中的一件神秘主义；因为它源自于更高等的知识，而且只能在这构成所有为神秘之物的本质的知识中得到真正解释。

因为，除用形而上学方法以外，就连完全为减轻一位穷困同胞一点痛苦而做的最少量捐献，我们都无法说明其道理吧？只有这施舍者知道或理解，站在他面前的，被痛苦外衣遮盖着的，正是他的自我，换句话说，只要他能在一种并非他自己的形式下辨认出他自己存有的本质部分，这种行为才是可想象的，才是可能的。现在可以清楚了，为什么在前一部分我曾经称同情乃伦理学一大奥秘。

不怕为他的祖国牺牲的人，他已经摆脱了那限制一个人的实存于他自己人中的错觉。这样一个人已经打碎这个体化原理的桎梏。在他的豁达开朗、拥有真正知性的性格中，他和所有他的同胞，互相依存而生存下去。不止于此，他努力向前进，容身于后代，为他们而工作；他把死亡看作像一眨眼的瞬间，丝毫不影响继续足下之漫长人生路程。

我们可以在这里总结一下上述两种类型人的特点。利己主义者认为，他人一律是真正的陌路人。事实上，他认为除他自己个人以外，没有真正实在的东西，把其余人类实际看作有形无实的一群群幽灵，就他们可能成为服务于其目的的工具，或成为阻碍其目的的障碍为止，他才仅仅分配给他们相对的实存；结果是产生一边为他的自我，另一边为非自我之间一种不可量计的差别，一个巨大的鸿沟。一言以蔽之，他生活完全以他自己个人为中心，直到他临终一天，他仍觉得一切现实，确实，整个世界和他自己都同归于尽。而利他主义者，能够在所有其他人之内，不，在一切有生物之内，看出他自己的实体，所以感到他的存有和无论什么活者的东西之存有是混杂一起，完全一致的。由于死亡他只不过丧失他自身的一小部分。不断摆脱个人的狭隘限制，他便进入全人类的更大生命之中，在那里，他永能辨认到、辨认着，并且曾经热爱他的真正自我;那把他的意识和他人的意识分隔开的时间与空间的错觉消失了。这两种对立的世界观模式,可能是我们发现很好的与特别坏的人面对其死亡态度上差别之主要的,固然实际不是唯一的原因。

真理,不幸的东西,在一切时代,向来因是似非而可能是的而蒙受侮辱;可这不是它的过错。它不能擅用错误的形式坐在它全世界性统治权的宝座上。所以它慨然长叹,仰望它的保护神,时间,后者点头示意保证它将来必能得到胜利与荣誉,但是时间以其雄健之翼搏击太空如此缓慢,以至个人死亡了,或者胜利日子究竟何时到来还不清楚。因此,我自己也深深意识到这是个悖论,即我对终极的伦理学现象的形而上学解释,和西方有才智者习惯于提供道德信念一个基础的方法,十分不同。然而,我不能歪曲真理。出于对欧洲蒙昧的关心,我所能做的就是再一次断言,并且用实际引语证明,我这里提出的伦理学形而上学,乃是几千年以前印度智慧的根本原则。我指明过去的这一智慧,正像哥白尼指明被亚里士多德与托勒密(Ptolemaeus)所压制的毕达哥拉斯宇宙论真理一样。在《薄伽梵歌》(*Bhagavadgîtâ* 卷 13;27,28)中,根据 A. W. 冯・施莱格尔(Schlegel)的拉丁译文,我们读到如下一节:那个人具有天赋,能洞见到,万物生而有同一统摄力,万物虽尽毁,该力永不灭。是以若他洞悉这同一统摄力无所不在,他便不会因自误而甘堕落:遂而走上最高的道路。

我必须以这些进一步说明伦理学形而上学基础的提示结束全文,不过仍有待于采取一种重要步骤。这一步骤应预先假定道德科学本身之进一步提高;但这几乎难以做到,因为在西方,伦理学的最高目的在关于公正与德行的理论中就达到了。在此之外还有什么，没人知道，或者至少被忽视了。所以，此一遗漏不可避免；如果以上对伦理学形而上学基础的简述，没有能使人看到——甚至些微地——这整个形而上学建构的基础，也没有揭示组成《神曲》(*Divina Commedia*)所有部分的联系，读者不必感到诧异。再者，这样一种说明既未包括在征文规定题目之内，也未包含在我自己计划之中。一个人不能一天就把一切话都说完，并且也不该回答没有问到的问题。

一个竭力促进人类知识与洞察力的人，注定地永远要遭到他的时代的反对或遏制，那种努力正如拖曳着一块沉甸甸的庞然大物前进：它就躺在那儿的地上，一个巨大无比，动也不动的畸形物，公然反对一切加速其适应新生活改变其形象的努力。但这样一个人应该从这必然事实中得到欣慰，即虽然种种偏见阻拦他前进的道路，可是真理与他同在。而且真理不过是在等待她的支持者，时间，能同她在一起；一旦时间站在她一边，她确信必然胜利，如果今天尚未达到胜利，明天则将必能赢得。

丹麦皇家科学院的评语

1837年提出的征文题目是:"道德的来源和基础可否在直接蕴涵于意识(或良心)之中的德行的理念中和在对其他由此生发的道德基本概念的分析中探得,抑或可否在另一个认识根据中探得?"只有一位应征者,他用德文撰写的,并附有"道德,鼓吹易,证明难。"格言的论文,我们认为不能予以奖励。由于他忽略了我们要求的最主要的东西,因此他相信,我们是要他提出某种伦理学的原则,因此他把他的论文中讨论他提出的伦理学原则和他的形而上学的关系那部分只是作为一个附录,作为一个超出要求的部分,而实际上题目恰恰要求这样一种首先阐明形而上学和伦理学关系的探索。但是当作者企图证明道德的基础是同情的时候,不但是他的论文的形式不能使我们感到满意,而且实际上他也没有作出充分的证明,倒是他不得不看到,应该承认相反的意见。还有一点不得不提到,他很不恭敬地提到了当代许多杰出的哲学家,以致必然引起公正而强烈的不满。

译 后 记

本书系德国近代著名思想家叔本华的又一主要著作。叔本华以其《作为意志和表象的世界》开创了近代西方哲学史上一个主要流派——唯意志论。该书的中译本早已由商务印书馆出版，并多次印行。叔本华又以本书在西方伦理学史上开创了一个主要流派，即同情学派。现在本书已经译出，奉献给广大读者。由于译者水平有限，译文中错误难免，恳请批评指正，不胜感激。

译　者

1996 年 7 月于北京

图书在版编目(CIP)数据

伦理学的两个基本问题/(德)叔本华著;任立,孟庆时译.
—北京:商务印书馆,2017
(汉译世界学术名著丛书:120年纪念版:珍藏本)
ISBN 978-7-100-14724-8

Ⅰ.①伦… Ⅱ.①叔… ②任… ③孟… Ⅲ.①伦理学—研究 Ⅳ.①B82②B516.41

中国版本图书馆CIP数据核字(2017)第156634号

汉译世界学术名著丛书
(120年纪念版·珍藏本)
伦理学的两个基本问题
〔德〕叔本华 著
任 立 孟庆时 译

商务印书馆出版
(北京王府井大街36号 邮政编码100710)
商务印书馆发行
北京冠中印刷厂印刷
ISBN 978-7-100-14724-8

2017年12月第1版 开本710×1000 1/16
2017年12月北京第1次印刷 印张22
定价:110.00元